WESTEND

PAUL SCHREYER

WER REGIERT DAS GELD?

Banken, Demokratie und Täuschung

WESTEND

Mehr über unsere Autoren und Bücher:
www.westendverlag.de

Die Deutsche Nationalbibliothek verzeichnet diese Publikation in
der Deutschen Nationalbibliografie; detaillierte bibliografische Daten
sind im Internet über http://dnb.d-nb.de abrufbar.

Das Werk einschließlich aller seiner Teile ist urheberrechtlich geschützt. Jede
Verwertung ist ohne Zustimmung des Verlags unzulässig. Das gilt insbesondere
für Vervielfältigungen, Übersetzungen, Mikroverfilmungen und die Einspeicherung und Verarbeitung in elektronischen Systemen.

ISBN 978-3-86489-125-0
© Westend Verlag GmbH, Frankfurt/Main 2016
Satz: Publikations Atelier, Dreieich
Umschlagabbildung: ullstein bild – cw.fotodesign
Druck und Bindung: CPI – Clausen & Bosse, Leck
Printed in Germany

Für meine Eltern Wolfgang und Ingrid

Inhalt

Vorwort		9
1	Eine einfache Frage	17
2	Das seltsame Wesen der Geldschöpfung	26
3	Warum Banken (fast) alles umsonst bekommen	46
4	Gold und der Wert des Geldes	62
5	Das Geschäft mit den Staatsschulden	69
6	Die Sache mit den Verschwörungstheorien	80
7	Wie alles begann	88
8	Könige, Banken und die Demokratie	96
9	Neuanfang in Amerika	108
10	Greenbacks und der Kampf um staatliches Geld	128
11	Der deutsche Weg	143
12	Bismarck, Weltkrieg, Bankenmacht	161
13	Die informelle Regierung	177
Anmerkungen		195
Literatur		213
Personenregister		217

Vorwort

Zunächst eine kurze Anmerkung zum Titel und zum Cover des Buches. Da ist von »Demokratie und Täuschung« die Rede sowie von einer »Reise ins Zentrum der Macht«. Starke Worte. Geht's nicht eine Nummer kleiner? So könnte man fragen. Oder handeln die folgenden Seiten etwa von der berühmten und gern ironisch zitierten »großen Weltverschwörung« und »geheimen Weltregierung«? Sollen hier böse Finsterlinge benannt werden, die uns an der Nase herumführen und dabei einem geheimen, längst festgelegten Plan folgen? Die kurze Antwort darauf lautet: ja und nein.

»Ja«, denn einige Namen und Zusammenhänge werden tatsächlich genannt. Und »nein«, denn die Struktur, von der in diesem Buch die Rede sein soll, ist sowohl personell als auch historisch betrachtet viel komplexer, als eine Verschwörung sie je planen könnte. Die herrschende Geldordnung haben nicht zehn, zwanzig oder hundert Leute irgendwann einmal heimlich beschlossen. Gleichwohl sind wesentliche Elemente dieses Systems tatsächlich das Ergebnis vertraulicher Absprachen und Intrigen – dass nicht die Völker der Welt in einer offenen Abstimmung über das aktuelle Geldsystem entschieden haben, dürfte klar sein.

So sicher wie die Tatsache, dass die Regeln für das globale Finanzsystem nicht wir, die Bürger, gemacht haben, ist auch der Fakt, dass diese Regeln uns alle direkt betreffen. Unser Leben dreht sich ums Geld. Essen, Wohnung und Altersvorsorge hängen daran. So gut wie jede Firma ist angewiesen auf den Zugang zu Krediten. Die Staaten selbst sind verschuldet. Und viele, wenn nicht die meisten Menschen gehen mangels Alternative ungeliebten und oft krankmachenden Arbeiten nach, um zumindest die für den Lebensunterhalt nötigen Mittel zu verdienen. In dem Wort »verdienen« schwingt dabei schon eine Moral mit – so wie auch das Wort »dienen« darin steckt. Aber *wem* dienen wir eigentlich beim Erwerb all der Münzen, Scheine und elektronischen Ziffern auf dem Konto? Wer erzeugt das, nach dem alle streben? Und wer hat denjenigen legitimiert, diese Macht auszuüben? Darum, kurz gesagt, soll es in diesem Buch gehen.

Schon in der Schule wird den Heranwachsenden erklärt, dass ohne die Aussicht auf einen Brotjob im Grunde alles umsonst ist. Anpassen, fleißig sein, keinen Ärger machen, sonst wird es schwierig mit der Arbeit und dem Geld – so lautet die Grundprägung. Später hat angesichts eigener Erfahrungen kaum noch jemand Zweifel an dieser Wahrheit. Denn unangenehm wird es ganz offenkundig für all jene, die, aus welchen Gründen auch immer, durch das soziale Netz fallen beziehungsweise an seidenen Hartz-IV-Fäden hängen. Wer den Vorschlägen und Empfehlungen der zuständigen Arbeitsagentur nicht bereitwillig folgt, den zwingen finanzielle »Sanktionen«, sprich Kürzungen, rasch wieder zurück auf den rechten Pfad der Arbeits- und Geldmoral. Banal, aber wahr: Je weniger man hat, desto mehr wird die Beschaffung von Geld zum Lebensinhalt.

Doch auch die Wohlhabenderen leben in steter Sorge ums Geld, denn umgekehrt gilt: Je mehr man hat, desto mehr gibt es auch zu verlieren. Worin also soll man investieren, um die oft mühsam zusammengetragenen Besitztümer zu sichern? Unzählige Ratgeberbücher und Sonderseiten in den Zeitungen präsentieren Tipps und Strategien rund um Aktien, Fonds, Derivate, Währungen, Immobilien, Gold und so weiter und empfehlen die angeblich richtige Aufteilung des Ersparten auf all diese Anlagemöglichkeiten. Täglich informiert auch das öffentlich-rechtliche Fernsehen mit einer Börsensendung kurz vor der »Tagesschau« über die letzten Trends und Kursentwicklungen. All die Experten sparen dabei nicht mit englischen Fachbegriffen, die in der Regel ganz ähnlich wirken wie das Medizinerlatein auf den Krankenhauspatienten: Sie rufen ehrfürchtiges Staunen und stilles Unverständnis hervor.

Merkwürdig aber – in all den TV-Sendungen, Zeitungsartikeln und Büchern ist das Geld selbst nur selten ein Thema. Es wird schlicht als gegeben vorausgesetzt, als nicht hinterfragbarer Rohstoff, der nun einmal da ist. Wagt sich jemand an weitergehende Überlegungen, beginnen diese oft mit dem Hinweis, die Materie sei unglaublich kompliziert. Selbst Ökonomen wären unsicher oder stünden zumindest im Streit untereinander. Keiner wisse Genaues. Geld sei eben ein großes Mysterium, das man schlecht erklären könne.

So viel Geheimniskrämerei verwundert in einer aufgeklärten Gesellschaft. Ist das System der Schöpfung und Steuerung von Geld wirklich so schwer zu verstehen? Oder wird die Rätselhaftigkeit nur behauptet? Handelt es sich vielleicht sogar um ein »nützliches Nichtwissen«, von dem diejenigen profitieren, die weiter oben in der Nahrungskette stehen? Denen ein breites Publikum, das die Materie tatsächlich durchblickt, das Geschäft verhageln könnte?

In diesem Sinne könnte man ein populäres Zitat verstehen, das dem Großindustriellen Henry Ford (1863 bis 1947) zugeschrieben wird und das seit Ausbruch der Finanzkrise 2008 wieder häufiger in Texten und Vorträgen auftaucht. Es sei gut, so soll Ford gesagt haben, dass die Menschen das Banken- und Geldsystem nicht verstünden, »sonst hätten wir eine Revolution noch vor morgen früh«.

Selbst Bundespräsident Joachim Gauck ließ es sich nicht nehmen, diesen einprägsamen Satz 2014 in einer Rede zu zitieren, sinnigerweise vor dem Deutschen Bankenverband, wo die Anwesenden, unter ihnen der Chef der Deutschen Bank sowie der Bundesfinanzminister, das Bonmot mit Gelächter quittierten.[1] Gauck beeilte sich zwar klarzustellen, das Nichtwissen der Bürger in dieser Frage sei »ganz und gar nicht gut«, doch fraglich blieb, ob die versammelten Banker das ebenso sahen. Viele spüren mittlerweile nur zu deutlich, dass die Demokratie selbst in der Krise steckt und dass einige grundlegende Widersprüche sich kaum länger kaschieren lassen. Nicht nur in Griechenland scheint es mittlerweile egal zu sein, welche Regierung ein Volk sich wählt, wenn doch über Gesetze und staatliche Ausgaben in letzter Instanz die Gläubiger entscheiden. Da heute mehr oder weniger alle Staaten bei privaten Geldgebern verschuldet sind, verheißt diese Entwicklung nichts Gutes für die Zukunft. Doch wo liegt der Ausweg? Wie kann eine Demokratie ins Leben gerufen werden, die nicht bloß »marktkonform« ist – um einen Begriff der deutschen Bundeskanzlerin zu zitieren[2] –, sondern die zuerst den Bürgern dient? Und wo genau steckt in unserem Geldsystem der Wurm?

Im Unterschied zum Sozialismus sowjetischen Stils, der mit dem Fall der Berliner Mauer 1989 für alle sichtbar scheiterte, hat der seither fast unbegrenzt herrschende Kapitalismus keinen solchen großen Bruch erlebt – sieht man einmal von der Finanzkrise seit 2008 ab. Doch selbst dieser Rückschlag änderte nicht die Grundlagen der Wirtschaft, so wie es 1989 in der Sowjetunion, der DDR und Osteuropa geschah. Der heutige Kapitalismus erscheint beständig, flexibel und für jene, die in ihm geboren wurden und daher nichts anderes kennen, sozusagen »ewig«.

Hierzulande haben diejenigen Ostdeutschen, die alt genug sind, um beide Systeme bewusst erlebt zu haben, den Westdeutschen die Erfahrung eines existenziellen Bruchs voraus. Sie wissen, dass sich die Perspektive und die grundlegenden Regeln in einer Gesellschaft komplett verschieben können. Ihnen ist auch klar, dass der Blick auf die Welt sehr viel damit zu tun hat, unter wessen Herrschaft man lebt. Und sie haben konkret erfahren, was ein gesellschaftlicher Umbruch für das eigene Leben bedeutet. Aufgrund dieser vielfältigen Erfahrungen und Blickwinkel hätte Deutschland eigentlich gute Chancen, die Debatte um die Zukunft der globalen Wirtschaftsordnung mit frischen Argumenten voranzubringen. Wohlgemerkt »hätte« – denn in der Öffentlichkeit, in Medien, Politik und Wirtschaft kommen ostdeutsche Stimmen weiterhin nur ganz am Rande vor. In den Chefredaktionen und unter den Kommentatoren der großen überregionalen Zeitungen und TV-Sender findet man sie kaum. Laut dem Soziologen Raj Kollmorgen sind nur zwei von 180 DAX-Vorständen ostdeutscher Herkunft.[3] Die Spitze der deutschen Wirtschaft wird also zu 99 Prozent von Menschen gelenkt, die nie etwas anderes als Kapitalismus erlebt haben.

Die bleierne Schwere der wahrgenommenen »Alternativlosigkeit« hat sicher auch etwas damit zu tun. Zumindest herrscht in der Öffentlichkeit, was die drängendsten Fragen rund um das Geld und die Banken angeht, ein großes Abwarten – und ein großes Schweigen. Reformen werden zwar diskutiert, aber kaum das große Ganze. Die Ansicht, dass das System, in dem wir leben, aus sehr verschiedenen Blickwinkeln betrachtet werden kann, dass man einige Fragen auch grundlegender stellen kann und manchmal sogar stellen muss – diese Ansicht hat sich bisher nur wenig Gehör verschaffen können, trotz der weltweiten Camps der Occupy-Bewegung. Schon der Eindruck, dass die herrschende Geldordnung lediglich eine unter mehreren möglichen sein könnte, ist in den Medien kaum präsent. Das Wirtschaftssystem wird häufig nicht als eine von Menschen absichtsvoll organisierte Struktur wahrgenommen, sondern als neutrale Realität, die unbeeinflussbaren Naturgesetzen folgt und sich eben »so ergeben« hat. Schon dem Begriff »System« begegnet in diesem Zusammenhang mancher Kommentator mit Misstrauen.[4] Gibt es überhaupt ein System? Oder ist die Wirtschaft, so wie sie nun mal läuft, nicht einfach nur eine Spiegelung einer gierigen und egoistischen menschlichen Natur?

Dennoch wird der Begriff »System« in der Öffentlichkeit verwendet – nur eben meist für die anderen. Die DDR war demnach zweifellos ein System. Auch Putin lenkt, wie viele meinen, »sein System«. In China existiert wohl ebenso ein solches. Bloß wir haben angeblich keines. Der westliche Kapitalismus ist offenbar das System, das keines sein möchte. Manchen gilt er gar, einem in den 1990er Jahren populär gewordenen Begriff folgend, als

»Ende der Geschichte«.[5] Wie in diesem Buch dargelegt werden soll, existiert allerdings auch bei uns im Westen eine zielbewusste ökonomische Struktur, die zwar keinem zentral verfassten »Masterplan« folgt, die aber auch alles andere als zufällig entstanden ist.

Gängige Erzählungen der Finanzkrise beginnen ihre Chronik meist in den 1970er Jahren. Mancher, der ganz tief nachgeforscht hat, fängt schon 1945 an. Die Zeit davor aber versinkt in der Regel in dichtem Nebel, aus dem nur noch einzelne schillernde Wortfetzen wie »Hitler«, »Reichsbank« oder »Inflation« herausragen. Vor 1900 wird es dann oft ganz dunkel. Erklärungen der internationalen Geldordnung wiederum beginnen zumeist mit dem Stichwort »Bretton Woods« (Ort einer Konferenz im Jahr 1944) oder mit der Gründung der amerikanischen Zentralbank »Federal Reserve« im Jahr 1913. Was davor im Hinblick auf Geld und Banken geschehen ist – kaum jemand scheint es zu wissen. Dabei haben sich entscheidende Muster und Prägungen, die noch heute wirken, lange vor dem 20. Jahrhundert herausgebildet.

Aus diesem Grund wird in der zweiten Hälfte dieses Buches ein größerer geschichtlicher Bogen gespannt. Schwerpunkte sind dabei die finanzielle Situation in Amerika von 1700, also noch vor Gründung der USA, bis 1900 (im 9. und 10. Kapitel), sowie die Entwicklung in Preußen und dem Deutschen Reich von 1800 bis zum Beginn der Nazizeit 1933 (im 11. und 12. Kapitel). Wie zu zeigen sein wird, vermischen sich dabei ab den 1920er Jahren die deutsche und die amerikanische Finanzgeschichte.

Die erste Hälfte des Buches widmet sich aber zunächst der Gegenwart. In den Kapiteln 2 bis 5 geht es darum, wie Geld, Kredit und Banken heute überhaupt funktionieren. Im anschließenden Kapitel wird das Reizwort »Verschwörungstheorie« unter die Lupe genommen, das im Zusammenhang mit alternativen Sichtweisen auf Geld und Macht inzwischen fast reflexhaft in den Medien auftaucht. Der Kampf um dieses Wort scheint einen tieferliegenden Streit um den Blick auf unsere Gesellschaft und Wirtschaft insgesamt zu spiegeln. Haben wir eine Demokratie? Und falls nicht: Wie lässt sie sich erlangen?

Jede Veränderung beginnt mit Fragen, mit dem Erkennen von offensichtlichen Widersprüchen. Die Bevölkerung scheint in dieser Hinsicht inzwischen weiter zu sein als mancher Politiker oder Leitartikelschreiber. Laut einer 2015 veröffentlichten repräsentativen Umfrage von Infratest Dimap im Auftrag der Freien Universität Berlin halten mehr als 60 Prozent der Deutschen die Demokratie »nicht für eine echte Demokratie«, da die Wirtschaft und nicht die Wähler das Sagen hätten. 59 Prozent der Ostdeutschen und 37 Prozent der Westdeutschen sind zudem der Ansicht, der Sozialismus sei eine gute Idee, die bisher nur schlecht ausgeführt worden wäre. Und drei von zehn Deutschen können sich eine wirkliche Demokratie nur ohne Kapitalismus vorstellen.[6] Die Universität veröffentlichte diese Ergebnisse unter der Überschrift »Linksextreme Einstellungen sind weit verbreitet« und sprach warnend von »demokratiegefährdenden Potenzialen« – ganz so, als ginge die Gefahr von denjenigen aus, die sie bloß benennen. Eine Wertung solcher Kapitalismuskritik als »linksextrem« wird sicher in dem Moment absurd, wo sie von einer Mehrheit der Bevölkerung geteilt wird. Wie wünschenswert kann Demokratie, also die Herrschaft der Mehrheit, eigentlich noch für jemanden sein, der die Masse für gefährlich extrem hält?

Die Debatte um den Kapitalismus krankt, wie gesagt, insgesamt an einem Verständnisproblem. Kaum jemand begreift den Kern der Wirtschaftsstruktur, also das Geldsystem selbst. Der Nebel darum bleibt allgegenwärtig. Selbst Wirtschaftskommentatoren, die sonst recht intelligent erscheinen, verfallen in kindliche Märchensprache, wenn sie die Chefs der mächtigen Zentralbanken immer wieder als »Magier der Märkte« bezeichnen. Doch Entscheidungen über Zinssätze und Geldmengen werden nicht von David Copperfield getroffen. Der Vergleich enthält dennoch einen wahren Kern: Geldpolitik wird, genau wie eine Zaubershow, auf öffentlicher Bühne inszeniert. Vielleicht sind die Banker daher am Ende tatsächlich Magier, wenn auch weniger in einem mystischen Sinne, sondern ganz diesseitig und bodenständig: als Zauberkünstler mit Zeitvertrag, die einem staunenden Publikum lächelnd das Geld aus der Tasche ziehen und deren Ehrenkodex vor allem darin besteht, niemals ihre Tricks zu enthüllen …

1 Eine einfache Frage

Beginnen soll dieses Buch mit einer direkten und sehr einfachen Frage: Warum ist eigentlich nie genug Geld für Kindergärten, Schulen, Theater oder Straßen da, aber immer genug für kriselnde Banken? Der Fakt selbst ist ja unstrittig: Stets erfährt der Bürger, das Geld sei knapp – doch in einer Krise sind dann im nächsten Moment plötzlich Milliarden verfügbar. Die Bankenrettungen der letzten Jahre haben den Steuerzahler, Stand Ende 2015, immerhin mehr als 50 Milliarden Euro gekostet.[1] Woher genau kommt dieses Geld?

Klar ist, dass die öffentlichen Haushalte fast überall im Minus sind. Und darum müssen sich die Bürger einschränken oder »den Gürtel enger schnallen«, wie es heißt. Öffentliche Mittel sind jedenfalls nur noch für das Nötigste da. Die Kultur gehört oft nicht dazu: Bibliotheken wird das Budget zusammengestrichen und Kulturveranstalter in Städten und Dörfern werden auf die Suche nach privaten Sponsoren geschickt. Museen werben um »bürgerschaftliches Engagement« und meinen damit den Einsatz kunstliebender Menschen mit Freizeit und gutem Willen, die das Publikum ohne Lohn durch die Sammlungen führen. An den Theatern schließen derweil ganze Sparten. Wie in der Industrie soll auch hier das Heil in Fusionen einzelner Häuser liegen. Kürzungspläne statt Spielpläne, lautet die Devise. Kultur, so heißt es allerorten, muss Geld bringen, sonst steht ihre Existenz in Frage.

Nicht anders im Sozialbereich. 180 000 Kinderbetreuungsplätze fehlten 2014 in Deutschland.[2] Und auch im sogenannten Gesundheitswesen ist kaum Land in Sicht. Den Krankenhäusern, deren Betrieb – sofern überhaupt noch in öffentlicher Hand – auf den Schultern chronisch überlasteter Schwestern, Pfleger und Ärzte ruht, fehlt das Geld an allen Ecken und Enden. Auch hier gilt: Es muss sich rentieren – denn die öffentlichen Kassen sind klamm.

Politisch gesehen ist all das nur folgerichtig. Nach Steuersenkungen und Schuldenbremse kommt eben der Sachzwang, und der ist »alternativlos«. Ende der Debatte. Da hilft dann nur »sparen« – und gemeint ist damit nicht etwa das Ansparen für später, sondern schlicht und einfach Kürzen, möglichst für immer. Wer das nicht durchhält, der muss halt dichtmachen, egal ob Theater, Krankenhaus oder Kindergarten.

Doch es gibt eben auch diese bemerkenswerte Anomalie im System. Denn ein ökonomischer Sonderfall kann all diese Regeln offenkundig ganz schnell außer Kraft setzen. Gerät eine Bank finanziell ins Trudeln und droht vielleicht sogar, eine andere mit sich zu reißen, schlagen Fachleute Alarm: Die Geldinstitute sind, so lernt man dann, »systemrelevant«. Und schon ist von Finanzmangel keine Rede mehr. Millionen, oder vielmehr Milliarden öffentlicher Gelder sind plötzlich und anscheinend ohne weitere Probleme verfügbar. »Kreditermächtigungen« werden von der Regierung verkündet, Sonderfonds gebildet, Eilbeschlüsse gefasst.

Das Publikum, der vermeintlich demokratische Souverän, staunt dazu. Wie ist diese Ausnahme möglich? Woher kommen die Mittel? Wo doch zuvor – und nachher auch wieder – angeblich kein Geld in den öffentlichen Kassen gewesen sein soll? Dieser verblüffende Zaubertrick verdient eine nähere Prüfung.

Ein Rückblick ins Jahr 2008: In den USA und anderswo platzt, wieder einmal, eine Börsenblase. Diesmal aber ist der Krach gewaltig. Nach der Pleite der hundertfünfzig Jahre alten und mächtigen Investmentbank Lehman Brothers breiten sich Schockwellen rund um den Globus aus. Das Vertrauen ist weg, nicht nur bei den Kunden, sondern vor allem zwischen den Banken selbst. Alles scheint möglich, kein Konkurs mehr ausgeschlossen. Da niemand genau weiß, welches Institut noch stabil zahlungsfähig ist, wird das Geldverleihen untereinander – im Bankgeschäft eigentlich der Alltag – im wahrsten Sinne des Wortes zum Vabanquespiel, zu einer riskanten Pokerpartie. Viele Großbanker, die sonst furchtlose Streiter für mehr Eigenverantwortung sind, beginnen laut nach dem Staat zu rufen, der als Bürge auftreten soll. In Deutschland geraten mehrere Geldhäuser in Schieflage, etwa die Commerzbank und die Hypo Real Estate, ein großer Finanzier von gewerblichen Immobilien.

Ende September 2008 kommt es deshalb zu einer ganzen Reihe von Krisentreffen auf höchster Ebene. Schnell sind sich die beteiligten Banker einig, dass man öffentliche Rettungsgelder in Anspruch nehmen will. Angeblich können die Banken das Risiko allein nicht stemmen. Die Bundesregierung wehrt sich zunächst, möchte sich finanziell nicht hineinziehen lassen in den Sumpf der riesigen, privat verantworteten Bankverluste. Doch die Finanzmanager sitzen am längeren Hebel. Am Ende hat die Regierung sich widerwillig eine Milliardenlast zuschieben lassen. Aber das ist nur der Anfang. Denn nach dem finanziellen Einstieg des Staates zimmert man gleich noch im Schnelldurchlauf einen gesetzlichen Rahmen für weitere Milliardentransaktionen. Das sogenannte »Finanzmarktstabilisierungsgesetz« wird im Oktober 2008 binnen einer Woche eingebracht, beraten, beschlossen und vom Bundespräsidenten Horst Köhler unterschrieben – Rekord für den Bundestag. Das Gesetz verfügt die Gründung eines staatlichen Sonderfonds, der ermächtigt wird, zusätzliche Kredite von bis zu 100 Milliarden Euro aufzunehmen sowie für insgesamt 400 Milliarden Euro zu garantieren – allesamt zur Rettung weiterer Finanzinstitute. Der Fonds existiert außerhalb des Bundeshaushalts, der 2008 ein Volumen von etwa 280 Milliarden Euro hat. De facto wird also neben den offiziellen Haushalt mal eben ein weiterer gestellt – komplett finanziert durch neue öffentliche Schulden. Beraten und beschlossen in einer Woche. Puh! Da kommt auch mancher Abgeordnete ins Schwitzen. Dennoch stimmen mehr als 80 Prozent von ihnen zu. Lediglich die Volksvertreter der Linken und der Grünen lehnen das Gesetz ab.

Dieser »Nebenhaushalt« ist seinem Wesen nach hoch problematisch und alles andere als verfassungskonform. Nicht umsonst gilt es als wesentlicher demokratischer Grundsatz, dass gewählte Abgeordnete den Staatshaushalt vollständig kontrollieren, also darüber entscheiden, wofür sämtliche Gelder ausgegeben werden. Das Bundesverfassungsgericht selbst hatte immer wieder nachdrücklich den Verfassungsgrundsatz der Vollständigkeit des Haushaltsplans betont. Blankovollmachten wie etwa eine 100 Milliarden Euro schwere Kreditermächtigung sind da eindeutig ausgeschlossen.

Gerade dieser Grundsatz wurde 2008 per Eilgesetz außer Kraft gesetzt. Der neu geschaffene »Sonderfonds Finanzmarktstabilisierung«, abgekürzt SoFFin, verfügte über die Geldberge weitgehend mit einfachem Regierungsbeschluss. Einzige Einschränkung und Zugeständnis an die Opposition: Es wurde ein kleines Sondergremium von neun Abgeordneten berufen, gebildet aus dem Haushaltsausschuss des Bundestages. Von parlamentarischer Kontrolle konnte dennoch kaum die Rede sein: Entscheiden durften die neun »Wächter« nämlich praktisch nichts. Laut Gesetz musste das Finanzministerium sie lediglich »über alle den Fonds betreffenden Fragen unterrichten«. Das erinnerte an das winzige und weitgehend machtlose parlamentarische Kontrollgremium für die Geheimdienste, das ebenfalls aus neun Mitgliedern besteht und auch lediglich die Dinge erfährt, welche die Regierung ihm mitzuteilen beliebt. Eine weitere bemerkenswerte Parallele zum Geheimdienstgremium fand sich im Kleingedruckten des Finanzmarktstabilisierungsgesetzes:

»Das Gremium tagt geheim. Die Mitglieder des Gremiums sind zur Geheimhaltung aller Angelegenheiten verpflichtet, die ihnen bei ihrer Tätigkeit bekannt geworden sind. Dies gilt für alle Teilnehmerinnen und Teilnehmer der Sitzungen.«[3]

Wozu die Heimlichkeit? Was gab es zu verbergen? Oder war der neue Fonds den Verantwortlichen vielleicht selbst nicht ganz geheuer? Ein Grund für die Klausel war sicher, dass man schlicht keine öffentlichen Debatten zum Thema wollte. Das Geld sollte fließen – und Ruhe. Fragen störten da bloß. Etwa die nach den konkreten Namen der Gläubiger, deren investiertes Vermögen nun mit den staatlichen Milliarden gerettet wurde. Zwei Tage vor Verabschiedung des Gesetzes am 17. Oktober 2008 wagte dennoch eine Abgeordnete, Kornelia Möller von der Linken, eine gelernte Buchhalterin, eben diese höchst interessante Frage zu stellen – und wurde prompt abgeblockt. Die Antwort der Bundesregierung war trotzdem vielsagend:

»Es ist uns, bezogen auf Ihre Frage, nicht möglich, die Gläubigerstruktur eines privaten Unternehmens öffentlich bekannt zu geben, weil dies ebenso wie die Aufschlüsselung der am Rettungspaket beteiligten Unternehmen vertrauliche Daten sind, bei denen Belange Dritter betroffen sind. (...) Hier sind nicht nur die Interessen des Parlaments und die der Bundesregierung betroffen, sondern es geht um die Interessen der beteiligten Unternehmen. Über deren Interessen kann sich die Bundesregierung ausdrücklich nicht hinwegsetzen. Diese Kompetenz, diese rechtliche Möglichkeit besteht nicht.«[4]

Und so blieb die Liste der Profiteure all der Rettungsmilliarden geheim – zumindest vorerst. Denn ein Jahr später wurden die Namen dann doch publik, nachdem sie informell dem Journalisten Harald Schumann zugespielt worden waren, der sie im September 2009 im *Tagesspiegel* veröffentlichte.[5] Nun erfuhr die Öffentlichkeit, wer da wirklich mit öffentlichem Geld »herausgehauen« worden war. Ein kurzer, nicht vollständiger, aber beispielhafter Auszug aus dieser Liste der Gläubiger der geretteten Bank Hypo Real Estate lässt tief blicken (die jeweiligen gerundeten Summen beziffern das Investment der einzelnen Gläubiger):

Bank of New York Mellon (Dreyfus Corporation): 3,7 Mrd. Euro
Bayern LB: 2,1 Mrd. Euro
Deutsche Bank: 1,5 Mrd. Euro

Bank of America: 1,4 Mrd. Euro
Deutsche Post: 1,0 Mrd. Euro
Royal Bank of Scotland: 800 Mio. Euro
Bank of Japan: 800 Mio. Euro
Allianz: 800 Mio. Euro
Citigroup: 700 Mio. Euro
Dresdner Bank: 700 Mio. Euro
J.P. Morgan: 500 Mio. Euro
Freistaat Sachsen: 500 Mio. Euro
Stadt München: 400 Mio. Euro
Evangelische Kirche: 200 Mio. Euro
Katholische Kirche: 200 Mio. Euro
Westdeutscher Rundfunk: 150 Mio. Euro
Versorgungswerk Landesärztekammer Hessen: 80 Mio. Euro
Bayrische Apothekerversorgung: 11 Mio. Euro

Neben einer ganzen Reihe Pensionsfonds deutscher Ärzte, Apotheker und Rundfunkanstalten (die Liste ist insgesamt noch um einiges länger) sowie geschäftstüchtigen deutschen Kirchen und Kommunen wurden hauptsächlich also internationale Großbanken gerettet. Sie alle hatten in die Hypo Real Estate investiert und wurden nun durch den deutschen Steuerzahler vor dem Totalverlust ihres Einsatzes bewahrt. Der Wunsch der Verantwortlichen, diese Liste lieber geheim zu halten, verwundert kaum. Mit großer Zustimmung der Bevölkerung war nicht zu rechnen.

Die Enthüllung, dass der Wortlaut des Textes zum Finanzmarktstabilisierungsgesetz darüber hinaus nicht etwa von Staatsbediensteten formuliert worden war, sondern von der privaten Anwaltskanzlei Freshfields (zu deren Kunden führende Banken gehören), war da bloß noch eine weitere passende Fußnote.[6] Der Staat schien ja ohnehin kaum mehr zu sein als ein willenloser Mitspieler bei einem Milliardenpoker sehr einflussreicher Akteure.

Aber woher kam nun eigentlich das ganze Geld? Wie gelangte der Staat an die Milliarden für seinen neuen Schattenhaushalt beziehungsweise »Sonderfonds« SoFFin? Eine direkte Anfrage an den Fonds im Rahmen der Recherchen für dieses Buch erbrachte folgende Antwort:

»Die Finanzierung des SoFFin erfolgt über Fremdkapital, welches von der ›Bundesrepublik Deutschland – Finanzagentur GmbH‹ bereitgestellt wird.«[7]

Bundesrepublik Deutschland Finanzagentur GmbH? Wie bitte? Hinter dem kuriosen Namen steckt, so zeigt ein Blick auf deren Webseite, die ehemalige amtliche »Bundesschuldenverwaltung«. Zu Zeiten der Regierung Schröder hatte man im Jahr 2000 beschlossen, es sei effizienter, das Management der Staatsschulden in die Hände einer GmbH zu legen, wo Banker und Wertpapierhändler ohne Verbeamtung die benötigten Kredite für das Land organisierten. Einziger Gesellschafter der in der Bankenhauptstadt Frankfurt am Main sitzenden Behörde ist aber weiterhin der Bund, vertreten durch das Finanzministerium. Das heißt, wenn die Bundesregierung beschließt, neue Schulden zu machen, dann ergeht ein Auftrag an die »Bundesrepublik Deutschland Finanzagentur GmbH«, dieses Geld bei vermögenden Kreditgebern zu besorgen.

Die Finanzagentur sieht sich dabei in einer zweihundertjährigen Tradition, die laut Hauschronik im Jahr 1820 mit der Gründung der »Preußischen Hauptverwaltung der Staatsschulden« ihren Anfang nahm. Schon damals ging es um das Management von öffentlicher Verschuldung und insbesondere um die Schaffung eines allgemeinen Vertrauens in den Staatskredit.

Anders als 1820 liegen die Beträge mittlerweile allerdings jenseits jeder Vorstellungskraft. 2015 jonglierte die Finanzagentur mit rund 1,1 Billionen, sprich 1 100 Milliarden Euro bundesdeutscher Gesamtverschuldung. Oder als Zahl ausgedrückt: 1 100 000 000 000 Euro. In dieser Größenordnung sind staatliche Wertpapiere im Umlauf. Und für jede neue Schuldenmilliarde, die die Bundesregierung beschließt, muss die Finanzagentur neue Wertpapierkäufer finden. Die sogenannten »Staatsanleihen« sind ja nichts anderes als ein Versprechen des Staates, den jeweiligen Kreditbetrag im vereinbarten Zeitraum dem vermögenden Geldgeber zurückzuzahlen, möglichst mit Zinsen. Da allgemein der Glaube vorherrscht, ein Land wie Deutschland könne kaum pleitegehen oder anderweitig seinen Zahlungsverpflichtungen nicht nachkommen, sind deutsche Staatsanleihen weiterhin recht beliebt bei Investoren. Und das, obwohl die Gesamtverschuldung eigentlich immer weiter ansteigt, was, zumindest im wirtschaftlichen Alltag, nicht gerade ein Indiz für die Verlässlichkeit eines Schuldners ist. Dass die 1 100 Milliarden Euro Bundesschulden irgendwann vom Staat zurückgezahlt werden, kann dabei wohl als ausgeschlossen gelten. Doch Bonität, also Kreditwürdigkeit, ist offenbar ein relativer Wert, der auch viel mit der Situation der übrigen Akteure zu tun hat. Und da ständig steigende Schuldenberge ein globales und nicht nur ein deutsches Phänomen sind, finden neue Bundesanleihen regelmäßig und problemlos ihre Abnehmer.

Konkret funktioniert es so, dass die Finanzagentur zum Beispiel jeden Mittwoch eine Auktion zum Verkauf von Bundesanleihen veranstaltet. Diese Versteigerungen sind praktisch Onlineauktionen – allerdings nicht bei eBay, sondern über ein eigenes Computersystem. Bis 11:30 Uhr vormittags können an den entsprechenden Tagen die Gebote abgegeben werden. Pro Auktion geht es da mal um zwei Milliarden, mal auch um fünf Milliarden Euro. Insgesamt werden von der Finanzagentur 2016 auf diese Weise staatliche Wertpapiere für gut 200 Milliarden Euro versteigert.[8]

Doch der Slogan »Drei, zwei, eins – meins!« gilt in diesem Fall nicht für jedermann. Wer dabei sein will beim Club von Deutschlands Gläubigern, der muss zunächst einmal Mitglied der sogenannten »Bietergruppe Bundesemissionen« werden und dazu, so sagt es die Finanzagentur, seine Finanzkraft »glaubhaft machen« können.[9] 2015 gehörten zu dieser Bietergruppe genau 37 Investoren, allesamt Banken.[10] Die wichtigsten zehn, gemessen an ihren Käufen deutscher Staatsanleihen im Jahr 2015, waren laut Finanzagentur:

Commerzbank
BNP Paribas
UniCredit Bank
HSBC France
Deutsche Bank
Crédit Agricole
Barclays Bank
Goldman Sachs
Société Générale
Citigroup

Die Spitze der internationalen Großbanken gibt sich also die Ehre. Häuser von Commerzbank bis Goldman Sachs sind die Hauptkreditgeber der Nation. Doch Moment mal: Auf Platz eins steht die Commerzbank? Ist die nicht, wie beschrieben, gerade erst selbst vom Staat mit Milliarden gestützt worden? Der Staat rettet Banken, um sich danach bei ihnen zu verschulden? Das klingt absurd. Und wie funktioniert es eigentlich? Wie kann die Commerzbank Geld an Deutschland verleihen, wenn der Staat doch zugleich, Stand 2015, mit einer Investition von fünf Milliarden Euro selbst Großaktionär bei ebendieser Bank ist?[11] Woher nimmt die eben noch »notleidende« Bank denn die Mittel für ihren Milliardenkredit an den Staat?

2 Das seltsame Wesen der Geldschöpfung

Bevor es in die Details geht, zuerst die schlechte Nachricht: Wer das Geldsystem verstehen möchte, der muss vieles von dem, was er oder sie über die Arbeit von Banken zu wissen glaubt, neu überdenken. Denn einige grundsätzliche und weit verbreitete Überzeugungen gehören ins Reich der Mythen. Alles Geld wird von der Zentralbank geschaffen? Stimmt nicht. Banken sind Finanzvermittler, die Geld verleihen, das andere bei ihnen angelegt haben? Auch falsch. Das Geld auf dem Girokonto ist grundsätzlich sicher? Schön wär's ...

Es ist leider ganz anders, als man denkt – oder besser: anders, als es in der Öffentlichkeit erklärt wird. »Leider«, denn eine Sache neu zu lernen, von der man glaubt, man verstehe sie bereits, das ist wohl eine der anstrengendsten Denkaufgaben überhaupt. Doch keine Sorge, denn es gibt auch eine gute Nachricht: Das Geldsystem ist keine Teilchenphysik, die nur Nobelpreisträger verstehen, auch wenn vieles zunächst überraschend und ungewohnt erscheinen mag.

Zunächst: Banken arbeiten vollkommen anders als alle übrigen Firmen. Sie sind keine normalen Dienstleister, die auf Augenhöhe mit der restlichen Wirtschaft konkurrieren. Banken haben ein ganz eigenes Verhältnis zu Finanzen und auch zu Bilanzen, denn – und das ist der springende Punkt – sie sind die einzigen Unternehmen, die selbst Geld erzeugen können. Das vermag sonst niemand, mit Ausnahme der Zentralbank. Mancher weiß vielleicht, dass einige Geschäftsbanken im 19. Jahrhundert ihr eigenes Papiergeld herausgegeben haben und somit selbst Geld drucken konnten. Dann aber erhielten Zentralbanken vom jeweiligen Staat das alleinige Privileg, Geldscheine in der jeweiligen Landeswährung ausgeben zu dürfen. Seither, so der Glaube, hätten Geschäftsbanken keine Möglichkeit mehr zum Gelddrucken. Das stimmt auch, allerdings nur zum Teil, nämlich bezogen auf das Papiergeld. Dieses darf im Euroraum tatsächlich nur von der Europäischen Zentralbank gedruckt werden. Würde etwa die Deutsche Bank damit beginnen, auf eigene Faust Euro-Noten herzustellen, dann würde das selbstverständlich als Geldfälscherei und damit als schwere Straftat verfolgt.

Nun spielt aber Bargeld im Geschäftsleben keine besonders große Rolle mehr. Münzen und Scheine machen derzeit zusammen weniger als 20 Prozent des umlaufenden Geldes aus.[1] Den größten Teil bildet heute das sogenannte »Giralgeld«, also die Beträge auf unseren Girokonten. Dieses Geld existiert lediglich als Ziffer im Buchungssystem, so wie es die meisten vom Onlinebanking kennen, oder eben ausgedruckt auf dem Kontoauszug. Geld ist heute zum überwiegenden Teil eine Zahl in einem Computersystem, die sich nicht berühren oder festhalten lässt. Verwendet und auch akzeptiert wird dieses Giralgeld aber genau wie Bargeld.

Das Widersprüchliche der heutigen Situation liegt darin, dass private Banken zwar kein Geld drucken, aber sehr wohl Giralgeld erzeugen können – was in der Praxis dem Gelddrucken gleichkommt. Die Schaffung von Giralgeld hat übrigens nicht notwendigerweise etwas mit moderner Computertechnik zu tun. Bereits in früheren Jahrhunderten gab es neben dem Bargeld auch Girokonten und schon damals konnten Banken auch Giralgeld erzeugen. Für die Führung eines Girokontos bedarf es keines Computers. Allerdings hat der bargeldlose Zahlungsverkehr heute ein viel größeres Ausmaß als in früheren Zeiten.

Fälschen private Banken nun also Giralgeld? Diese Frage erscheint seltsam, denn wie soll man eine elektronische Zahl »nachmachen«? Da das Geld seine physische Präsenz größtenteils verloren hat, passt der Sprachgebrauch hier offenkundig nicht mehr und es wäre unsinnig, von »fälschen« zu sprechen. Selbstverständlich können allerdings in einem Buchungssystem beliebige Zahlen eingetragen werden – zumindest von dem, der es kontrolliert und betreibt. Wenn etwa durch einen technischen Fehler 5 000 Euro auf einem Girokonto von einem Tag auf den anderen zu 50 000 Euro werden sollten und wenn die Bank diesen Fehler nicht bemerkt, dann wäre der Inhaber dieses Kontos der Letzte, der sich Sorgen über »Falschgeld« machen müsste. Denn jede Zahl im System ist wie echtes Geld. Kein Außenstehender kann eine Manipulation darin erkennen.

Erstaunlich, aber wahr: Diesen einfachen Umstand machen sich Banken zunutze, um Geld zu schöpfen. Wann immer sie einen Kredit vergeben, entsteht nämlich neues Geld. Konkret heißt das: Der Kontostand des Kreditnehmers wird im Computer der Bank entsprechend erhöht, ohne dass dabei ein anderes Konto der Bank verringert wird. Diese Tatsache ist von großer Bedeutung, da man gemeinhin annimmt, das Geld für einen Kredit stamme aus fest angelegten Ersparnissen eines anderen Kunden. Dies ist aber nicht der Fall. Nochmals: Bei einer Kreditvergabe wird kein Konto eines anderen Kunden verringert. Der Kredit besteht aus neu geschöpftem Geld. Dieser Zusammenhang war lange strittig. Inzwischen bestätigt ihn unter anderem die Deutsche Bundesbank in ihrem eigenen Lehrmaterial:

»Geschäftsbanken schaffen Geld durch Kreditvergabe.«[2]

Bereits 2008 erklärte der damalige Wirtschaftsredakteur der *Frankfurter Allgemeinen Zeitung* und spätere Sprecher der Bundesbank, Benedikt Fehr, seinen Lesern den Vorgang so:

»Anders als vielfach vermutet, spielen die Ersparnisse, die eine Geschäftsbank bei den Haushalten einsammelt, für ihre Kreditvergabe nur eine untergeordnete Rolle. Die Wirkungskette läuft vielmehr in umgekehrter Richtung: Gewährt eine Bank einem Kunden einen Kredit, zum Beispiel in Höhe von 100 000 Euro, schreibt sie diesen Betrag dem Schuldner auf dessen Girokonto gut: In diesem Moment entsteht Buch- oder Giralgeld.«[3]

Selbst die altehrwürdige Bank of England räumte 2014 offen ein:

»In der modernen Wirtschaft existiert das meiste Geld in Form von Einlagen auf Konten. Doch oft wird falsch verstanden, wie diese entstehen. Grundsätzlich werden sie geschaffen, indem private Banken Kredite vergeben: Wann immer eine Bank einen Kredit vergibt, erzeugt sie eine Geldeinlage auf dem Konto des Kreditnehmers – und schafft damit neues Geld.«[4]

Banken schaffen also Geld. Zwar hat kein Gesetz den Banken das direkt erlaubt – verboten ist es aber auch nicht. Der Vorgang findet in einer rechtlichen Grauzone statt. Die Kreditsumme wird von einer Bank in ihr Buchhaltungssystem eingetragen, früher mit einem Stift auf Papier, heute im Computer, und schon ist sie da – so unglaublich das zunächst auch klingen mag. (Wer sich für die wissenschaftlichen Belege interessiert, der folge der Fußnote am Ende dieses Satzes.[5]) Der elegante Fachbegriff für diesen Vorgang lautet »Bilanzverlängerung«. Auf die Voraussetzungen und Grenzen dieser Geldschöpfung wird im Verlaufe dieses Kapitels noch eingegangen, denn selbstverständlich kann eine Bank nicht völlig losgelöst von der Welt unbeschränkt Geld erzeugen.

Die häufig gebrauchte Formulierung, das Geld komme »aus dem Nichts«, ist missverständlich. Besser könnte man den Vorgang beschreiben als »Geld schöpfen im Vorgriff auf zu schaffende Werte«. Denn mit dem geschaffenen Geld wird (im besten Fall) die Erzeugung von Waren und Dienstleistungen ermöglicht, welche nach ihrer Erzeugung dann als Gegenwert für das geschaffene Geld einstehen. Es entsteht also am Ende doch noch eine Deckung – zumindest, und das ist eine wichtige Einschränkung, sofern das neue Geld produktiv verwendet wird und nicht einfach nur in Konsum oder Spekulation fließt (wie es gegenwärtig zum großen Teil der Fall ist).

Anders als manche glauben, ist das so erzeugte Geld echt und keine Illusion, also kein »Luftgeld«. Der Kreditnehmer kann damit einkaufen gehen oder etwa ein Haus bauen. Ist er irgendwann aber nicht mehr in der Lage, die Raten dafür abzuzahlen, dann fällt dieses Haus an die Bank, ganz real und konkret.

Dennoch glauben weiterhin viele – selbst berühmte Ökonomen –, dass die Banken lediglich »Intermediäre« wären, also »Vermittler« zwischen Sparern und Kreditnehmern. Einen Beleg für den Irrtum in dieser Annahme formuliert der Schweizer Wirtschaftsprofessor Mathias Binswanger in einem leicht verständlichen Beispiel:

»Wären Banken tatsächlich Finanzintermediäre (...), dann müsste man in der Realität damit rechnen, dass ihnen immer wieder die Ersparnisse ausgehen, und sie dann keine Kredite mehr vergeben können. Die Banken wären dann vergleichbar mit einer Blutbank in einem Krankenhaus. Die Bank müsste ihren Kunden dann genau wie eine Blutbank von Zeit zu Zeit mitteilen: ›Leider haben wir im Moment keine Ersparnisse (Blut) mehr, aber Sie können sich in eine Warteliste eintragen, und wir benachrichtigen Sie dann, wenn wieder Ersparnisse bei uns eingetroffen sind.‹ Eine solche Mitteilung hat aber wohl noch kaum jemand von seiner Bank erhalten, aus dem einfachen Grund, weil Banken für die Kreditvergabe unmittelbar keine Ersparnisse brauchen. Wann immer Banken das Gefühl haben, ein Kunde sei kreditwürdig, vergeben sie gerne weitere Kredite, was ein Finanzintermediär nicht tun könnte. Von der liebgewonnenen Vorstellung einer Bank als Finanzintermediär müssen wir uns deshalb endgültig lösen.«[6]

Die Vorstellung, eine private Institution könne einfach so Geld erschaffen, erscheint dennoch vielen erst einmal ungewohnt und auch fraglich. Als der Autor dieses Buches im Jahr 2011 zum ersten Mal davon erfuhr und anschließend einen Artikel darüber schrieb, war die eigene Reaktion zunächst nicht anders.[7] In der Schule war Geldschöpfung kein Thema gewesen, geschweige denn in der Zeitung oder im Fernsehen. Bekannte, die in der Finanzbranche ihr Geld verdienten, hatten wohl schon mal davon gehört, wussten aber auch keine genaue Erklärung. Kaum anders geht es wohl den meisten. Der Ökonom Richard Werner machte eine Umfrage in der Finanzmetropole Frankfurt und wollte dabei von tausend Bürgern wissen, wer ihrer Meinung nach das Geld erzeuge und verteile. Zu den Ergebnissen berichtete er:

»Es kam raus, dass 84 Prozent gedacht haben, entweder die Zentralbank oder die Regierung produziert das Geld und entscheidet über die Allokation [=Zuteilung] des Geldes. Dann war noch eine andere Frage: ›Würden Sie einem System zustimmen, in dem die Mehrheit der Geldmenge durch meist private, auch profitorientierte Unternehmen produziert und verteilt wird und nicht durch staatliche Organe?‹ Und da haben über 90 Prozent gesagt, nein, das wollen wir nicht.«[8]

Eine Umfrage unter tausend Schweizern führte zu einem ähnlichen Ergebnis: 73 Prozent glaubten, Geld werde ausschließlich vom Staat oder der Zentralbank erschaffen.[9] Nicht anders das Bild in Großbritannien. Eine Umfrage unter hundert britischen Parlamentsabgeordneten (!) ergab, dass 71 Prozent davon ausgingen, allein die Regierung würde Geld schöpfen. Besonders drastisch: Unter den Abgeordneten der Labour-Partei – quasi dem britischen Pendant der SPD – wussten nur sieben Prozent, dass Geld entsteht, wenn Banken Kredite vergeben.[10]

Die übergroße Mehrheit der Bürger – und offenbar auch der Politiker – wähnt sich also in einem System, das real gar nicht existiert. Das Wissen um die private Geldschöpfung ist nicht nur weithin unbekannt, der Vorgang selbst erscheint auch nahezu unglaublich. Allein das Wort »Schöpfung« verweist ja auf eine quasi göttliche Macht. Die Überzeugung, dass es Geld nicht »umsonst« geben könne und dass irgendetwas Greifbares für seinen Wert bürgen müsse, ist Allgemeingut. Wie also funktioniert das genau?

Zunächst sollte man sich bewusst machen, dass Zentralbanken bekanntermaßen genau das tun: Geldschöpfen »aus dem Nichts«. Das stellt auch niemand in Frage. Eine Zentralbank erzeugt Geld ohne einen bereits vorhandenen Gegenwert. Sie tut das, wie weiter oben schon formuliert, »im Vorgriff auf zu schaffende Werte«. Das neue Geld ermöglicht – bei vernünftiger Verwendung – eine Ausweitung der Produktion, ist also im wahrsten Sinne des Wortes eine Vorfinanzierung. Insofern ist Geldschöpfung auch immer ein Akt des Vertrauens in eine gewinnbringende wirtschaftliche Entwicklung, welche die Waren und Werte hervorbringen soll, die später einmal die Deckung für dieses Geld sein werden. Dieses Prinzip wird allerdings dadurch hintergangen, dass heute ein großer Teil der Kredite direkt ins internationale Spekulationscasino fließt und eben nicht in Produktives, in die Schaffung realer Werte oder, einfach gesagt: in den Aufbau der Gesellschaft.

Der Vorgang der Geldschöpfung selbst ist also lange bekannt und unstritig. Neu für die meisten ist lediglich, dass auch *private* Banken dazu in der Lage sind. Zum einen liegt diese Fähigkeit darin begründet, dass die Banken über unser aller Zahlungssystem und die Buchhaltung unserer Konten verfügen, in denen nur sie Eintragungen und Änderungen vornehmen können. Zum anderen – und das ist sehr entscheidend – sind sie nicht verpflichtet, die Girokonten ihrer Kunden, also »unser Geld«, vom eigenen Vermögen in der Bilanz zu trennen. Zum Vergleich: Wenn ein Kunde seine Bank beauftragt, Wertpapiere für ihn zu kaufen, dann werden diese Papiere tatsächlich treuhänderisch verwahrt, sozusagen wie in einem Safe außerhalb der Bank. Sie gehören nicht zur Bilanz des Geldinstituts. Geht die Bank pleite, bleibt dieser Safe unangetastet und der Kunde behält seine Wertpapiere. Grundverschieden verhält es sich mit Girokonten. Das Geld darauf wird eben nicht »treuhänderisch verwahrt«, sondern ist Teil der Bilanz. Nur aufgrund dieser erlaubten Vermischung können Banken überhaupt Geld schöpfen, ohne dass es auffällt und ohne dass man es in ihrer Bilanz ablesen kann. Dort hat es den Anschein, als hätte das Geld für die Kredite schon vorher im Vermögen der Bank existiert.

Tatsächlich aber passiert folgendes: Kommt die Bank mit dem Kunden überein, einen Kredit zu vergeben, dann bedeutet das aus Bilanzsicht, dass eine Verbindlichkeit gegenüber dem Kunden entsteht, diese aber nicht (!) durch eine Zahlung ausgeglichen wird. Die Bank verringert eben kein anderes Konto um den vereinbarten Kreditbetrag. Es findet keine Überweisung statt. Stattdessen benennt die Bank einfach einen Bilanzposten um. Die Verbindlichkeit der Bank, den ausstehenden Kreditbetrag zu zahlen, wird umetikettiert in die Verbindlichkeit eines vermeintlichen »Kundenguthabens«.[11] Anders gesagt: Das Versprechen der Bank, den Kreditbetrag zu zahlen, bleibt die ganze Laufzeit des Kredites über genau das – ein Versprechen. Eingelöst wird es nur dann, wenn der Kunde den Kredit vollständig in bar von seinem Konto abhebt – was wohl kaum jemand macht. Dann – und nur dann – müsste die Bank tatsächlich »liefern« und sich dazu Geldscheine von der Zentralbank besorgen oder die eigenen Barreserven entsprechend verringern.

Man kann sagen: Banken verleihen eigentlich kein Geld, sondern geben lediglich elektronische Gutscheine auf Geld heraus, die aber von allen anderen wie Geld angesehen und akzeptiert werden. Giralgeld ist ein Anspruch auf Papiergeld und wird der Einfachheit halber von jedem genau wie Papiergeld angenommen. Der Clou dabei: Das Papiergeld ist staatlich, das Giralgeld aber zumeist privat geschaffen. Die Banken geben also im Grunde Gutscheine auf fremdes, nämlich staatlich geschaffenes, Geld aus. Dafür haben sie niemanden um Erlaubnis gefragt. Sie tun es trotzdem, und alle akzeptieren es. Den Banken ist es somit de facto gelungen, die Souveränität der Staaten über ihr Geld zu unterwandern – und zwar einfach durch ihre Kontrolle über den bargeldlosen Zahlungsverkehr, der für alle bequem ist und den niemand mehr im Alltag missen möchte.

Es gibt eine historische Entsprechung zu diesem Vorgang. Im 19. Jahrhundert bedeutete »Bargeld« vielerorts in Deutschland noch so viel wie »Silbermünzen«, da diese damals als gängige Alltagswährung dienten. Papiergeld war zu der Zeit nicht mehr als

Das seltsame Wesen der Geldschöpfung 33

ein Anspruch auf »echtes« Bargeld, also nach damaliger Gewohnheit ein Recht, Edelmetall zu bekommen, ein Gutschein auf Silber. Das Prinzip ist gleich: Private Banken erzeugen eigenmächtig Gutscheine auf etwas, das der Staat herausgegeben hat. Sie können das tun, weil es ihnen gelungen ist, die Konten aller Bürger zu führen und damit das Zahlungssystem insgesamt zu kontrollieren. Das ist der Schlüssel.

Zurück zur Kreditvergabe. Wird das Geld aus dem neu geschöpften Kredit vom Kunden wieder ordentlich zurückgezahlt, dann verschwindet der Betrag, Rate für Rate, auch wieder aus dem System. Das Geld wird so lautlos gelöscht, wie es entstanden ist. Wie aber, so mag man fragen, kann Geld verschwinden? Warum behält es die Bank nicht einfach? Das liegt daran, dass eine an die Bank zurückgezahlte Kreditrate etwas anderes ist als eine Überweisung zwischen normalen Bürgern. Die Bank verringert nämlich bei einer Rückzahlung einfach den Kontostand des Kreditnehmers, *ohne* zugleich ein anderes Konto zu erhöhen. Es wird nichts überwiesen, kein Geld »bewegt«. Die Bank erhält nichts, ihre Bilanz bleibt ausgeglichen, denn die Verbindlichkeit des Kunden, den Betrag zurückzuzahlen, verringert sich im gleichen Maße wie die Forderung der Bank. Wie bereits gesagt, erhält man bei einer Kreditvergabe kein Geld, sondern lediglich ein Versprechen auf die Auszahlung von Bargeld. Demzufolge zahlt man einen Kredit auch dadurch an die Bank zurück, dass man seinen Bargeldanspruch verringert. Die Bank kann eine getilgte Kreditrate darum nicht behalten, weil diese ja nur ein »Anspruch auf Zahlung eigenen Bargeldes an sich selbst« wäre – also Unsinn.

Zusammengefasst heißt das: Banken können Geld schöpfen, weil wir uns daran gewöhnt haben, den größten Teil unserer Geschäfte über Girokonten abzuwickeln. Wir bewegen bei unseren Überweisungen untereinander kein Geld, sondern lediglich Versprechen auf Auszahlung von Bargeld. Da diese von allen wie Bargeld akzeptiert werden, sieht kaum jemand ein Problem darin. Dem Staat ist das Giralgeld sogar bei Steuerzahlungen willkommen – die man erstaunlicherweise gar nicht mehr in bar, also in echtem staatlichen Geld leisten darf! Das ist völlig verdreht, denn wie lässt es sich rechtfertigen, dass der Staat bei Steuerzahlungen tatsächlich nur noch Giralgeld akzeptiert, das meist von privaten Banken in einer rechtlichen Grauzone geschöpft wurde, nicht aber das offizielle, amtliche Zahlungsmittel, also Bargeld? Fragen Sie gern einmal Ihren Bundestagsabgeordneten danach!

Zu der beschriebenen Geldschöpfung wäre die Bank nicht in der Lage, wenn sie die Kundenkonten außerhalb der eigenen Bilanz führen müsste. In diesem Fall wäre sie nämlich gezwungen, den Kreditbetrag auch tatsächlich zu zahlen, sprich: ein anderes, eigenes Konto um den entsprechenden Betrag zu verringern. Doch eben das passiert im jetzigen System nicht.

Ein weiterer Punkt, welcher der breiteren Öffentlichkeit nicht klar ist: Es existieren heute mehrere Geldkreisläufe, nämlich einer zwischen Kunden und Geschäftsbanken und einer zwischen Geschäftsbanken und Zentralbank. Eine Bank kann Geld, das sie von der Zentralbank geliehen hat, nicht direkt an Kunden weiter verleihen. Eine Überweisung vom Zentralbankkonto der Bank auf ein Kundenkonto ist technisch unmöglich. Die Vorstellung, das Geld fließe von der Zentralbank, die es druckt, über die Banken zu den Kunden, stimmt nur für einen kleinen Teil der Beträge – nämlich für das traditionelle Bargeld. Lässt sich eine Bank einen Kredit bei der Zentralbank in bar auszahlen, dann kommt der Geldtransporter und bringt die Geldbündel von der Zentralbank zur Geschäftsbank. Diese Scheine können dann tatsächlich auch weiterfließen an die Kunden. Doch macht Bargeld wie gesagt nur noch weniger als 20 Prozent des umlaufenden Geldes aus. Und auch die allermeisten Kredite werden nicht in bar ausgezahlt.

Leiht sich eine Bank dagegen unbares Geld von der Zentralbank, dann verbleibt dieser Betrag im zweiten Kreislauf. Die Bank bildet mit diesem Zentralbankgeld sogenannte »Reserven«. Dieser Begriff wird verwendet, um es sprachlich vom Giralgeld unterscheiden zu können, das die Banken selbst schöpfen; Zentralbankgeld oder »Reserven« kann nur die Zentralbank erschaffen. Diese Reserven braucht die Bank zum Beispiel, wenn sie dem

Staat Geld leiht, etwa beim Kauf von Staatsanleihen. Als Bezahlung dafür akzeptiert der Staat nämlich nur Zentralbankgeld (Näheres dazu in Kapitel 5).

Ansonsten zirkulieren die Reserven zwischen den Banken, um Zahlungen untereinander abzuwickeln. Jedes Geldinstitut verrechnet mit seinen Mitbewerbern die Zahlungsströme, die in großer Zahl zwischen ihnen hin und her fließen. Das geschieht auf speziellen Konten im sogenannten Interbankenhandel. Dort werden die täglichen Schwankungen im Zahlungsverkehr unkompliziert und geräuschlos ausgeglichen. Eben für diesen Interbankenhandel benötigen die Institute die Reserven von der Zentralbank. Es handelt sich sozusagen um ein Geld höherer Ordnung als das Giralgeld für die Kunden. Diese Kredite von der Zentralbank erhalten die Banken allerdings in weit geringerem Ausmaß, als sie selbst Kredite an Kunden vergeben. Die Reserven müssen lediglich dafür ausreichen, die Differenzen der hin und her fließenden Zahlungsströme zwischen den Banken auszugleichen.

Dazu ein konkretes Beispiel: Überweisen Kunden der Deutschen Bank in einem gewissen Zeitraum insgesamt 80 Millionen Euro an Kunden der Commerzbank und überweisen letztere im gleichen Zeitraum 75 Millionen in umgekehrter Richtung, dann schuldet die Commerzbank der Deutschen Bank die Differenz, also fünf Millionen Euro. Dafür benötigt sie eigene Reserven, und damit Geld von der Zentralbank. Die Geldinstitute gewähren sich im Interbankenhandel aber auch untereinander Kredite, jeweils im Umfang der gegenseitigen Wertschätzung. Am Ende werden nur vergleichsweise wenige Reserven benötigt, sofern die Zahlungsströme unter den Banken einigermaßen ausgeglichen sind (und sie sich gegenseitig vertrauen).

Zurück zur Geldschöpfung, die nur möglich ist, weil die Banken in ihrer Unternehmensbilanz die Girokonten ihrer Kunden nicht vom Vermögen der Bank trennen. Sie behandeln das Geld auf einem Girokonto eigentlich nicht anders als einen zinslosen Kredit, den der Kunde seiner Bank gewährt. Das ist vielen nicht klar. Guthaben auf Girokonten sind heutzutage kein sicheres Eigentum der jeweiligen Inhaber, sondern lediglich ein Zahlungsversprechen der Bank. Und Versprechen kann man brechen. Erinnert sei an die Bankenrettung auf Zypern im Jahr 2013, als die Inhaber von Girokonten dort anteilig in Haftung genommen wurden und somit Geld verloren. Im *Handelsblatt* konnte man dazu seinerzeit lesen:

»Ja, so funktioniert unser Geldsystem. Wer am Zahlungsverkehr teilnehmen oder Geld ohne Kursschwankungsrisiko aufbewahren will, muss den Banken einen Kredit geben – ob er will oder nicht. Formal sind Halter von Bankguthaben Gläubiger der Banken, obwohl sie eigentlich der Bank kein Geld leihen wollen. Sie wollen nur ihre Zahlungsmittel sicher und liquide aufbewahren. Weil Spar- und Girokonteninhaber formal Gläubiger der Banken sind, ist es formal korrekt, dass bei dem Plan, die Einlagenkunden der zyprischen Banken per Sondersteuer zu schröpfen, von Gläubigerbeteiligung an der Bankenrettung geredet wurde.«[12]

Die Volksweisheit »nur Bares ist Wahres« darf daher erneut unterstrichen werden. Jedoch ist sich kaum jemand der Tatsache bewusst, dass ein Girokonto heute Teil der Bankbilanz ist und seine Existenz damit vom Wohl und Wehe des entsprechenden Geldinstituts abhängt. Bei einer Bankpleite kann alles verschwinden. Zwar soll bei einem solchen Crash ein Einlagensicherungsfonds die Ausfälle ersetzen, doch ist dieser bei einem oder mehreren großen Bankenzusammenbrüchen rasch erschöpft und die »Garantie« daher mit Vorsicht zu genießen.

Zusammenfassend lässt sich sagen: Die Geldschöpfung der privaten Banken ist real, wird aber geschickt verschleiert. Banken benutzen die von ihnen angebotene Dienstleistung, den Giro-Zahlungsverkehr für die gesamte Wirtschaft und Bevölkerung abzuwickeln, um mittels ihres Zugriffs auf die Girokonten Geld entstehen zu lassen. Das damit zusammenhängende Risiko ganz normaler Girokonteninhaber, deren Geld nicht treuhänderisch verwahrt wird, sondern zur Bankbilanz gehört, wird unter den Teppich gekehrt. Der Staat lässt es sich zudem gefallen, dass das

Geldschöpfungsmonopol der Zentralbank nur noch für Papiergeld gilt und beim heute vorherrschenden Giralgeld ausgehebelt worden ist.

Mit dem Recht zur Geldschöpfung sind auch enorme Gewinne verbunden. Der Fachbegriff dafür lautet »Seigniorage« und bezeichnet die Spanne zwischen dem Wert des geschöpften Geldes und seinen Herstellungskosten. Allein auf Deutschland bezogen geht es dabei um jährliche Gewinne im zweistelligen Milliardenbereich, im Euroraum insgesamt sogar um dreistellige Milliardenbeträge.[13] Dieser riesige Geldschöpfungsgewinn ist einer der Gründe, weshalb sich der Bankensektor gegen jede Reform an dieser Stelle heftig wehren wird.

Eine moderne Bank kann aber noch ganz andere Kunststücke vollbringen: Es ist sogar möglich, durch Geldschöpfung das Eigenkapital zu erhöhen – was die derzeitigen Regulierungsversuche ad absurdum führt. Wie man der Presse entnehmen konnte, hatte die britische Barclays Bank unter dem Druck der Finanzkrise – und um eine Teilverstaatlichung zu vermeiden – Ende 2008 neue Aktien im Wert von umgerechnet rund neun Milliarden Euro ausgegeben. Wie von der Regierung gefordert, erhöhte sie damit ihr Eigenkapital. Käufer des größten Aktienpakets waren die Königshäuser von Katar und Abu Dhabi, die aber, wie sich später herausstellte, den enormen Kaufpreis erst über einen von der Barclays Bank geschöpften Kredit »finanzierten«. Die Bank hatte sich somit im Grunde ihr neues Eigenkapital selbst geschaffen. Das ist zwar nach britischem Recht nicht erlaubt, doch die zuständigen Aufsichtsbehörden sahen offenbar darüber hinweg.[14] Den Zusicherungen der Politik, einer Banken- und Finanzkrise durch eine Erhöhung der Eigenkapitalquote ernsthaft vorbeugen zu können, darf man angesichts solcher Möglichkeiten mit einiger Skepsis beggnen.

Überhaupt führen diese Versuche, aktuell auch bekannt als »Basel III«-Regelwerk, schon vom Prinzip her in die Irre. Die Kreditvergabe der Banken lässt sich nicht durch eine Eigenkapitalquote begrenzen – ganz einfach deshalb, weil kein direkter Zusammenhang zwischen beidem besteht. Das *Handelsblatt* zitierte dazu vor einiger Zeit den französischen Ökonomen Bernard Vallageas: »Eigenkapital und Kreditvergabe haben ökonomisch nichts miteinander zu tun.«[15] Die tatsächliche Grenze der Kreditvergabe liegt allein im Vertrauen der Banken in eine positive wirtschaftliche Entwicklung. Sind sie in einer Aufschwungphase davon überzeugt, dass der Boom anhält, dann kann nichts im heutigen System sie daran hindern, Kredite im Übermaß bereitzustellen und damit Geld zu schöpfen. Ob die gesetzlich geregelte Eigenkapitalquote eingehalten wird, überprüft eine Bank nicht vor der Kreditvergabe, sondern umgekehrt – im Nachgang wird das (gesetzlich, nicht praktisch) benötigte Eigenkapital besorgt, zum Beispiel bei der Zentralbank, die sich solchen Bedürfnissen des Bankensektors am Ende auch noch nie verweigert hat.[16]

Es gibt aber auch Grenzen der Bankengeldschöpfung. Wie bereits angedeutet, verbirgt sich ein großes Problem für die Banken in der Existenz des Bargelds. Kaum überwindliche Schwierigkeiten würden ihnen entstehen, wenn sehr viele Kreditnehmer damit beginnen würden, große Teile davon in bar abzuheben. Gleiches gilt für Kontenbesitzer, die in großer Zahl versuchen, sich ihr Geld in bar auszahlen zu lassen. Das wäre der gefürchtete Sturm auf die Banken, der sogenannte »Bank Run«. Bevor eine Bank in solch einem Fall ausreichend Bargeld für alle Kunden zusammen hat, ist sie pleite, da die eigenen Reserven im Verhältnis zu den Giroeinlagen nur einen kleinen Bruchteil ausmachen. Hier zeigt es sich dann sehr konkret, dass Giralgeld nur ein unsicheres Versprechen auf Bargeld ist. Auch wenn sehr viele Bürger und Firmen damit beginnen würden, im Geschäftsverkehr ausschließlich Bargeld zu verwenden, hätte es schnell ein Ende mit der Bankengeldschöpfung – sowie mit den Banken selbst. Nicht zuletzt aus diesen Gründen wird immer wieder von interessierter Seite versucht, eine Abschaffung des Bargelds ins Gespräch zu bringen.[17] Solchen Plänen geht aktuell der *Handelsblatt*-Autor Norbert Häring auf den Grund. Sein Buch *Die Abschaffung des Bargelds und die Folgen: Der Weg in die totale Kontrolle* erscheint etwa zeitgleich mit dem hier vorliegenden und sei an dieser Stelle nachdrücklich empfohlen.[18]

Eine andere Grenze der Geldschöpfung besteht darin, dass eine Bank nicht für sich selbst Geld auf einem eigenen Konto erzeugen kann, sondern dafür Kunden braucht, die bereit sind, sich zu verschulden. Das Beispiel Barclays zeigt zwar, dass so etwas in einem Dreiecksgeschäft, sozusagen »über Bande«, doch möglich ist, allerdings handelt es sich dann nicht mehr um eine rechtliche Grauzone, sondern ist schlicht illegal. Ob und wann in solchen Fällen ein Staatsanwalt ermittelt, ist hingegen eine andere Frage. Bisher hat man jedenfalls nichts von solchen Ermittlungen gehört. In jedem Fall bedarf die Möglichkeit von dieser Art dubioser Dreiecksgeschäfte dringend weiterer Recherchen. (Liebe investigative Journalistenkollegen von *Spiegel*, *Süddeutscher Zeitung* und Co. – wer hat Lust, dem mal nachzugehen?)

Die Aussage, dass Banken Geld nicht für sich selbst erzeugen können, muss übrigens auch in anderer Hinsicht eingeschränkt werden – was im folgenden Kapitel näher erläutert wird. Andererseits ist eine Bank weniger autonom und unabhängig, als man glauben könnte. Aufgrund der Sonderrolle der Branche arbeitet jedes Geldinstitut fest eingebunden in das Netz seiner Mitbewerber, mit denen es über vielfältige Transaktionen und Geschäfte verknüpft ist. Wenn etwa eine einzelne Bank wesentlich mehr Kredite vergibt und damit Geld schöpft als ihre Konkurrenten, dann ist dieser Vorsprung nicht von Dauer, da eine automatische Gegenkraft entsteht.

Dazu ein Beispiel: Nimmt ein Kunde bei einer Bank einen Kredit auf, so überweist er das zur Verfügung gestellte Geld in der Folge meist an andere Banken. Zum Beispiel fließt das Geld aus einem Hauskredit an den Architekten und die Handwerker, welche das Haus bauen, und die ihrerseits oft bei anderen Banken ein Konto unterhalten. Das geschöpfte Geld bleibt also selten auf den Konten der erzeugenden Bank. Wenn nun ein einzelnes Geldhaus sich bei der Kreditvergabe besonders hervortut und eine Zeit lang mehr schöpft als die Mitbewerber, dann geschieht Folgendes: Die Kreditnehmer der Bank überweisen einen großen Teil des frisch geschaffenen Geldes auf die Konten anderer Banken, wie am Beispiel des Hauskredits gezeigt. Derjenigen Bank, die im Übermaß Kredite erzeugt hat, fließt also Giralgeld ab, und im Verhältnis zu den Mitbewerbern sammeln sich Defizite an. Diese müssen aber mit Reserven, welche die Bank sich gegen Zinsen und hinterlegte Sicherheiten bei der Zentralbank beschaffen muss, wieder ausgeglichen werden.

Fazit: Ein dauerhaftes Defizit im Interbankenhandel kann teuer für die einzelne Bank werden und beschädigt zudem das Ansehen und die Kreditwürdigkeit innerhalb der Branche. Eine Bank wird sich daher beim Ausmaß ihrer Kreditvergabe nach Möglichkeit ihren Mitbewerbern anpassen. Die Banken als System neigen also automatisch dazu, sich in ihrer Kreditvergabe gegenseitig anzugleichen. Dazu sind gar keine persönlichen Absprachen untereinander nötig. Die Notwendigkeit ist im System selbst angelegt.

Entscheidend ist immer, was die Mehrheit tut. Banken sind hierin ein gutes Beispiel für das berühmte Herdenverhalten. Wenn in einer Boomphase die meisten Geldhäuser ihre Kreditvergabe ausweiten, dann fließen ihnen in der Folge im Interbankenhandel Mittel ab – und zwar hin zu denjenigen Banken, die zu diesem Zeitpunkt keine zusätzlichen Kredite vergeben. Diese zurückhaltenden Institute registrieren bei der Verrechnung der Zahlungsströme einen kräftigen Zufluss an Reserven und somit einen geschäftlichen Erfolg, der sie dazu anregt, nun ihrerseits mehr Kredite auszureichen. Umgekehrt führt eine Drosselung der Kreditvergabe durch eine Mehrzahl der Banken dazu, dass auch die weniger vorsichtigen Geldhäuser bald dazu neigen, sich dieser Richtung anzuschließen, um keine Defizite anzusammeln. Der Interbankenhandel bindet alle so eng aneinander, dass niemand auf Dauer ausscheren kann. Die Mehrheit bestimmt. Ob bewusst oder nicht, das Bankensystem neigt dazu, koordiniert zu handeln – man kann sagen: als Schwarm. Das zeigt auch die Alltagserfahrung: Während eines Aufschwungs werden Kredite im Übermaß vergeben, in der Krise nahezu gar keine mehr. Zusammengefasst heißt das: Eine Bank allein und für sich genommen kann nicht dauerhaft Geld schöpfen. Alle Banken gemeinsam aber können es, und zwar massiv.

Was also läge näher, als selbst eine Bank zu gründen, um an diesem profitablen Spiel teilzuhaben? Bereits Bertolt Brecht fragte ja in seiner berühmten »Dreigroschenoper«, was der Einbruch in eine Bank schon sei, verglichen mit der Gründung einer solchen. Doch so einfach ist es nicht. Eine Bank profitiert erst dann in diesem Spiel, wenn sie groß genug ist und ein so weit verzweigtes Netz von Kunden hat, dass die Zahlungsströme zwischen ihr und den Konkurrenzinstituten sich auf Dauer annähernd ausgleichen. Es gilt die Weisheit Godzillas: »Size matters«, Größe zählt. Wenn jedem Geldbetrag, welcher die Bank per Überweisung verlässt, im Durchschnitt eine gleich hohe Zahlung gegenübersteht, die ihr von einer anderen Bank zufließt – und das ist eben erst dann der Fall, wenn die Bank sehr groß und stark vernetzt ist –, dann kann sie im Gleichmaß mit ihren Konkurrenten Geld schöpfen. Ist die Bank aber kleiner und weniger gut vernetzt, dann wird das selbst geschöpfte Geld ihr durch Überweisungen ihrer Kunden an andere Banken rasch abfließen, ohne dass im gleichen Maße von anderen Banken Geld auf die Konten ihrer Kunden überwiesen wird. Das Ende der Fahnenstange ist dann rasch erreicht. Geldschöpfung ist vor allem ein Spiel für die großen Jungs.

Eine weitere naheliegende Frage lautet: Wenn Banken Kredite nicht aus Spareinlagen vergeben, wozu benötigen sie dann überhaupt fest angelegtes Geld und weshalb zahlen sie ihren Kunden Zinsen dafür? Die Antwort darauf findet sich wiederum im System des Zahlungsausgleichs zwischen den Banken. Kann eine Bank viele ihrer Kunden mithilfe von Zinszahlungen davon überzeugen, eine gewisse Summe bei ihr fest anzulegen, dann fließt dieses Geld für die Zeit der Anlage garantiert nicht zu anderen Banken ab. Das hilft dem Institut dabei, eine ausgeglichene Zahlungsbilanz im Verhältnis zu den Konkurrenten zu behalten. Außerdem stehen die Banken im Wettbewerb um möglichst viele Kunden. Wer als Kunde gewonnen werden kann, der tätigt oft viele verschiedene Geschäfte bei dieser Bank, bringt Geldzuflüsse und zahlt Gebühren. Ein weiterer Punkt: Je mehr Kunden ihr Geld bei einer Bank fest anlegen, desto weniger ist sie auf Reserven angewiesen, also auf Geld von der Zentralbank. Eine Bank mit vielen Kunden und großen Summen fest angelegten Geldes ist relativ unabhängiger von der Einflussnahme durch die Zentralbank.

Das Bankwesen insgesamt funktioniert also in vielen Punkten anders, als man zu wissen glaubt. Insbesondere die Fähigkeit privater Banken, Geld in eigener Macht schaffen zu können, irritiert. Jedoch würde es zu kurz greifen, das Prinzip der Geldschöpfung generell als Buchhaltungstrick und Betrug anzusehen. Vielmehr ist es der Wesenskern von Geld an sich. Man muss sich erst wieder an den weithin vergessenen Gedanken gewöhnen, dass Geld im Grunde ausschließlich frei geschöpft in die Welt kommt. Wir neigen dazu, alles Geld als gegeben zu betrachten und nicht zu hinterfragen, wer es ursprünglich schuf.

Ehemals, bevor es Banken und Zentralbanken gab, wurde das Geld vom jeweiligen Herrscher ausgegeben. Der König, Kaiser oder Fürst prägte Münzen und bezahlte damit seine Untergebenen. Diese Münzen hatte der Herrscher nicht gekauft oder ertauscht, sondern selbst geschaffen, in Prägeanstalten, die ihm gehörten, oft aus Metall, das in eigenen Bergwerken gewonnen wurde oder das er geraubt hatte. Dass alle Untergebenen sie als Zahlungsmittel akzeptierten, war allein seiner Macht geschuldet. Der Herrscher befehligte Truppen, die in dem Gebiet, das er kontrollierte, im Zweifel seinen Willen durchsetzen konnten. Eben darauf beruhte die Akzeptanz des Geldes. Es war zwar nicht so, dass man den Leuten die Währung gegen ihren Willen aufzwingen musste. Doch die unzweifelhafte Macht und Verfügungsgewalt des Herrschers, der das Geld in seinem Territorium verteilte, garantierte eben dafür, dass jeder Markthändler, Bauer oder Warenproduzent es dort im täglichen Geschäftsverkehr auch annahm. Und mit dem selbst geprägten Geld, welch praktischer Kreislauf, finanzierte der Herrscher sodann den Sold für seine Kriegstruppen, die ihm seine Macht sicherten, sowie den Bau seiner Schlösser und Paläste. Der Herrscher ließ also andere ohne Gegenleistung für sich arbeiten. Das Geld, das er verteilte, kann man als eine Art Tribut ansehen, den die Untergebenen ihm zu leisten hatten. Darüber hinaus trieb der Herrscher Steuern beim Volk ein. Diese mussten wiederum mit den von ihm geschaffenen Münzen entrichtet werden. Dadurch entstand eine direkte Nachfrage nach seinem Geld. Steuern musste jeder zahlen und so konnte auch jeder die Münzen des Herrschers gut gebrauchen. Diese Verbindung ist seit jeher der Dreh- und Angelpunkt bei der Geldschöpfung: Gelingt es dem Schöpfer, dass sein Geld für Steuerzahlungen an den Staat akzeptiert wird, ist er aus dem Schneider. Denn dann dreht er am größtmöglichen Rad: dem Arbeitskreislauf, der von der Bevölkerung getragen wird, die ja alle Waren und Dienstleistungen erst erwirtschaftet.

Gar nicht viel anders funktioniert es heute, auch wenn sich das System der Geldschöpfung durch die Entstehung von Banken noch wesentlich erweitert und verfeinert hat. Das Grundprinzip aber bleibt gleich: Geld entsteht weiterhin aus dem Nichts, oder besser gesagt: im Vorgriff auf zu schaffende Werte. Der Herausgeber muss lediglich die Macht im entsprechenden Gebiet haben oder aber mit den Mächtigen dort verbündet sein.

Heute nun schöpfen auch die Zentralbanken Geld und der Staat und mit ihm alle Bürger könnten erheblich davon profitieren – sofern sie an der Entstehung beteiligt sind. Daher darf man sich dem Thema auch gern philosophisch nähern. Die Tatsache, dass Zentralbanken sowie private Geschäftsbanken in der Lage sind, einfach so Geld entstehen zu lassen und damit – bei umsichtiger Verwendung – die Wirtschaft anzukurbeln, ist im Grunde nicht viel erstaunlicher als der Umstand, dass Pflanzen einfach so »umsonst« wachsen, wenn sie gegossen werden, was ja häufig mit Wasser geschieht, das vom Himmel fällt. Geschöpftes Kreditgeld ist so gesehen ein Synonym für Vertrauen auf späteres Wachstum oder den kommenden Erfolg des finanzierten Geschäftes. Das mögliche Ausmaß der Schöpfung hängt letztlich ab von der Größe des Vertrauens. Wer es poetisch mag, der kann darin eine beflügelnde Form menschlicher Freiheit sehen. Falsch wäre das jedenfalls nicht.

Allerdings gibt es, abseits aller Poesie, bei der heute praktizierten Geldschöpfung ein gravierendes Problem, dessen Schatten auf die gesamte Gesellschaft fällt: Das System ist derzeit weder fair noch demokratisch. Der Profit aus der Schöpfung kommt kaum der Allgemeinheit zugute, sondern so gut wie ausschließlich ganz speziellen Privatinteressen – sprich: den Banken und ihren Eigentümern, ganz so wie seinerzeit dem König oder Kaiser. Und an dieser Stelle wird es faktisch doch wieder zum Betrug, nämlich zu einem Täuschen und Austricksen der Öffentlichkeit, die um Gelder und Werte geprellt wird, welche eigentlich allen zustehen, da sie einem unverdienten Privileg entstammen. Weshalb also wird dieses Privileg weiterhin akzeptiert? Warum verschuldet sich der Staat bei privaten Banken und beschafft sich das Geld, das er braucht, nicht direkt bei der eigenen Zentralbank?

Die Antwort auf diese Frage ist komplex und eines der Themen dieses Buches. Sie berührt die Verfasstheit unserer Gesellschaft insgesamt und im Besonderen die Möglichkeit oder Unmöglichkeit von Demokratie.

3 Warum Banken (fast) alles umsonst bekommen

Die im vorherigen Kapitel geschilderten Zusammenhänge sprechen sich langsam in der Öffentlichkeit herum. In den letzten Jahren haben einige große Zeitungen wie *FAZ* und *Spiegel* über das Prinzip der Geldschöpfung berichtet.[1] Eine Reihe von Büchern ist ebenfalls dazu erschienen.[2] Ein weiteres und kaum weniger wichtiges Merkmal des derzeitigen Geldsystems aber wird bislang so gut wie gar nicht diskutiert: Banken schöpfen Geld nämlich nicht nur, wenn sie Kredite vergeben. Auch wenn sie etwas kaufen, »bezahlen« sie zunächst mit selbst geschöpftem Giralgeld.[3] Der Autor Horst Seiffert beschreibt es in einer einfachen Analogie:

»Ich habe kein Geld und Du hast kein Geld. Ich spiele jetzt Bank und leihe Dir Gutscheine auf Geld. Du nimmst die Gutscheine und verwendest sie wie Geld. Die anderen tun das auch so mit ihren Gutscheinen von anderen Banken. So zirkulieren Gutscheine anstelle von Geld in der Publikumsebene. Ich als Bank und die anderen Banken hatten vorher kein Geld, und wenn die Gutscheine von Dir und den anderen an die Banken zurückgegeben werden (Kreditrückzahlung), haben ich und die anderen Banken immer noch kein Geld. Das Vermögen von mir als Bank und der anderen Banken ist immer dasselbe geblieben. Der Trick ist, Du und die anderen haben sich daran gewöhnt, die Gutscheine als Geld anzusehen. Daraus ziehen ich und die anderen Banken jetzt einen entscheidenden Vorteil. Wir verleihen nicht nur Gutscheine an Euch, sondern wir bezahlen mit Gutscheinen die von Euch an uns gelieferten Waren und Dienstleistungen. Wir brauchen kein Geld, da Ihr die von uns angeschriebenen Beträge als Geld akzeptiert.«[4]

Banken kaufen mit den Gutscheinen also auch reale Werte. Ein einfaches Gedankenspiel kann vielleicht dabei helfen, die Sache besser zu verstehen. Man stelle sich einmal den gesamten Bankensektor als eine große private Bank vor. Diese »Big Bank« betreibt den kompletten Zahlungsverkehr für alle Bürger und Unternehmen. Sämtliche Transaktionen in einer Volkswirtschaft sind lediglich interne Buchungen dieser Bank, da jeder dort sein Konto unterhält. Alle Kredite werden von dieser Bank geschöpft. Was passiert nun, wenn diese »Big Bank« etwas kaufen möchte? Im Grunde das Gleiche, wie wenn sie einen Kredit vergibt. Sie erhöht das Konto des Verkäufers, ohne ein anderes Konto zu verringern. Sie stellt Gutscheine aus. Kauft sie zum Beispiel ein Dutzend schöner neuer Oberklasselimousinen für die Mitglieder des Vorstands im Wert von, sagen wir, einer Million Euro, dann trägt die Bank auf dem Konto des Verkäufers einfach eine Million Euro zusätzlich ein. Der Verkäufer kann diesen Betrag real verwenden, so wie jeder Kreditempfänger, der Giralgeld auf gleiche Weise erhält.

Was ist das nun? Wie kann man diesen Vorgang bezeichnen? Die Bank schöpft von der Gesellschaft geschaffene Werte ab. Sie eignet sich Waren und Dienstleistungen an, im Tausch gegen selbst ausgestellte Gutscheine. Einfach gesagt: Die Bank lässt sich beschenken. Letztlich geht es hier natürlich nicht nur um ein paar Firmenwagen oder Büromobiliar. Es geht um Grundstücke, Immobilien sowie um Käufe von Wertpapieren in großem Stil.

Nun existiert eine solche »Big Bank« in der Form nicht – zumindest nicht als einzelnes Unternehmen. Der reale Bankensektor besteht aus vielen individuellen Teilnehmern, die zueinander in Konkurrenz stehen. Zwischen diesen Konkurrenten besteht kein perfektes Gleichgewicht. Das ist die Einschränkung zum Gedankenspiel mit der »Big Bank«. Im realen Leben kann die eine Bank ihr Geschäft ausweiten, während die andere Kunden und Gelder verliert. Nicht alle Zahlungen, die zwischen zwei Instituten hin und her fließen, gleichen sich gegenseitig aus. Daher bekommt die einzelne Bank auch nicht *alle* ihre Käufe umsonst. Sie erhält ihre Anschaffungen allerdings *in dem Maße* geschenkt, in dem sich die Ausgleichszahlungen zwischen ihr und den Mitbewerbern wechselseitig kompensieren, also aufheben.

Zurück zum Beispiel mit den Autos. Angenommen, die Deutsche Bank kauft zwölf Audi A8 (Firmenwerbung: »Die Kunst, voraus zu sein«) und trägt dem Verkäufer dazu eine Million Euro auf dessen Konto ein. Der Verkäufer verwendet diese Million nun für eigene Ausgaben und überweist sie im Folgenden Stück für Stück auf Konten, die beispielsweise bei der Commerzbank geführt werden. Die Commerzbank wiederum erneuert zur gleichen Zeit einen Teil ihres Fuhrparks und kauft dazu zwölf gleich teure Mercedes-Limousinen. Der Mercedes-Verkäufer überweist die von der Commerzbank auf seinem Konto eingetragene Million im Zuge seiner weiteren Geschäfte nun auf Konten, die beispielsweise bei der Deutschen Bank geführt werden. Wenn die Commerzbank und die Deutsche Bank anschließend die zwischen ihren Kunden abgewickelten Zahlungen verrechnen, stellen sie fest, dass die beiden hin und her geflossenen Millionen sich kompensieren. Die Zahlungsverpflichtungen der beiden Banken werden gegeneinander aufgerechnet und heben sich wechselseitig auf. Das heißt im Klartext: Beide Banken haben jeweils zwölf Limousinen für ihren Vorstand geschenkt bekommen.

In Wirklichkeit sind die Abläufe natürlich wesentlich komplexer und betreffen selbstverständlich auch mehr als zwei Banken. Das Prinzip aber bleibt das Gleiche. Der Schritt im Denken besteht darin, die Banken als vernetzten Sektor zu begreifen.

Praktisch gesehen kann eine Bank im heutigen System umso mehr abschöpfen, je größer sie ist und je mehr Kunden sie an vielen verschiedenen Orten hat. Denn je weitverzweigter sie ihre Geschäfte abwickelt, desto eher werden Zahlungen ihrer Kunden an andere Banken auch wieder durch gegenläufig fließende Überweisungen ausgeglichen. Und je ausgeglichener die Zahlungsströme zwischen den Geldinstituten sind, desto mehr können sie alle gemeinsam mit selbst erzeugten Gutscheinen einkaufen. Im Idealfall verhält sich der Bankensektor also tatsächlich wie die oben beschriebene eine große »Big Bank«. Kaufen alle Banken exakt gleich viel, dann können sich die Zahlungen im Interbankenhandel zwischen den Instituten komplett ausgleichen und alle erhalten sämtliche eigenen Anschaffungen geschenkt.

Dieses Prinzip der Kompensation gilt natürlich auch umgekehrt für Verluste, welche die Banken erleiden.[5] Als Beispiel hier wieder der Idealfall: Machen alle Banken, zum Beispiel während eines Börsencrashs, genau gleich hohe Verluste, dann entsteht keiner von ihnen ein realer Schaden, da sich wiederum die Ausgleichszahlungen zwischen den Instituten gegenseitig aufheben.

Aus dieser Erkenntnis ergeben sich einige weitreichende Schlussfolgerungen. Wenn ein Staat etwa bei einem aus vielen großen Instituten bestehenden internationalen Bankenkonsortium verschuldet ist, dann würde ein Schuldenschnitt für die Banken lediglich so teuer, wie sich die Kreditsummen der einzelnen beteiligten Geldhäuser voneinander unterscheiden. Gehört allen ein gleich großes Stück vom »Schuldenkuchen«, dann ist die Streichung der Schulden komplett kostenneutral für die Banken.

In der Wirklichkeit kompensieren sich natürlich nicht alle Zahlungen vollständig. Die Banken sind auch nicht alle gleich groß und bei weitem nicht gleich gut vernetzt. Daher profitieren auch nicht alle Banken im gleichen Maße. Jedoch – und hier wird es wieder sehr interessant – gibt es unter den Geldhäusern eine relativ homogene globale Führungsgruppe. Das sind die berühmten »systemrelevanten« Institute. Wer genau dazu gehört, das lässt sich auf einer offiziellen Liste nachlesen, die das sogenannte »Financial Stability Board« (»Finanzstabilitätsrat«) herausgibt – eine Institution, die 2009, kurz nach Ausbruch der Krise, von den Regierungen der G20 geschaffen wurde. Diese amtliche Liste der »global systemically important banks« wird regelmäßig aktualisiert. Derzeit – Stand November 2015 – sind dort dreißig international tätige Banken eingetragen.[6] Die zehn als am wichtigsten eingeschätzten sind:

HSBC
JP Morgan Chase
Barclays
BNP Paribas
Citigroup
Deutsche Bank
Bank of America
Credit Suisse
Goldman Sachs
Mitsubishi UFJ Financial Group

Sechs von diesen zehn Banken tauchen übrigens auch auf der im ersten Kapitel erwähnten Liste der Hauptabnehmer deutscher Staatsanleihen auf. Man kann annehmen, dass die Staatsschulden vieler anderer Länder ebenso zum großen Teil von ebendiesen Großbanken gehandelt werden. Man kann weiter unterstellen, dass die Zahlungsflüsse zwischen diesen globalen Riesen sehr intensiv sind und dass sie sich zu einem großen Teil gegenseitig kompensieren. Nochmals: Je höher diese Kompensation, umso größer der Anteil, den die Banken von allem, was sie erwerben, geschenkt bekommen. Gleichen sich die Zahlungen zwischen den Geldinstituten beispielsweise durchschnittlich zu 70 Prozent aus, dann erhalten die Banken ihre Käufe für 30 Prozent des eigentlichen Wertes.

Dass Bankentürme allerorten dermaßen hoch in den Himmel schießen und innen wie außen so beeindruckend glänzen, verwundert da schon weniger. Auch die Löhne der eigenen Angestellten, Bonuszahlungen, Strafzahlungen (!), Spenden an die Politik etc. können Banken auf diese Weise begleichen.

Man kann es kaum anders sagen: Aus Sicht der Geldhäuser und ihrer Eigentümer ist dieses System genial. Banken kaufen reale Waren und Dienstleistungen von Bürgern und Wirtschaft und entlohnen diese lediglich mit ihren eigenen Versprechen auf Geldzahlung – die aber nur eingelöst werden, soweit das entsprechende Giralgeld in Bargeld umgetauscht wird. Und die Pointe dabei: Alle akzeptieren dieses Spiel. Chapeau, liebe Banken! Wie habt ihr es bloß geschafft, ein solches System zu etablieren und die Leute auch noch glauben zu machen, das sei quasi naturgegeben und »ganz normal«?

Die Antwort auf diese Frage hat viel mit Bilanzen und Bilanzierungsregeln zu tun, aber auch mit einem verengten Blick auf das Bankgeschäft. Die Geldhäuser werden zumeist als isolierte Einzelinstitute wahrgenommen, die separat Gewinne erwirtschaften. Eine Bank, so heißt es, vergibt einerseits Kredite, hat Zinseinnahmen, erhebt Gebühren, nimmt andererseits aber Spareinlagen an, zahlt dafür Zinsen an ihre Kunden und hat Kosten für Personal und so weiter. Kurzum: Die Bank bilanziert Einnahmen und Ausgaben und erwirtschaftet in der Summe einen Ertrag. So ist zumindest der herkömmliche Blick auf das Geschehen, abzulesen in der sogenannten »Gewinn-und-Verlust-Rechnung« einer Bank.[7] Unter den Tisch fallen in dieser Rechnung allerdings die Zahlungen zwischen den Banken. Dabei sind diese der eigentliche Gradmesser des Erfolgs.

Die Banken arbeiten, wie geschildert, nicht isoliert, sondern aufs engste miteinander vernetzt. Es gilt daher, die Perspektive zu wechseln. Ein Gewinn entsteht nicht dann, wenn eine Bank für sich genommen mehr Einnahmen von ihren Kunden erhält, als sie Ausgaben hat, sondern wenn ihr mehr Geld von den Konkurrenten zufließt als zu diesen abfließt. Die Ausgleichszahlungen zwischen den Geldhäusern sind das Spiel hinter den Kulissen, das eigentlich zählt. Das im Vordergrund stattfindende Kundengeschäft allein zu betrachten führt in die Irre. So resultiert etwa aus Zinseinnahmen nicht automatisch ein Ertrag für eine Bank, auch die Zinseinnahmen verrechnen sich im System und heben einander zum großen Teil gegenseitig auf.[8] Banken – und hier sind jetzt in erster Linie die Spitzenbanken gemeint – vergeben Kredite nur vordergründig, um Zinseinnahmen zu erhalten, tatsächlich aber vor allen Dingen, um einen großen Kundenkreis an sich zu binden. Es geht, mit anderen Worten, vor allem um einen stabilen Marktanteil innerhalb des Bankensektors, da erst dieser es ermöglicht, an dem Spiel mit den selbst erzeugten Gutscheinen im großen Stil teilzunehmen. Die sogenannten »systemrelevanten« Banken sind die Meister in diesem Spiel.

Das Spiel selbst aber findet hinter einem Schleier statt und wird abgeschirmt durch die vermeintliche Realität der offiziellen Unternehmensbilanzen. Deren Kern sind die international verbindlichen Bilanzierungsregeln. An sich ist es schon ein Unding, geldschöpfende Banken in einer Bilanz genau so zu behandeln wie Unternehmen, die eben kein Geld selbst erzeugen können. Und doch wird so getan, als spiele dieser Unterschied keine Rolle. Hierzu bedient man sich verschiedener Tricks. So heißt es in den amerikanischen Rechnungslegungsvorschriften GAAP (»Generally Accepted Accounting Principles«) zur Definition von Bargeld (»Cash«):

»Im Sinne des allgemeinen Gebrauchs besteht Bargeld nicht nur aus Geldscheinen und Münzen, sondern auch aus Sichteinlagen bei Banken oder anderen Finanzinstitutionen. (...) Zum Beispiel stellt die Vergabe eines Kredits durch Buchung des Betrags auf ein Kundenkonto eine Bargeldzahlung der Bank (...) dar.«[9]

Das ist natürlich eine Schummelei erster Güte. Giralgeld auf einem Konto ist gerade kein Bargeld, sondern lediglich ein Versprechen darauf. Auf diesem Unterschied beruht ja überhaupt erst die Möglichkeit der Geldschöpfung. Auch in den international akzeptierten Bilanzregeln IFRS (»International Financial Reporting Standards«) ist viel von »Cash« die Rede, wenn doch in Wahrheit Giralgeld gemeint ist.[10] Die deutsche Fassung dieses Rechnungslegungsstandards (ein mehr als 800 Seiten langes Dokument) behilft sich damit, »Cash« als »flüssige Mittel« zu übersetzen.[11] Dadurch wird der Unterschied zwischen Bargeld und Giralgeld praktisch verschleiert. In den amtlichen Buchhaltungsrichtlinien fällt somit eine wesentliche Grundlage des Geldsystems – die Giralgeldschöpfung der Banken – schlicht unter den Tisch.

Rechnungslegungsvorschriften wie GAAP oder IFRS sind jedoch die Grundlage für die Erstellung einer Unternehmensbilanz sowie für die Arbeit der großen Wirtschaftsprüfungsunternehmen, welche die Bilanzen der börsennotierten Konzerne und damit auch aller großen Banken unter die Lupe nehmen und beglaubigen. Und hier schließt sich der Kreis. Eine Bankbilanz mit Hilfe eines Regelwerks zu erstellen und zu überprüfen, das die spezifische Funktionsweise einer Bank ignoriert, ist einigermaßen absurd.

Hinzu kommt, dass die Bilanzen vor allem von Unternehmen geprüft werden, die selbst gigantische Konzerne und Profiteure des beschriebenen Systems sind. Das Geschäft der Wirtschaftsprüfung befindet sich faktisch in den Händen von weltweit vier Unternehmen: KPMG, PwC (PricewaterhouseCoopers), Deloitte sowie Ernst & Young. In Deutschland prüfen diese vier Häuser die Bilanzen von mehr als 80 Prozent aller börsennotierten Firmen. Hierzulande dominiert dabei KPMG, welche unter anderem die Geschäftsabschlüsse von Allianz, Deutscher Bank, Daimler, BMW, BASF und Deutscher Börse überprüft und beglaubigt.[12] Der Umsatz der vier Wirtschaftsprüfungskonzerne beträgt zusammen jährlich mehr als 100 Milliarden Dollar. Die ehemalige PwC-Mitarbeiterin Francine McKenna meint in diesem Zusammenhang:

»Diese Unternehmen gründen angeblich auf Anstand und Integrität, aber sie sind inzwischen so groß, dass es nur noch ums Geldmachen geht. Sie kümmern sich nicht um ihr Ansehen, weil solche Dinge keinen Einfluss auf ihre Fähigkeit hatten, größer und größer und größer zu werden.«[13]

Tatsächlich werden immer neue Vorwürfe gegen die vier Unternehmen laut, vor allem in Bezug auf Aktivitäten in Offshore-Steueroasen. Die Wirtschaftsprüfer beraten nämlich ihre Kunden regelmäßig auch in Steuerfragen. Und mittlerweile sind zahlreiche Fälle bekannt geworden, in denen die Steuerschuld großer Konzerne mit Hilfe von Offshore-Konstruktionen künstlich heruntergerechnet wurde.[14]

In diesem inzestuösen Geflecht aus Wirtschaftsprüfungskonzernen und ihren Kunden entstehen die international verbindlichen Rechnungslegungsvorschriften (wie gleich noch erläutert werden wird). Diese werden bei Bedarf flexibel angepasst – so geschehen etwa auf dem Höhepunkt der Finanzkrise, im Oktober 2008, nur einen Monat nach der Pleite von Lehman Brothers. Als die gesamte Finanzbranche gebannt auf fallende Börsenkurse starrte und viele Regierungen eilig Milliarden für die Bankenrettung bereitstellten, da wurden hinter den Kulissen von der privaten Organisation IASB (mehr dazu gleich) geräuschlos einige gravierende Änderungen der international gängigen Rechnungslegungsvorschrift IAS 39 zur Bewertung von Finanzinstrumenten beschlossen. Diese Änderungen wurden dann auch umgehend durch die EU-Kommission angenommen.[15] Fortan durften Unternehmen und insbesondere Banken rückwirkend zum 1. Juli 2008 große Teile ihrer Bilanz umbewerten. Sie hatten nun die Möglichkeit, bestimmte Wertpapiere nicht mehr nach dem Zeitwert, sondern nach dem Anschaffungswert in ihre Bilanz einzustellen. Kursverluste konnten also schöngerechnet werden. Da in großem Umfang eine Wahlfreiheit der Bewertungsmethode bestand, durften Wertpapiere genauso gut weiterhin zum Zeitwert eingestuft werden. Man konnte die Bilanz also in weiten Teilen je nach Wunsch auch schlechter darstellen. Kurz gesagt: Der Spielraum für eine freie Bilanzgestaltung wurde erweitert.

Betrachtet man einmal eine veröffentlichte Bilanz, zum Beispiel den Geschäftsbericht 2014 der Deutschen Bank, so erfährt man, dass zum »Zeitwert bewertete finanzielle Vermögenswerte« mehr als die Hälfte der gesamten Bilanzsumme der Bank umfassen, insgesamt mehr als 900 Milliarden Euro.[16] Davon entfallen mehr als 600 Milliarden auf Derivate, also Papiere, deren Wert von anderen Papieren abgeleitet ist und die häufig der Spekulation dienen. Hier haben Buchhalter und Wirtschaftsprüfer einen großen Spielraum in der Bewertung des Bankvermögens sowie beim Beziffern der Gewinne und Verluste. Sind diese Derivate wirklich 600 Milliarden Euro wert? Wer will und kann das nachrechnen? So wie die Dinge stehen, ist es eine Vertrauensfrage. Geprüft und für gut befunden wurde die Bilanz zumindest von den Beratern der KPMG, die auf Seite 541 des Geschäftsberichtes der Deutschen Bank schreiben:

»Nach unserer Beurteilung aufgrund der bei der Prüfung gewonnenen Erkenntnisse entspricht der Konzernabschluss in allen wesentlichen Belangen den IFRS (...) und vermittelt unter Beachtung dieser Vorschriften ein den tatsächlichen Verhältnissen entsprechendes Bild der Vermögens- und Finanzlage des Konzerns (...).«

Aber wer erstellt denn eigentlich diese IFRS, also die internationalen Bilanzierungsstandards? Willkommen im Reich der schwer zu merkenden Abkürzungen, denn verantwortlich dafür ist das IASB (»International Accounting Standards Board«), ein »internationaler Rat für Rechnungslegungsstandards«. Dieser Rat ist keine öffentliche Behörde, sondern eine private Organisation, bestehend aus vierzehn Experten aus aller Herren Länder. Sucht man nach einem deutschen Namen, dann findet man dort Martin Edelmann. Wo hat Herr Edelmann zuvor gearbeitet? Bei einer unabhängigen Behörde? An einer Universität? Nein, Edelmann kommt direkt von der Deutschen Bank. Dort war er von 1997 bis 2011 für die Bilanzierung des Unternehmens zuständig.[17] Vor dieser Zeit wurde der Experte von KPMG beschäftigt und hat dort ebenfalls Banken beraten. Heute nun entscheidet er mit über die Regeln, nach denen unter anderen jene Deutsche Bank ihre Bilanz erstellt und anschließend von KPMG »unabhängig prüfen« lässt.

 Edelmann – er dient hier nur als Beispiel für die Struktur – ist in sein wichtiges Amt von den sogenannten Treuhändern der »IFRS-Stiftung« ernannt worden. Diese gemeinnützige Stiftung (kein Scherz) hat ihren Sitz im als Steuerparadies bekannten winzigen US-Bundesstaat Delaware. Sucht man unter den etwa zwanzig Treuhändern der Stiftung wiederum einen deutschen Namen, dann findet man Werner Brandt, einen Manager, der seine Karriere beim Wirtschaftsprüfer PwC begann und der heute im Aufsichtsrat mehrerer Dax-Konzerne sitzt.

Die IFRS-Stiftung und das IASB scheinen eine Art prominent besetztes Klassentreffen der internationalen Finanzelite zu sein. Dazu gehören ehemalige Finanzminister, Ex-Chefs von Börsenaufsichtsbehörden, Banker, Wirtschaftsprüfer, Mitarbeiter von Ratingagenturen und so weiter. Sie setzen die Regeln für die internationale Bilanzierung. Und was sie entscheiden, das wird geltendes EU-Recht. Insgesamt haben mittlerweile mehr als 80 Prozent aller Staaten der Erde eingewilligt, den IFRS-Standard als nationale Rechtsgrundlage in Bilanzierungsfragen zu akzeptieren.[18] Die Macher des IFRS sitzen an einem ziemlich langen Hebel.

Dem Eindruck, dass hier private kommerzielle Interessen einen unlauteren Einfluss ausüben, begegneten die Verantwortlichen in einer 2015 veröffentlichten Rechtfertigungsschrift. Die Chefs der IFRS-Stiftung und des IASB referieren dort zunächst einigermaßen offen die Sicht ihrer Kritiker:

»Die Tatsache, dass eine Organisation mit starken privaten Merkmalen Standards erlässt, von denen die öffentliche Politik abhängt, ist für manche eine Quelle des Unbehagens. (...) Das IASB wird manchmal als eine sich selbst kontrollierende Instanz dargestellt, die sich kaum demokratisch verantworten muss. (...) Einige befürchten, dass die IFRS-Stiftung übermäßig privaten, kommerziellen Interessen ausgesetzt ist und zu wenig das Allgemeinwohl beachtet.«[19]

In der Tat sind diese Kritikpunkte kaum von der Hand zu weisen. Zumal die Stiftung selbst einräumt, zu einem maßgeblichen Teil direkt von den großen Wirtschaftsprüfungskonzernen finanziert zu werden.[20] Freimütig gibt man zu, dass dies auch den Verdacht befördert habe, jene Firmen hätten ein Interesse daran, den viele hundert Seiten langen Standard so kompliziert wie nur möglich zu gestalten, um selbst hohe Beratungshonorare bei ihren Kunden in Rechnung stellen zu können. Die Stiftung sieht das naturgemäß anders und stellt insgesamt recht mutig fest: »Die IFRS helfen dabei, den Kapitalismus ehrlich zu halten.«[21] Abschließend räumt man immerhin ein, dass das Bilanzwesen »keine exakte Wissenschaft« sei, sondern in gleichem Maße »eine Kunst«. Die eigenen Standards seien alles in allem aber ihrem Wesen nach »weit weniger politisch als andere ökonomische Richtlinien«. Viel schwammiger kann eine Verteidigung wohl kaum klingen.

Dem Eindruck fehlender demokratischer Einbindung hatte man schon vor einigen Jahren entgegenwirken wollen und die komplexe Organisation dazu 2009 um eine weitere schillernde Ebene ergänzt. Das sogenannte »Monitoring Board«, eine Art Oberaufsichtsrat der IFRS-Stiftung, besteht aus den Chefs der einzelnen nationalen Börsenaufsichtsbehörden der USA, Japans, Südkoreas, Australiens, Südafrikas, Brasiliens sowie einem Mitglied der EU-Kommission. Ein- oder zweimal im Jahr setzen sich die genannten Beamten seither mit den Treuhändern der IFRS-Stiftung zusammen und haben auch das Recht, bei der Ernennung dieser Treuhänder ein Wörtchen mitzureden. Seither fühlt man sich offenbar schon viel demokratischer und dem Gemeinwohl verbunden.

Ein Blick hinter die Kulissen dieses schönen Aufsichtsrates führt allerdings schnell wieder mitten hinein in nur allzu bekannte Verstrickungen. So steckt Mitglied Mary Jo White, die Chefin der US-Börsenaufsicht, selbst knietief in einem dubiosen Beziehungsgeflecht aus Banken, Justiz und Politik. Sie begann ihre Karriere bei einer Anwaltskanzlei, die viele große Kunden an der Wall Street hat, war dann fast zehn Jahre lang leitende Staatsanwältin in New York und dort für die Strafverfolgung von Wall-Street-Kriminalität zuständig, bevor sie wieder zurück in die renommierte Privatkanzlei wechselte, nun als Teilhaberin. Dort half sie unter anderem dabei, ein 2005 von der Börsenaufsicht geplantes Strafverfahren gegen den Chef der Wall-Street-Großbank Morgan Stanley hinter den Kulissen auszubremsen.[22]

Die sprichwörtliche Drehtür zwischen Privatkanzleien und staatlicher Strafverfolgung ist mittlerweile mehr Regel als Ausnahme. Einer von Whites früheren Mitarbeitern, Robert Khuzami, arbeitete ebenso zunächst als New Yorker Staatsanwalt gegen Wall-Street-Kriminalität, anschließend von 2002 bis 2009 als Chefjurist für die Deutsche Bank, bevor er zum Leiter der Strafverfolgung bei der US-Börsenaufsicht ernannt wurde und dort öffentlich ein neuartiges »Kooperationsprogramm« mit den zu verfolgenden Banken ausrief.[23] Der Journalist Matt Taibbi, der dazu recherchierte, schreibt:

»Die Drehtür ist mehr als eine Fußnote, was die Strafverfolgung von Finanzdelikten angeht; im letzten Jahrzehnt sind mehr als ein Dutzend hochrangige Beamte der Börsenaufsicht in lukrative Jobs bei Wall-Street-Banken oder Anwaltskanzleien gewechselt, wo eine Teilhaberschaft Millionen wert ist. (...) ›Du nimmst einen dieser Jobs‹, sagt Lynn Turner, eine frühere leitende Prüferin bei der Börsenaufsicht, ›und du hast ausgesorgt im Leben.‹«[24]

Das Problem ist systemisch, die Namen sind weitgehend austauschbar. Der Kern der Sache liegt darin, dass eine große Vereinheitlichung stattfindet, hin zu einer gigantischen und krisenanfälligen Finanzmonokultur. Voneinander unabhängige, sich wechselseitig kontrollierende Instanzen existieren kaum noch. Alle kennen sich, bezahlen sich, fördern sich, im Strudel einer außer Kontrolle geratenen Globalisierung. Die große private Geldschöpfungs- und Wertabschöpfungsmaschine im Inneren wird dabei streng abgeschirmt und geschützt – durch falsche Bilanzrichtlinien, eine künstlich verkomplizierte Buchhaltung sowie die Heerscharen von Aufsichtsbeamten, welche regelmäßig die Seiten wechseln.

Der letzte Punkt ist weitgehend bekannt und unstrittig. Dass aber schon die Bankbilanzen vom Prinzip her falsch und irreführend sind, wird bislang kaum in größerem Rahmen diskutiert. Stattdessen bringen gerade Fachleute diesen Bilanzen und ihren vermeintlich »nüchternen Zahlen« weiterhin ein Vertrauen entgegen, das man angesichts der vielfältigen und völlig legalen Manipulationsmöglichkeiten nur als Gutgläubigkeit bezeichnen kann.

In den Köpfen vieler Menschen sind Banken weiterhin Unternehmen wie andere auch. Doch während etwa ein Möbelhaus oder ein Frisörsalon nur dann ein Einkommen erzielt, wenn Erträge erwirtschaftet werden, so kann eine Bank, die gemeinsam mit ihren Mitbewerbern Geld schöpft, auch völlig ohne Erträge zu einem Einkommen gelangen. Die zwölf Oberklasselimousinen aus dem Beispiel am Anfang des Kapitels wurden nicht aus Unternehmensgewinnen bezahlt, sondern mit selbst ausgestellten elektronischen Gutscheinen, sprich, mit selbst geschöpftem Giralgeld.

In einer Bankbilanz wird das kaschiert und stattdessen der Eindruck erweckt, das Unternehmen erziele ganz normal Gewinne, so wie das Möbelhaus oder der Frisörsalon. Eine Bankbilanz dient objektiv betrachtet dem Verschleiern der realen Funktionsweise einer Bank. Ob das vielen Bankmitarbeitern so bewusst sein mag, ist eine andere Frage. Einige werden es sicher wissen, manche erahnen.

Die in der Öffentlichkeit verbreitete Arglosigkeit beginnt oft schon bei Grundbegriffen. Für einen unbefangenen Laien etwa mag »Eigenkapital« ein Vertrauen einflößender Begriff sein, der nach Stabilität und Sicherheit klingt. Doch Eigenkapital ist eben kein Sack voll Geld oder ein Konto, über das die Bank verfügt, sondern lediglich eine aus der Bilanz abgeleitete Rechengröße: Vermögen minus Schulden. Die Höhe des Eigenkapitals einer Bank hängt wesentlich von den erlaubten Bewertungskriterien ab, also etwa von den Regeln, Ausnahmen und Möglichkeiten, nach denen die einzelnen Bestandteile des eigenen Vermögens – wie die erwähnten 600 Milliarden Euro an Derivaten bei der Deutschen Bank – konkret bewertet werden. Wenn der Gesetzgeber ein höheres Eigenkapital vorschreibt und die Bank ein solches dann auch in ihrer Bilanz ausweisen kann, ist damit zunächst noch nicht sehr viel gesagt.

Die Banken stehen, ganz grundsätzlich gesehen, vor einem anderen Problem: Da die erheblichen Geschenke aus der Geldschöpfung in ihren Bilanzen nicht auftauchen, müssen sie dieses Einkommen irgendwie anders deklarieren. Dazu werden Scheinerträge in großer Dimension ausgewiesen.[25] Die dafür nötige komplexe Bilanzumgestaltung ist die eigentliche und höchst anspruchsvolle Aufgabe für die großen internationalen Geldhäuser. Wie erwähnt, umfasst die deutsche Übersetzung des IFRS-Regelwerks mehr als 800 Seiten. Die Verantwortlichen für diesen Rechnungslegungsstandard haben schon Recht, wenn sie betonen, dass das Bilanzwesen »keine exakte Wissenschaft« sei, sondern mindestens im gleichen Maße »eine Kunst«.[26] Hier kommen nun die berühmten Steueroasen und Offshore-Finanzplätze ins Spiel. Besonders hohe Scheinerträge können etwa mit Hilfe von Wertpapiertauschgeschäften erzeugt werden, bei denen speziell gegründete Offshore-Zweckgesellschaften beteiligt sind.[27] Das ganze »Offshore-Theater« als »Spiel hinter den Kulissen« dient nicht nur steuerlichen Optimierungen, sondern auch einer möglichst freihändigen Bilanzgestaltung.[28] Geschäfte mit komplizierten Firmenkonstrukten in Steueroasen ermöglichen eine künstliche Parallelwelt, mit Scheinverlusten, aber eben auch Scheingewinnen, die man dann als vermeintliche Realität »korrekt« und vollkommen seriös abrechnen kann. Der Ritus schließt mit der feierlichen Segnung dieser Rechnungslegung durch die Wirtschaftsprüfer von KPMG und Co., welche als unbestechliche Hohepriester der Rechtschaffenheit dafür sorgen, dass die virtuelle Bilanzrealität allgemein akzeptiert wird. Ihr »Amen« ist ebenso zeremoniell wie endgültig. Kaum jemand kommt danach noch auf die Idee, irgendwelche Fragen zu stellen.

Manche tun es aber doch, zum Beispiel einige Bundestagsabgeordnete der Linksfraktion, die im Frühjahr 2015 eine schriftliche Anfrage an die Bundesregierung in dieser Sache richteten. Deren Titel: »Mögliche Bilanzmanipulationen von Banken durch bankinterne Finanzgeschäfte mit Offshore-Finanzplätzen«.[29] Die Unterzeichner – unter ihnen mit Sahra Wagenknecht und Axel Troost gleich zwei mit einem Doktorgrad in Volkswirtschaft, was bei Finanzpolitikern sonst nicht gerade die Regel ist – beriefen sich in ihrer Anfrage wesentlich auf das Buch des Autors Horst Seiffert, das in diesem Kapitel schon mehrfach zitiert wurde.[30] Die Abgeordneten fragten nach, ob die Bundesregierung die Gefahr sehe, dass Banken Wertpapiergeschäfte mit ihren Offshore-Tochterfirmen zur Manipulation der eigenen Bilanzen nutzen.

Die Antwort der Bundesregierung: Dafür habe man »keine Hinweise«[31]. Auch sei das Volumen der Geschäfte deutscher Banken mit Finanzfirmen in Offshore-Steueroasen »deutlich rückläufig«. Im Übrigen sei die Regulierung von Offshore-Finanzplätzen »nur auf dem Wege internationaler Kooperation zu erreichen«. Die Regierung betont, dass bereits 2011 »von den G20 beschlossene Regulierungsempfehlungen (...) auch auf Offshore-Finanzplätze ausgeweitet werden müssen«[32]. Interessant. Aber wann? Und von wem?

Auf Nachfrage kommentiert Sahra Wagenknecht, mittlerweile Fraktionschefin der Linken und Oppositionsführerin im Bundestag, diese Position der Regierung als »ignorante Haltung« und »Beihilfe zu Steuerflucht und Bilanzmanipulation« der Banken. Die Regierung, so Wagenknecht gegenüber dem Autor dieses Buches, sei »leider zu feige, sich mit den oberen Zehntausend anzulegen«[33].

4 Gold und der Wert des Geldes

Die Debatte wird insgesamt auch dadurch erschwert, dass sich eine irreführende Auffassung vom Geld verbreitet hat. Geld, so heißt es häufig, müsse durch etwas anderes, zum Beispiel durch Gold, gedeckt sein, um einen stabilen Wert zu bekommen. Dies zeigt sich etwa in der Ansicht, Papiergeld sei, wenn denn die Wirtschaft einmal zusammenbrechen sollte, wertlos im Vergleich zu Goldmünzen, da nur ein seltenes Edelmetall für den dauerhaften Wert des Geldes bürgen könne – ganz anders eben als billiges und unbegrenzt verfügbares Papier.

Nun liegt allerdings der Wert des Geldes weniger im Material, aus dem es besteht, sondern hat mehr mit der Menge zu tun, die davon in Umlauf ist. Der Begriff der Geldmenge erscheint zunächst abstrakt. Man versuche sich vielleicht einmal vorzustellen, alle Scheine und Münzen, die in der Währung Euro existieren, ob nun in Portemonnaies, Hosentaschen, Sparbüchsen oder Wechselgeldkassen, würden auf einen Haufen gelegt. Dank der Statistiken der Europäischen Zentralbank weiß man ziemlich genau, was dabei herauskäme: 1 000 Milliarden Euro. So viel Bargeld war 2015 offiziell im Umlauf. Dazu kommen noch einmal gut 5 000 Milliarden auf den Girokonten der Eurozone. Fachleute sprechen bei der Summe aus Bargeld und den Anlagen auf Girokonten von der »Geldmenge M1«. Das ist das Geld, mit dem täglich und direkt Waren und Dienstleistungen bezahlt werden können – im Unterschied etwa zu Geld, das für längere Zeit fest angelegt ist. Insgesamt betrug diese Geldmenge M1 im Euroraum 2015 also gut 6 000 Milliarden Euro.[1] Nebenbei bemerkt: Seit dem Jahr 2000 wurde diese Summe durch Geldschöpfung verdreifacht …[2]

Das Geld behält nun – eigentlich logisch – immer dann seine Kaufkraft, wenn seine Menge in einem stabilen Verhältnis zum Wert aller Waren und Dienstleistungen steht, die man dafür erwerben kann. Sinnbildlich könnte man sich auch eine Waage vorstellen, auf deren linker Schale alles Geld einer Währung aufgetürmt ist, während auf der rechten Schale alle handelbaren Dinge liegen.

Das Geld ist dabei selbst eben keine Ware und kein Wert, sondern es *repräsentiert* bloß einen Wert. Es ist der Gegenpart auf der beschriebenen Waage. Der 50-Euro-Schein oder auch eine Goldmünze stehen für einen bestimmten Wert, den man in der Gemeinschaft in Form eines Produktes oder einer Dienstleistung kaufen kann. Dieser Wert existiert auch ohne den 50-Euro-Schein oder die Goldmünze. Abstrakt gesprochen: Alle geschaffenen Werte in einer Gemeinschaft existieren auch ohne Geld. Die Werte, Waren und Dienstleistungen, sind das Original, das Wesentliche – das Geld aber ist »nur« eine Art Verdopplung dieser Originale, um eine präzise Buchhaltung zu ermöglichen. Jedem handelbaren Produkt lässt sich ein bestimmter Teil der Geldmenge zuordnen. Woraus dieser Geldschein oder diese Münze dann aber materiell besteht – das ist unerheblich. Denn »gedeckt« wird das Geld immer durch all die Dinge, auf die es stellvertretend verweist.

Nun könnte man einwenden, dass auch neu geschöpftes Geld sehr wohl durch einen konkret sichtbaren und greifbaren Wert gedeckt ist: nämlich durch die Sicherheiten, welche die Bank sich geben lässt, bevor sie einen Kredit gewährt. Geld bekommt man ja nicht einfach so. Einen Hauskredit vergibt eine Bank in der Regel nur unter der Bedingung, dass sie im Falle der Zahlungsunfähigkeit des Kunden selbst zum Besitzer des Hauses wird. Um einen Kredit zu erhalten, werden auch andere Sicherheiten verlangt, etwa Bürgschaften, Lebensversicherungen, Grundbesitz oder Wertpapiere. Man könnte also argumentieren, das Geld für die neu geschöpften Kredite hätte somit einen Gegenwert.

Eine solche Sichtweise verkennt allerdings zweierlei. Zum einen decken die Sicherheiten nicht den Wert des Geldes, sondern sie sichern lediglich das Risiko der Bank ab, dass der Schuldner zahlungsunfähig werden könnte. In Boomphasen werden häufig auch weniger überzeugende Sicherheiten verlangt als in einer Rezession. Bei den Sicherheiten geht es um Risikomanagement, nicht um eine Begrenzung der möglichen Kredithöhe. Eine Bank kann jederzeit entscheiden, auch ohne triftige Sicherheiten Kredite zu vergeben, wenn sie sich denn ein gutes Geschäft verspricht.

Zum anderen geht die Vorstellung, dass neu geschöpftes Geld durch hinterlegtes Vermögen gedeckt sei, von einem irreführenden Vermögensbegriff aus. Vermögen existiert im Grunde nur, sofern es einen Wertbegriff gibt, also eine Möglichkeit, es in Zahlen darzustellen. Anders als gemeinhin angenommen, hat Vermögen keinen Wert an sich. Ein Haus oder ein Grundstück erhalten ihren Handelswert nur in einer Wirtschaft, in der Menschen arbeiten und ständig neue Güter und Dienstleistungen erzeugen. Erst durch die Schaffung eines solchen Wirtschaftsproduktes entstehen die Nachfrage nach Geld sowie überhaupt ein ökonomischer Wert, den man Dingen zumessen kann. Ohne ständige Arbeit und ohne einen allgemeinen ökonomischen Wertbegriff – den es in der Geschichte der Menschheit so auch nicht immer gab – existieren keine Vermögen. Was dann noch bleibt, sind Dinge, die man tauschen oder verschenken kann, aber eben nichts, was sich kaufen oder verkaufen lässt. Wer meint, Geld könne durch Vermögen gedeckt werden, verkennt also, dass Vermögen heute eigentlich nur ein anderes Wort für Geld ist und auch bloß existiert, weil es Geld gibt. Abseits aller Spiegelfechterei bleibt klar: Der Wert des Geldes besteht in einer Gesellschaft allein in der beständigen Arbeit und Produktivität ihrer Mitglieder.

Zurück zum Bild der Waage: Der Wert der rechten Schale, auf der die Waren liegen, bleibt nicht konstant, sondern er verändert sich über die Zeit gesehen, je nach Produktivität und Fleiß der Menschen. Es gilt daher, die Waage immer wieder auszubalancie-

ren, sprich, die Geldmenge so anzupassen, dass sie
Waren und Dienstleistungen weiter stabil repräsent
 Wenn nun in einer Phase wirtschaftlichen Auf
Banken zu viele Kredite vergeben, einfach weil es
niemand ihnen eine Grenze setzt, dann steigt die N
des zu stark an, nämlich schneller als der Wert der Waren und
Dienstleistungen, die man dafür kaufen kann. Anders gesagt: Es
wird dann mehr Geld geschaffen, als produktiv in der Wirtschaft
investiert werden kann. Daher verliert das Geld in einem solchen
Fall an Wert – es kommt zur Inflation.
 Diese Inflation kann nun zwei verschiedene Ziele treffen: zum
einen die Verbraucherpreise, also Brot, Butter und so weiter, zum
anderen die Vermögenspreise, also etwa Häuser, Wohnungen und
Aktien. Welche dieser Preise sich nach einer zu starken Ausweitung der Geldmenge erhöhen, hängt davon ab, wofür das Geld
aus den neuen Krediten ausgegeben wird und wer es erhält. Fließt
das Geld unproduktiv in Kredite, mit denen Bürger einfach ihren
Verbrauch finanzieren, dann erhöhen sich wenig später auch die
Verbraucherpreise. Wird mit dem per Kredit geschaffenen Geld
im großen Stil an der Börse spekuliert, wodurch sich die Finanzwirtschaft aufbläht, dann steigen vor allem die Vermögenspreise.
Wenn die Hauspreise oder der Deutsche Aktienindex also in Folge
einer Ausweitung der Geldmenge ansteigen, dann ist das kein
»Wertzuwachs«, wie gerne behauptet wird, sondern nichts anderes als Inflation. Butter ist ja nach einem Preisanstieg auch nicht
»wertvoller« geworden, sondern einfach nur weniger erschwinglich. Zur Inflation kommt es also immer dann, wenn mehr Geld
geschöpft wird, als produktiv investiert werden kann.
 Ob das Geld, das in einer Inflation an Wert verliert, dabei materiell aus Papier, Plastik oder Muscheln besteht, ist unerheblich –
zumindest sofern der Rohstoff in ausreichender Menge verfügbar
ist. Das allerdings ist nun gerade der Knackpunkt bei den Edelmetallen. Gold und Silber sind bekanntlich nicht in jedem Land
leicht verfügbar. Wenn eine Währung an Gold gekoppelt ist, können daher Probleme aus diesem Mangel heraus entstehen. Wenn

…wa die Wirtschaft in einem Goldwährungssystem floriert und der Wert der erzeugten Waren schneller wächst, als Gold für die notwendige Ausweitung der Geldmenge verfügbar ist, dann gerät die Waage ebenfalls aus dem Gleichgewicht – nur diesmal in die andere Richtung. Den gehandelten Waren und Dienstleistungen steht dann relativ weniger Geld gegenüber. Ohne die Möglichkeit, die Geldmenge auszuweiten, fallen die Preise – es gibt Deflation. Und da bei sinkenden Preisen die meisten Menschen dazu neigen, geplante Käufe und Investitionen erst einmal aufzuschieben, in der Hoffnung, dass alles noch billiger wird, kommt es zum Teufelskreis einer schrumpfenden Wirtschaft.

Die Knappheit der Edelmetalle ist also Segen und Fluch zugleich. Zwar behindert eine an Gold gebundene Währung eine extreme Ausweitung der Geldmenge und damit auch die Inflation, doch wiegt dieser Vorteil den beschriebenen Nachteil nicht auf. Gold und Silber sind eine zu starre Lösung, um die Inflation zu begrenzen. Eine Wirtschaft, die stagniert, nur weil sie keinen ausreichenden Zugriff auf Edelmetalle hat, ist einigermaßen absurd und nützt niemandem, außer den Besitzern und Produzenten von Gold.

Die eigentliche Wurzel des Problems liegt nicht im Material des Geldes, sondern eben in der Verfügungsgewalt über dessen Schöpfung. Dort wird zum einen Flexibilität gebraucht, zum anderen Verantwortung für die Gemeinschaft, also ein feiner Sinn für die Stabilität der beschriebenen Waage. Josef Ackermann, der langjährige Chef der Deutschen Bank, hatte als junger Mann 1977 an der Schweizer Universität St. Gallen seine Doktorarbeit zu genau diesem Thema verfasst, insbesondere zur Notwendigkeit der Geldschöpfung. Darin resümierte der spätere Bankprofi bereits hellsichtig:

»Entsprechend müssen auch die Institutionen, welche die Geldmenge zu beeinflussen imstande sind, stärker als bisher in den geldtheoretischen Modellen berücksichtigt werden.«[3]

Während des Höhepunktes der Finanzkrise 2009 führte die *Frankfurter Allgemeine Zeitung* zu diesem Thema ein Gespräch mit dem inzwischen 60-jährigen Josef Ackermann sowie mit dessen damaligem Doktorvater, dem Schweizer Wirtschaftsprofessor Hans Christoph Binswanger (Vater des im zweiten Kapitel zitierten Ökonomen Mathias Binswanger).[4] In der lebhaften Diskussion des Bankchefs mit seinem nunmehr 79-jährigen ehemaligen Professor ging es überraschenderweise vor allem um Goethe und dessen Hauptwerk *Faust*. Goethe, der seinerzeit unter anderem als Finanzminister am Weimarer Hof gewirkt hatte und somit aus eigener Anschauung Kenntnisse der Ökonomie besaß, beschrieb im *Faust* nämlich ebenfalls die Geldschöpfung und deren Wirkungen. Binswanger, der das Werk im Hinblick auf die Ökonomie neu gelesen hatte, meinte dazu im Gespräch:

»Im *Faust* räumt der Kaiser den Banken das Privileg ein, Banknoten auszugeben und so Papiergeld zu schaffen. Heutzutage haben die Banken vom Staat die Lizenz, Buchgeld zu schaffen. Der Staat unterstützt das insofern, als jedermann das Buchgeld in Bargeld – das gesetzliche Zahlungsmittel – umwandeln kann. Der Staat hat damit auch die Verantwortung dafür, was er inszeniert.«

Ackermann meinte bei diesem Gespräch ähnlichen Sinnes:

»Durch die Schöpfung von Papiergeld und Buchgeld kann man die physische Knappheit des Goldes überwinden und die monetäre Basis verbreitern. Die große Herausforderung ist dann, dieses Angebot an Geld zu kontrollieren und in ein vernünftiges Verhältnis zum realen Wachstum zu setzen.«

Gerade an dieser Herausforderung aber sind nun viele gescheitert, Ackermann selbst eingeschlossen. Das Geschäft mit der Geldschöpfung ist einfach zu profitabel. Auch aus diesem Grund hatte schon in den 1970er Jahren der damalige Bundesbankvorstand Rolf Gocht einen Vorschlag für eine weitreichende Reform des Geldsystems erarbeitet. Gocht, der einst im Wirtschaftsministerium unter Ludwig Erhard zur Leitungsebene gehörte, meinte damals:

»Unsere nationale und internationale Geldordnung ist ein Faktor der Unstabilität im Wirtschaftsablauf. (...) Im Spiel des Wettbewerbs, der Märkte und der Preise gibt es bei dieser Geldordnung keine Kräfte, die den vom Gleichgewicht abgekommenen Wirtschaftskörper wieder zu ihm zurückführen. Im Gegenteil tendieren die das marktwirtschaftliche Zusammenspiel bestimmenden Kräfte dahin, die weitere Abwendung vom Gleichgewicht noch zu fördern.«[5]

Das ganze System ist also nicht nur in seinen Auswirkungen unfair und in seiner Organisation undemokratisch, sondern es läuft auch noch automatisch aus dem Ruder. Und das wusste auch schon ein Bundesbankvorstand vor vierzig Jahren.[6] Im Grunde kann die gesamte Weltgeschichte unter dem Blickwinkel betrachtet werden, wie immer wieder neu, mehr oder weniger erfolgreich, versucht wurde, die Geldmenge zu steuern oder überhaupt erst einmal an dieses Steuerrad zu gelangen. Doch zunächst, vor dem Blick auf diese spannende Geschichte der Kämpfe um die Geldherrschaft, soll noch eine andere, eng damit verknüpfte Frage diskutiert werden: Woher kommen eigentlich die Staatsschulden?

5 Das Geschäft mit den Staatsschulden

Wenn etwas auf der Welt stabil wächst, dann sind es die Staatsschulden. Eine beliebte Erklärung dafür lautet, dass Regierungen einfach grundsätzlich schlecht haushalten und zu viele »Wohltaten« unter ihren Bürgern verteilen, um von diesen wieder gewählt zu werden. Im Großen und Ganzen, so heißt es, lebten die Staaten über ihre Verhältnisse. Daher müsse dringend gespart werden. Man könne sich vieles einfach nicht mehr länger leisten, man lebe auf Kosten der eigenen Kinder. Wie sollten die bloß die ganzen Schulden jemals zurückzahlen?

Was an dieser Argumentation stimmt: Wachsende Schulden sind auf Dauer nicht tragbar. Sie führen zu immer höheren Zinsausgaben, die ja aus den Steuereinnahmen des Staates bezahlt werden müssen, also von dem, was alle Bürger gemeinsam erwirtschaften. Je mehr von den Steuern für Zinszahlungen verloren geht, desto weniger bleibt für den Rest. Dieser »Rest«, also die Ausgaben für Bildung, Infrastruktur, Gesundheitswesen etc., schrumpft dann immer weiter. Steigende Zinszahlungen machen die Geldverleiher reich und das Land für alle Übrigen weniger lebenswert.

Derzeit hat Deutschland (nur der Bund, ohne Länder und Kommunen) etwa 1 100 Milliarden Euro Schulden angehäuft und zahlt darauf jährlich ungefähr 30 Milliarden Euro Zinsen an seine Gläubiger. Das ist der drittgrößte Posten im Haushalt, gleich nach den Sozial- und den Militärausgaben. Das Wachstum der Verschuldung verläuft dabei alles andere als gemächlich. In den letzten vierzig Jahren hat sich der Schuldenberg verzehnfacht.[1] Getilgt, also zurückgezahlt, werden die Schulden nicht. Stattdessen schuldet man endlos um. Auslaufende Staatsanleihen werden dabei immer wieder durch neu ausgegebene ersetzt. Die Staatsschuld besteht quasi für immer – und wächst dabei.

Wegen der aktuellen Niedrigzinsphase muss der Bund seinen Gläubigern zwar derzeit nur weniger als 1 Prozent Zinsen zahlen, auf lange Sicht aber werden die von der Gemeinschaft erarbeiteten Staatseinnahmen – also die Steuern – immer stärker von zu leistenden Zinszahlungen aufgefressen. Der Anteil der Zinsausgaben am Bundeshaushalt betrug vor vierzig Jahren 3 Prozent, heute sind es gut 9 Prozent. Bundesfinanzminister Wolfgang Schäuble wiegelt zwar ab und meint, wenn die Wirtschaft nur stark genug wachse und man keine neuen Schulden mehr aufnehme, sinke dadurch die relative Schuldenquote und man könne weiter stabil wirtschaften.[2] Doch erstens werden eben doch immer wieder neue Schulden aufgenommen (siehe Bankenrettung) und zweitens kann die Wirtschaft auf Dauer nicht so rasch wachsen, wie die mit unerbittlicher mathematischer Logik steigenden Zinsansprüche der Gläubiger.

Aber warum wachsen die öffentlichen Schulden eigentlich überhaupt? Denn so einleuchtend es erscheinen mag, wenn ein armes, benachteiligtes oder vom Krieg zerstörtes Land Schulden hat – zumindest so lange, bis es wieder auf die Beine kommt –, so absurd mutet es an, dass so gut wie *alle* Länder *ständig* Schulden haben. Besonders grotesk erscheint es, dass gerade Deutschland permanent Kredite aufnehmen muss – also ein Staat, in dem mehr als eine Million Millionäre leben,[3] wo seit siebzig Jahren Frieden herrscht und man wahlweise gerade Marktführer, Testsieger oder Exportweltmeister ist. Wie um alles in der Welt kommt es hier, inmitten von so viel Reichtum und Wirtschaftskraft, zu steigenden Staatsschulden? Weil der Hartz-IV-Satz zu hoch ist? Oder weil wir zu wenig arbeiten? Wohl kaum.

Die Antwort ist komplexer, denn die Schulden wachsen im Prinzip aus drei Gründen. Erstens (da haben die Vertreter der FDP recht) weil traditionelle Besitzansprüche, Privilegien und Bürokratien sich immer weiter ausbreiten, also die Staatsausgaben expandieren. Zum zweiten (da haben die Linken recht) weil die profitabelsten Unternehmen und die vermögendsten Bürger – also die »Spitzen der Gesellschaft« – nicht ausreichend stark besteuert werden, also die Staatseinnahmen niedriger sind, als sie sein könnten. Zum dritten aber, und das wird selten erwähnt, sind steigende Schulden kein sich ständig wiederholender betriebswirtschaftlicher »Unfall«, sondern geplant und gewollt. Staatsschulden bedeuten ein höchst einträgliches Geschäft – für die Gläubiger. So erklärt sich auch, dass selbst die größten Schuldner unter den Staaten regelmäßig gute Bewertungen von Ratingagenturen erhalten, solange sie zuverlässig ihre Zinsen zahlen.[4] Eine permanente und steigende Staatsverschuldung ist fest in das bestehende Weltfinanzsystem eingebaut.

Wie funktioniert der Geldfluss nun genau? Wer leiht sich was? Wie im ersten Kapitel geschildert, kaufen Banken Staatsanleihen, also staatliche Schuldscheine. Aber wie finanzieren die Banken das eigentlich? Befragt man sie dazu direkt, erfährt man wenig. Schriftliche Auskunft will keiner geben. Eine Anfrage bei der Commerzbank führt lediglich zum Hinweis, dass man sich aus der Staatsfinanzierung schon seit längerem zurückziehe. Auf Banken-Deutsch: »Die Commerzbank hat das Public-Finance-Geschäft bereits 2012 auf Abbau gestellt.«[5] Seitdem erwerbe man Staatsanleihen kaum noch langfristig für die Bank, sondern »vor allem kurzfristig im Rahmen der Platzierungsaktivitäten für Kunden«. Übersetzt: Die Bank agiert nur noch als Zwischenhändler für andere Investoren.

Bei der Deutschen Bank gibt man sich noch zugeknöpfter. Auf die schriftliche Anfrage, wie der Kauf von Staatsanleihen im Einzelnen organisiert sei und woher die Deutsche Bank das Geld dafür nehme, verweist ein Sprecher zunächst höflich auf die staatliche Finanzagentur. Auf nochmalige Nachfrage heißt es dann bloß noch knapp: »Bitte haben Sie Verständnis dafür, dass wir Ihnen keine weitergehenden Informationen zur Verfügung stellen können.«[6] Telefonisch nach den Gründen für seine Verschwiegenheit befragt, wiederholt der Banksprecher einsilbig, dies sei »kein Thema, über das wir detaillierter sprechen«.

Dabei sind die Hintergründe eigentlich gar kein Geheimnis. Neu ausgegebene Staatsanleihen können nicht mit von den Banken selbst geschöpftem Geld bezahlt werden. Der Bund akzeptiert hierfür nämlich nur Zentralbankgeld. Grundsätzlich beschaffen sich die Banken dieses Zentralbankgeld kurzfristig direkt bei der Bundesbank. Eine Geschäftsbank hinterlegt dazu als Sicherheit Wertpapiere und erhält im Gegenzug von der Bundesbank neu geschöpftes Geld. Vom Prinzip her bekommen Banken von der Zentralbank so viel Kredit, wie sie wollen, sofern sie genügend Sicherheiten vorlegen können, wie ein Sprecher der Bundesbank auf Nachfrage bestätigt.[7] Die Zentralbank ist dabei im Zweifel flexibel, was die Kriterien für diese Sicherheiten angeht. Die Regeln dafür sind nicht in Stein gemeißelt. Die Kredite werden wöchentlich von der Bundesbank ausgereicht und laufen meist nur über wenige Tage.[8] So hat die Bundesbank zum Beispiel an einem typischen Dienstagmorgen (5. Januar 2016) an insgesamt 110 Banken Kredite in Höhe von zusammen 70 Milliarden Euro vergeben. Laufzeit: eine Woche. Zinssatz: 0,05 Prozent.[9] Ein Geschäft dieser Art wiederholt sich im Prinzip jeden Dienstag. Praktischerweise organisiert die Finanzagentur des Bundes ihre Auktionen für Staatsanleihen gleich im Anschluss, nämlich stets am Mittwoch.[10] Die Zentralbank liefert also dienstags neues Geld, mit dem die Banken dann mittwochs Staatsanleihen kaufen können.

Eine wichtige Rolle spielt dabei eine gesetzliche Ausnahmeregelung: Banken müssen für gekaufte Staatsanleihen kein Eigenkapital hinterlegen, da eine Investition in öffentliche Schulden als weitgehend risikolos gilt. Diese Regelung beschleunigt das Spiel. Staaten und Banken haben sich mittlerweile verhängnisvoll ineinander verkettet. Die Staaten sind bereit und willens, sich weiter zu verschulden, und begünstigen deshalb die Banken. Denen passt das gut, da sie stabile Gewinne mit wenig Risiko suchen. Und was ist sicherer als der Zugriff auf Steuergelder? Staatsanleihen sind letztlich risikolos, so lange die verschuldeten Regierungen genügend Macht besitzen, die eigene arbeitende Bevölkerung in einem Maße zu besteuern, dass der Staat existieren und zugleich die Zinsen bezahlen kann. Und, natürlich, so lange sich nicht zu viele Bürger gegen diese kranke »Symbiose« auf höchster Ebene wehren …

In diesem Zusammenhang ist es bezeichnend, dass niemand genau sagen kann, wer die Investoren eigentlich im Einzelnen sind. Denn Banken erwerben die Staatsanleihen ja nicht nur für sich selbst, sondern zum großen Teil im Auftrag von Kunden. Anders aber als vor zweihundert Jahren, als man es noch wusste, wenn der schwerreiche Londoner Investor Nathan Rothschild dem preußischen Staat ein paar Millionen Taler geliehen hatte[11] (siehe 11. Kapitel), kursieren heute keine Namen mehr. Das System arbeitet weitgehend anonym. Der Bund zahlt die Zinsen auch nicht direkt an seine Gläubiger, sondern auf ein Konto der privaten Firma »Clearstream«, einen der weltweit größten Dienstleister für Zahlungsausgleich und Wertpapierverwahrung. Erst verdeckt hinter dem Sichtschutz »Clearstream« (welch origineller Name in diesem Zusammenhang) werden die Erträge dann den Investoren zugestellt. Das Bundesfinanzministerium teilt auf Nachfrage dazu mit, man habe zwar »Hinweise auf Investorengruppen«, könne aber »keine Rückschlüsse auf einzelne Gläubiger« ziehen.[12] Die jährlich gut 30 Milliarden Euro Zinsen, finanziert aus Steuereinnahmen, fließen also tatsächlich in eine Art Nirgendwo, ohne Namen, Adresse und Hausnummer. Die Profiteure empfangen das Geld komplett abgeschirmt von der Öffentlichkeit.

Eine Anfrage bei den Banken, in wessen Auftrag sie Staatsanleihen bei der Deutschen Finanzagentur erwerben, bringt – wenig überraschend – auch keine Details. Die Sprecher sind sich in diesem Punkt alle einig: kein Kommentar. Man könne allenfalls sagen, so einer der Banker, dass es sich bei den Abnehmern häufig um Versicherungen und Pensionsfonds handle. Das klingt fast schon sympathisch, nach Gemeinwohl, Altersvorsorge und Stabilität. Doch wo landet das Geld am Ende?

Beispiel Allianz: Der Versicherungskonzern, der zu den größten der Welt zählt und dem Vernehmen nach auch viele Staatsanleihen hält, macht Jahr für Jahr gut 10 Milliarden Euro Gewinn. Diese Erträge fließen zum großen Teil an die Aktionäre. Hier wird es nun interessant, denn gut 85 Prozent der Allianz-Aktien befinden sich in der Hand von nur etwa einem Prozent der Anteilseigner. Dieses eine Prozent besteht laut Angaben des Unternehmens aus institutionellen Investoren, also Banken, Fonds und so weiter, die zudem größtenteils aus dem Ausland kommen.[13] Wenn Versicherungen also mit Staatsanleihen Erträge erwirtschaften, dann landet ein maßgeblicher Teil davon am Ende wiederum bei anderen internationalen Finanzkonzernen – und deren Aktionären. Da die Eigentümerstruktur der großen globalen Player wechselseitig hoch vernetzt ist – sie gehören sich zum Großteil quasi gegenseitig –, gibt es letztlich einen kleinen Club von Gewinnern, der unter sich bleibt.[14] Dieser Club benutzt Staaten als bequemes Investitionsziel. Die stetige Ausgabe von neuen Staatsanleihen ist von diesen Kreisen ausdrücklich gewünscht, damit ein Teil der endlos wachsenden Menge an Rendite suchendem Kapital vergleichsweise risikolos unterkommt. Um diese Investmentmöglichkeit zu erhalten und auszuweiten, sollen – so darf man annehmen – Staaten eigentlich nie zu einem ausgeglichenen Haushalt kommen. Sie sollen sich aber auch nicht zu sehr verschulden, da dann die Staatsanleihen keine ausreichend sichere Investition mehr wären. Aus Sicht der Geldverleiher muss vielmehr dafür gesorgt werden, dass staatliche Finanzpolitik ständig »auf der Kippe« steht: immer kurz vor der Krise und nie ganz stabil. In einem solchen Zustand ist der Staat den Investoren, objektiv betrachtet, am nützlichsten.

Aus diesen Überlegungen ergibt sich eine Frage, die bereits am Schluss des zweiten Kapitels aufgetaucht ist: Warum verschuldet sich der Staat überhaupt bei privaten Banken und beschafft sich das Geld, das er braucht, nicht direkt bei der Zentralbank? Wozu der Umweg? Warum liefert die Bundesbank dienstags Geld an Banken, das sich der Staat dann mittwochs wieder gegen höhere Zinsen von ihnen leiht? Inwiefern ist das ein gutes Geschäft?

In Deutschland und der Europäischen Union gilt eine solche Frage als unseriös. Einer festen und weit verbreiteten Überzeugung zufolge führt eine direkte Staatsfinanzierung durch die Zentralbank stets in die »Hölle« einer schrankenlosen Inflation. In deren lodernden Flammen verbrennen dann, so die Befürchtung, rasch sämtliche Sparvermögen der Bürger. Ein Staat, der sich selbst Geld erzeugen kann, halte kein Maß mehr, heißt es. Es gelte also, den Staat vor sich selbst zu schützen.

Schon in einer solchen Formulierung steckt allerdings, fein und entscheidend, eine Begriffsverwirrung. Es wird unterstellt, Regierung und Zentralbank seien ein und dasselbe, nämlich eine feste Einheit namens »Staat«. Faktisch aber ist vielen Zentralbanken in den vergangenen Jahrzehnten eine so große Autonomie gegenüber ihren jeweiligen Regierungen zugewachsen, dass die Annahme, eine Regierung könne sich, wenn sie nur wolle und es ihr erlaubt sei, per simpler Anweisung Geld drucken lassen, irrational erscheint.

Theoretisch kann eine Zentralbank zwar endlos Geld schöpfen und dieses dem Staat schenken, der es dann hemmungslos ausgibt und damit eine große Inflation erzeugt. Aber warum sollte sie das tun? Wozu der große Exzess? Findet der nicht eigentlich schon längst im heutigen System statt, nur unter umgekehrten Vorzeichen durch die Privatbanken? De facto agieren viele Zentralbanken gegenwärtig vor allem im Sinne einer Absicherung des privaten Bankensektors. (Wie diese Situation sich historisch ergeben hat, wird im Verlauf dieses Buch noch gezeigt.) Öffentlich propagiert wird aber eine andere Funktion, nämlich die des Interessenwahrers der Allgemeinheit, in gleichem Maße unabhängig von Regierungen wie von Geschäftsbanken. Ein löbliches Ziel, aber leider nicht die Realität. Wäre eine autonome Zentralbank ebenso der Stabilität wie dem Gemeinwohl verpflichtet, dann müsste es ihr Ziel sein, in vernünftigem eigenen Ermessen Geld zu schöpfen und dieses dem Staat für demokratisch beschlossene Aufgaben zu schenken. Entscheidend ist in diesem Modell eine funktionierende Gewaltenteilung: Die Zentralbank legt allein das

Maß der eigenen Geldschöpfung fest, das Parlament beschließt den Verwendungszweck, die Regierung führt aus. Das wäre intelligent. Die Zentralbank könnte dazu auch formell und verfassungsrechtlich zu derjenigen vierten Gewalt ernannt werden, die sie heute praktisch schon ist – wenn auch derzeit mit einer Interessenschlagseite zu den privaten Banken.

Leider ging es in den vergangenen Jahrzehnten in die andere Richtung. Beispiel Kanada: Dort darf die in den 1930er Jahren geschaffene Notenbank zwar unbegrenzt den Staat finanzieren – ohne dass zwischen Toronto und Vancouver in dieser Zeit irgendwann das Chaos ausgebrochen wäre –, doch seit den 1970er Jahren wird diese Möglichkeit kaum mehr genutzt. Im Zuge der Globalisierung und des Vormarsches neoliberaler Ideen kam das Modell »aus der Mode«. Derzeit sind weniger als 20 Prozent der kanadischen Staatsanleihen im Besitz der öffentlichen Bank of Canada.[15] Der große Rest wird inzwischen, genau wie hierzulande, von privaten Banken gehalten. Demzufolge befindet sich Kanada heute in der gleichen Schuldenspirale wie Deutschland und andere europäische Länder. Die kanadische Notenbank könnte aber eben – ohne eine Gesetzesänderung – jederzeit entscheiden, fortan einen beliebig höheren Anteil der Staatsanleihen aufzukaufen, seien es nun 50, 60 oder 100 Prozent. Es ist »lediglich« eine Frage des politischen Willens oder, klarer gesagt, eine Frage der realen Macht dieser Zentralbank (und der sie gegebenenfalls stützenden Öffentlichkeit) gegenüber der privaten Geldmacht, die sich eines ihrer stärksten und einflussreichsten Werkzeuge – insbesondere auch zur Beeinflussung der Politik – kaum widerstandslos aus der Hand nehmen lassen wird.

Das Inflationsargument ist jedenfalls nicht der wahre Kern der Sache. Entscheidend für die Stabilität der Währung ist letztlich, dass die umlaufende Geldmenge nicht stärker wächst als die Wirtschaft (siehe das vorhergehende Kapitel) – dann kommt es auch nicht zu einer Geldentwertung. Geschenktes Geld von der Notenbank ist nicht per se gefährlich. Erst die Dosis macht das Gift, und natürlich der Verwendungszweck des neu geschaffenen

Geldes. Wird damit investiert oder spekuliert? Wer bekommt die geschenkten Milliarden? Genau das sind ja auch die entscheidenden Fragen heute im System privater Geldschöpfung. Und sie werden bislang nicht so beantwortet, dass es den Staaten und ihren Menschen damit gutgeht.

Es gab Zeiten in Deutschland, da wurden solche grundlegenden Geldreformideen ernsthaft von führenden Politikern der SPD diskutiert. Nicht von Arbeiterräten während der Revolution von 1918 oder im Chaos der Weimarer Republik, sondern im ruhigen Fahrwasser der 1980er Jahre, mitten in der feinen hanseatischen Gesellschaft. Damals hatte der Hamburger Bürgermeister und Ex-Bundesbildungsminister Klaus von Dohnanyi eine hochkarätig besetzte Zusammenkunft zur Geldpolitik organisiert. Mit dabei waren ein halbes Dutzend Wirtschaftsprofessoren sowie führende Beamte von Regierung und Bundesbank. Die honorigen Teilnehmer trafen sich zwischen 1983 und 1985 mehrfach, um die Möglichkeit eines zins- und tilgungsfreien Zentralbankkredites an den Staat kontrovers und mit deutscher Gründlichkeit zu diskutieren. 1986 erschien ein Tagungsband (*Notenbankkredit an den Staat?*) mit den maßgeblichen Beiträgen dazu.[16]

Ideengeber für die direkte Staatsfinanzierung war damals der Wirtschaftsprofessor Wolfgang Filc, welcher – wen wundert's – auf heftigen Widerstand stieß, unter anderem seitens des ehemaligen Wirtschaftsweisen und Neoliberalen Armin Gutowski. Dessen Argumentation stützte sich auch auf die bereits beschriebene Begriffsverwirrung von »Regierung«, »Zentralbank« und »Staat«, gab dieser aber noch einen feineren Dreh:

»Schließlich ist zu bedenken, dass die deutsche Öffentlichkeit aufgrund des schlechten Beispiels, das der Staat in der Vergangenheit gegeben hat, gegen eine Notenbankfinanzierung öffentlicher Ausgaben hoch sensibilisiert ist. (…) Auch wenn nicht beabsichtigt ist, die geldpolitische Autonomie der Bundesbank anzutasten, bestünde die Gefahr, dass eine direkte Finanzierung öffentlicher

Investitionen durch die Notenbank die Inflationserwartungen nach oben gehen ließe. Dies würde die Zinsen in die Höhe treiben und damit Wachstum und Beschäftigung gefährden.«[17]

Die Kritiker warnten also gar nicht vor einer konkreten Inflationsgefahr, sondern lediglich vor einer unterstellten öffentlichen »Erwartung« einer solchen Inflation, die historischen Ängsten geschuldet sei. Der rhetorische Schachzug bestand darin, diese Ängste nicht etwa als offenkundig unbegründet auszuräumen, sondern sie geschickt, ohne im Detail darauf einzugehen, weiter als politisches Spielmaterial zu nutzen.

Der Wissenschaftler Filc erlebte ähnlich starken politischen Widerstand gegen unkonventionelle Ideen später noch einmal, als er Ende der 1990er Jahre für kurze Zeit die für internationale Fragen zuständige Abteilung im Bundesfinanzministerium leitete, damals geführt von Oskar Lafontaine und Heiner Flassbeck.[18] Bei Konferenzen zur Finanzpolitik in Washington kurz vor der Jahrtausendwende erlebte er, dass auf höchster Ebene fachliche Argumente noch weniger zählen.

Dabei war die von Filc und Dohnanyi in den 1980er Jahren angedachte Variante einer Staatsfinanzierung durch die Zentralbank noch eher bescheiden angelegt. Keine Mark zusätzlich sollte geschöpft werden, eine Inflation war praktisch ausgeschlossen. Es ging allein darum, den Spielraum der Zentralbank moderat zu erweitern, um bei der Staatsverschuldung nicht völlig von privaten Banken abhängig zu sein. Den Gegnern war natürlich klar, dass es hier ums Prinzip ging und dass man solche gefährlichen alternativen Ideen besser schon im Ansatz entschieden bekämpfte. Seither haben sich regierende Politiker hierzulande an dieses heiße Eisen nicht mehr herangewagt.

In Deutschland und der EU insgesamt sind solche Schenkungen der Zentralbank an den Staat mittlerweile sogar gesetzlich verboten, wie man in Artikel 123 des Vertrages von Lissabon nachlesen kann.[19] Dieser Vertrag, der als eine Art EU-Verfassung gilt, hat eine gewisse Berühmtheit dadurch erlangt, dass er 2009 weitgehend ohne Referendum, also ohne direkte Zustimmung aller Bürger der Europäischen Union, beschlossen und dennoch zum geltenden Recht innerhalb der EU erklärt wurde. Auffällig ist, wie trotz überall steigender Verschuldung verbissen an Artikel 123, also dem absoluten Verbot jeder Staatsfinanzierung durch öffentliche Zentralbanken, festgehalten wird, während etwa Artikel 125 des gleichen Vertrages (sinngemäß: kein Mitgliedsstaat der EU haftet für einen anderen) seit der Finanzkrise stillschweigend ignoriert oder, besser gesagt, gebrochen wird. Es geht also offenkundig nicht um Rechtsprinzipien, sondern um eine ganz bestimmte Politik.

Inzwischen werden jedoch auch Gegenstimmen laut. So argumentierte der Chef der britischen Bankenaufsicht, Adair Turner, im Jahr 2013, man solle das alte Tabu endlich brechen und »entspannter mit der Idee umgehen, dass Staaten Geld drucken«.[20] Auch er vermengte hier zwar sprachlich Zentralbank und Regierung zum allumfassenden Gebilde »Staat«. Sein Anliegen aber war einleuchtend: In einer Krisensituation, wenn Banken allgemein zu wenige Kredite vergeben, kann der direkte Weg des Geldes von der Zentralbank an den Staat (und von dort über Aufträge an die Privatwirtschaft) eine schwächelnde Wirtschaft wieder in Schwung bringen.

Die Notwendigkeit einer Staatsfinanzierung durch Zentralbanken aber ist tiefer begründet: nämlich im Anspruch auf die Souveränität einer Gesellschaft. Unter den Zwängen der wachsenden Verschuldung gegenüber einer kleinen, wohlhabenden Schicht ist eine Regierung nicht demokratisch kontrollierbar. Die Macht liegt am Ende immer bei den Gläubigern.

6 Die Sache mit den Verschwörungstheorien

Die Geschichte des Geldes unterscheidet sich in einem wichtigen Punkt von der Historie weiterer Errungenschaften der Menschheit. Beim Geld geht es immer und ganz direkt um Macht. Man kann sagen: Die Geschichte des Geldes ist eine Geschichte der Macht.

Forscher, die Methoden der Herrschaft und der Macht in der heutigen Gegenwart untersuchen, geraten nun interessanterweise häufig in den Verdacht, sogenannte Verschwörungstheoretiker zu sein. Dem liegt die Auffassung zugrunde, die Struktur der Welt sei mittlerweile derart komplex, ökonomisch wie auch politisch, dass im Prinzip der Zufall herrsche, oder das Chaos, keinesfalls aber eine Gruppe von wenigen mächtigen Personen.

Nun wird niemand ernsthaft bestreiten, dass es einige wenige sehr reiche und mächtige Menschen tatsächlich gibt. Auch ist klar, dass diese Leute ihren Reichtum ausdehnen und ihren Einfluss festigen möchten. Ebenfalls unstrittig ist, dass sie zurzeit einen gewissen politischen Einfluss ausüben. Viele Artikel und Kommentare kritisieren zum Beispiel seit Jahren, dass Präsidentschafts- und Parlamentswahlen in den USA eher Versteigerungen gleichen, bei denen wohlhabende Spender eine Vorauswahl treffen, indem sie auf einzelne Kandidaten hohe Geldbeträge setzen, und aus diesen Politikern dann einige vom Volk wählen lassen, nachdem sie deren vermeintliche Vorzüge mit einem Millionenbudget und allen bekannten und unbekannten Marketingtricks den Bürgern vermittelt haben.[1] Das weiß man alles. Auch die wachsende Rolle der politischen Lobbyisten großer Konzerne ist kein Geheimnis und wird zumindest ab und zu öffentlich thematisiert. All dies würde niemand als Verschwörungstheorie bezeichnen.

Strittig ist bei den Theorien zur Rolle und zum Einfluss privater Geldmacht also eigentlich nicht, ob sie grundsätzlich stimmen oder nicht, sondern eher, inwieweit sie stimmen. Wie viel Macht haben die reichsten und bestvernetzten Milliardäre also wirklich? Wie üben sie diese aus? Und wie sind sie überhaupt an ihren Reichtum gelangt? Das sind die Fragen der Elitenforschung, des sogenannten »Power Structure Research«, der ein wichtiger – und von Milliardären eher selten geförderter – Zweig der Soziologie ist.[2]

Zur wissenschaftlichen Methodik gehört dabei die Theoriebildung. Ein Forscher muss eine Annahme formulieren, die es dann zu überprüfen gilt. Nimmt er etwa an, dass die Personen, die er untersucht, sich zur Erreichung eines wirtschaftlichen oder politischen Ziels miteinander verabredet haben, ohne darüber die Öffentlichkeit zu informieren, dann ist diese Annahme notwendigerweise und im Wortsinne eine Verschwörungstheorie. Damit haben nicht nur Elitenforscher zu tun, sondern noch viel häufiger Kriminalisten. Die Polizei bezeichnet ihre eigenen Verschwörungstheorien so harmlos wie zutreffend als »Ermittlungshypothesen«. Ohne die könnte sie gar nicht arbeiten – zumindest, wenn sie bei einem ungeklärten Fall von mehr als einem Täter ausgeht. Für eine Verschwörung braucht es ja bekanntlich mindestens zwei. Ermittlern wird während ihrer Ausbildung ausdrücklich beigebracht, solche Theorien zu entwickeln, und zwar nicht etwa von verrückten »Verschwörungsparanoikern« in dunklen Hinterzimmern, sondern von staatlich geprüften Lehrern an öffentlichen Polizeihochschulen.[3]

Es steht auch nicht in Zweifel, dass einige mächtige Menschen sich hin und wieder miteinander verschwören, aus für sie guten Gründen – und in der Regel zum Schaden der Allgemeinheit. Niemand würde ernsthaft behaupten, dass so etwas nie geschieht oder gar in der Geschichte überhaupt noch nie geschehen sei. Gelegentlich, oft erst nach vielen Jahren, stellt sich ja heraus, dass solche heimlichen Absprachen tatsächlich stattgefunden haben. Und die Annahmen, die dazu vorher kursierten, gelten daher später – logisch – als bewiesene Verschwörungstheorien oder »historische Wahrheit«.

So weit ist alles klar. Trotzdem, und für den Beobachter ein wenig rätselhaft, geistert der Begriff »Verschwörungstheorie« seit vielen Jahren mit einer ganz eigenen Bedeutung durch die Medien und den öffentlichen Raum. Wer ihn benutzt – oft sind es Journalisten, Wissenschaftler oder Politiker –, der meint damit in der Regel so etwas wie »absurde Behauptung«, »paranoider Unsinn« oder »dummes Gerücht«. Wie aber kommt es zu dieser pauschalen Abwertung des Begriffes, wo doch jeder weiß, dass Verschwörungen eine ganz normale und alltägliche Sache sind? Warum werden entsprechende Theorien also nicht jedes Mal sorgfältig auf ihre Stichhaltigkeit geprüft, sondern stattdessen pauschal abgelehnt?

Es liegt nahe anzunehmen, dass dies etwas mit ihrer Nähe zur Macht zu tun hat. Verschwörungstheorien behandeln ja selten die Zutaten von Küchenrezepten oder andere Fragen des täglichen Lebens, sondern sie spekulieren in der Regel über gesellschaftliche Macht. Meist geht es darin um eine verdeckte Form solcher Macht, oft um eine, die es der herrschenden Meinung zufolge gar nicht gibt. Daher stellen Verschwörungstheorien regelmäßig das Selbstbild einer demokratischen Gesellschaft in Frage. Sie sind dann Ausdruck eines bösen Verdachts: Sind wir womöglich gar keine Demokratie? Entscheiden eigentlich ganz andere als die gewählten Politiker? Werden Kriege inszeniert? Steckt die amerikanische Regierung hinter den Anschlägen vom 11. September 2001?

Tauchen solche Fragen in der Öffentlichkeit auf, dann entsteht zunächst einmal Verunsicherung, die bedrohlich auf den Einzelnen wirkt. Und oft folgt darauf schon im Bruchteil einer Sekunde, quasi als Reflex, die Einordnung als »Verschwörungstheorie«, die als »Unsinn« abgelehnt wird. Damit ist das Thema dann erst mal erledigt. Über »dumme Verschwörungstheorien« unterhalten sich ernsthafte und aufgeklärte Menschen schließlich nicht. Punkt.

Der Umgang mit Verschwörungstheorien hat sicherlich eine psychologische Dimension. In der Regel geht es um Selbstschutz, um eine Art von Vergewisserung und um das Festhalten an einem Weltbild, das als positiv, beruhigend und allgemein erwiesen betrachtet wird. Dieses Weltbild ist zwar individuell unterschiedlich, doch lassen sich bestimmte gemeinsame Elemente erkennen, die man so formulieren könnte:

Wir leben in einer modernen und aufgeklärten Gesellschaft.
Unser Staat hat zwar Mängel, ist im Kern aber demokratisch organisiert.
In Politik und Medien herrscht Meinungsvielfalt.
Alle Probleme können innerhalb des bestehenden Systems gelöst werden.
Wir haben zwar Schwierigkeiten, sind im Prinzip aber auf einem guten Weg.

Dieses Weltbild ist offenbar besonders verbreitet unter Repräsentanten von Staat, Medien und Wissenschaft. Je höher die Funktion des Einzelnen, desto gefestigter scheint es zu sein – so zumindest der subjektive Eindruck des Autors. Ein Paradebeispiel, das jeder kennt, ist die alljährliche Neujahrsansprache aus dem Bundeskanzleramt. Darin werden die oben genannten Glaubenssätze in einem stets freundlichen und geduldigen Ton in immer neuen Varianten vorgetragen, lächelnd und hoffnungsvoll, in einer Art nachweihnachtlicher froher Botschaft. Bewohner der DDR werden sich erinnern, dass vor dreißig Jahren ein ganz ähnliches Weltbild jeden Abend in der offiziellen Fernsehnachrichtensendung »Aktuelle Kamera« präsentiert wurde.

Nicht dass die Menschen, die einer solchen Weltanschauung anhängen, dumm wären oder völlig unkritisch gegenüber gesellschaftlichen Problemen. Ganz im Gegenteil – oft sind sie intelligent und sprechen auch intensiv über Fehler und Konflikte. Kritische Debatten werden ja nahezu unablässig geführt. Anne Will, Frank Plasberg und Sandra Maischberger lassen grüßen. Nur, und das ist die Einschränkung, dürfen die Konflikte offenbar nicht das wohlgefügte Fundament des beschriebenen Weltbildes in Frage stellen. Da ist die Grenze, die »rote Linie« erreicht. Wer sie überschreitet, der verlässt den Rahmen des Akzeptierten. Er wird zum Störer und Ärgernis. Und dann ist auch schnell Schluss mit lustig. Die lauten und drängenden Zweifel vieler Verschwörungstheorien werden als Vergiftung des gesellschaftlichen Klimas wahrgenommen, umso mehr, wenn sie auf fruchtbaren Boden in der Bevölkerung fallen.

Interessanterweise wird die Existenz roter Linien oder politischer Tabus zugleich abgestritten. Angeblich gibt es sie gar nicht. Was stimmt nun? Wahr ist, dass man die Grenzen des Akzeptierten in der Debatte erst dann bewusst wahrnimmt, wenn man sich ihnen nähert. Die rote Linie ist kein Sperrzaun, sondern eher eine Fahrbahnmarkierung. Man kann sie mühelos überqueren, bleibt dann aber schnell im Straßengraben hängen und steht zudem noch unter Verdacht, betrunken oder auf andere Art unzurechnungsfähig zu sein.

Daher wird die rote Linie von vielen auch nicht als problematische Beschränkung wahrgenommen, sondern eher als Ausdruck des gesunden Menschenverstandes. Ein Autofahrer käme doch im Traum nicht auf die Idee, die Straße zu verlassen. Wozu auch? Abseits des Asphalts kommt man schließlich kaum mehr voran. Oft wird man sogar zum Unfallopfer. Außerdem fahren alle anderen doch auch auf der Straße und halten sich an die Markierung. Wie bitte, die Straße führt in die falsche Richtung? Ach was, das ist eine Verschwörungstheorie. Und man sieht ja, wohin es mit denen führt. Jeder weiß, dass die Verschwörungstheoretiker keine Karriere machen, ständig Unfälle haben und daher kaum als Orientierung taugen. Weiter geht's, geradeaus!

Anders ausgedrückt: Zweifel am System werden vom System nicht belohnt. Daher wird es mit fortschreitendem Alter der jeweiligen Gesellschaftsstruktur auch immer schwieriger, intern

Zweifel zu äußern. Die Menschen, die das in der Vergangenheit taten, hatten offenkundig wenig Erfolg oder haben vielleicht sogar ihren Job verloren. Sie dienen somit als mahnendes Beispiel für die Nachgeborenen, die sich daher umso gründlicher an die Fahrbahnmarkierung halten. Der gesunde Menschenverstand ist eben kein festes Maß, sondern ein höchst relatives Konstrukt. Er bezieht sich immer auf genau das System, in dem man lebt und das man akzeptiert. Er kann nicht vernünftiger sein als dieses System.

War es gesunder Menschenverstand, als Edward Snowden alles riskierte, was er besaß, um die Öffentlichkeit über eine flächendeckende Geheimdienstüberwachung zu informieren? Nein, wohl kaum. Snowden folgte nicht dem gesunden Menschenverstand. Er tat etwas völlig anderes: Er verließ das System. Snowden war im Grunde ein Verschwörungstheoretiker, der seine These mit überprüfbaren Fakten belegen konnte. Die Verschwörung, von der er sprach, ist offenkundig real. Sie dauert sogar an, auch wenn sie nun den Schutz der Geheimhaltung verloren hat. Was sagt uns das eigentlich über die Gegenwart? Was heißt es, wenn eine Verschwörung zum Schaden der Mehrheit weiter umgesetzt werden kann, nachdem (!) sie enthüllt wurde? In welcher Art von Gesellschaft ist so etwas möglich?

Die Sache mit den Verschwörungstheorien ist offenbar verzwickt und die Geschichte des Geldes scheint, genau wie Geschichte überhaupt, nicht ohne sie erklärbar zu sein. Immer geht es auch um Macht, Verschwörungen und Herrschaft.

Doch weiterhin existiert eben auch der gegenläufige Glaube. Dem zufolge gibt es in heutiger Zeit keine Programme mehr zur Durchsetzung maßloser Machtansprüche von Einzelnen, keine Verabredungen Geldmächtiger zum Zwecke der Täuschung der Mehrheit, sondern nur ein willenloses globales Chaos ohne wirkliches Zentrum, ein unbestimmtes Auf und Ab des Schicksals, in dem der Milliardär zwar Geld verdienen will, sich dazu aber nicht heimlich mit anderen verabredet.[4] Hinter dieser Überzeugung steckt das diffuse Bewusstsein, dass der »moderne Mensch«, wenn man ihn einmal so nennen will, zwischen Smartphone, Facebook und Online-News längst alles wisse, was er wissen müsse, um die Welt zu verstehen. Schließlich funktioniert ja alles. Das Auto rollt, der Supermarkt hat geöffnet und bei immer realistischer werdenden Computerspielen lässt es sich prima abschalten. Man kann in den Urlaub fliegen, für ein paar hundert Euro nach London, Paris oder Rom. Und alles ist so transparent, sämtliche Daten online verfügbar, nichts scheint mehr geheim oder verborgen. Die Warenwelt ist hell ausgeleuchtet, jede Webseite strahlt in frischem Grün, warmem Orange oder beruhigendem Blau. Bildbearbeitungsprogramme tilgen jeden Schatten und der moderne Mensch erkennt sich am Ende wieder in der Klarheit des Grafikdesigns, das ihn umgibt, und in der Aufgeräumtheit des Ikea-Katalogs, aus dem er seine Wohnung bestückt – freundlich, offen und sachlich. Alles ist gut.

Verschwörungstheorien aber – so sieht es mancher – sind vielleicht nur eine Ausrede von Verlierern der Globalisierung für ihr eigenes Scheitern. Dunkle Mächte sollen schuld sein am Versagen des Individuums? Der moderne Mensch weiß es besser. Er ist den Verlierern voraus, versteht die Zusammenhänge und geht alten Mythen nicht auf den Leim. Meint er zumindest – und klickt sich dabei weiter durch ein Universum aus Produkten, Unterhaltung, Nachrichten und Geldgeschäften, das andere für ihn geschaffen haben. Obwohl, das muss er manchmal privat schon zugeben, ihn die aufgedeckte globale Überwachungsverschwörung der NSA und ihrer Partnergeheimdienste beunruhigt und er sich hin und wieder beim Googeln dabei ertappt, darüber nachzudenken, ob die gerade eingetippten Suchbegriffe nicht doch irgendwo anders abgespeichert werden, zur späteren Auswertung …

Was ist Zufall, was gesteuert? Die Ansichten darüber gehen auseinander. Doch hinter der Frage steckt am Ende mehr als nur ein Gegensatz zwischen »paranoider Verschwörungsgläubigkeit« und »aufgeklärter Nüchternheit«. Eigentlich geht es um den Blick auf die Veränderbarkeit der Welt. Wer alles für Zufall oder unkalkulierbares Chaos hält, der sieht letztlich auch kaum Möglichkeiten, die Gesellschaft grundlegend anders zu gestalten. Wer eine ordnende Planung der großen Prozesse als absurden Aberglauben bewertet, der wird auch kaum alternative Visionen haben. Was bleibt, sind begrenzte Reformen, Reparaturen am System. Die vermeintlich Nüchternen entpuppen sich so bei näherem Hinsehen als eigentlich Schicksalsergebene, die fast schon »gottgefällig« dem Glauben an eine große Alternativlosigkeit frönen.

Wer aber glaubt oder hofft, dass menschliche Entwicklung mehr ist als ein zufälliges Spiel des Schicksals, wer also an eine gemeinsame, koordinierte Planung für das Leben in der Zukunft glaubt – und was ist das eigentlich anderes als eine Definition des Wortes »Politik«? –, der hält es auch für möglich, dass genau das längst geschieht, offen wie verborgen, und häufig nicht im Sinne und zum Nutzen der Mehrheit.

Von den hitzigen Debatten der Gegenwart nun aber zurück in die Frühzeit des Geldes, zur Geschichte seiner Entstehung und zu den spannenden Versuchen verflossener Herrscher, ein stabiles Finanzsystem zu entwickeln.

7 Wie alles begann

Die Theorien zur Herkunft des Geldes sind widersprüchlich. Nach herkömmlicher Lesart liegen seine Ursprünge im Tauschhandel. Diese Geschichte hat wohl jeder schon einmal gehört, daher soll eine kurze Zusammenfassung genügen. Die Story geht so: In alter Zeit war alles furchtbar kompliziert. Wenn der Fischer etwa zum Schuster gehen wollte, musste er mit der Reparatur seiner Schuhe so lange warten, bis der Schuster Hunger auf Fisch hatte. Denn Geld zum Austausch gab es ja noch keines. Sehr unpraktisch. Auch der Schmied konnte demzufolge nur dann Brot »kaufen«, wenn der Bäcker im Gegenzug gerade etwas Geschmiedetes brauchte, etwa ein neues Messer. Ebenfalls ungünstig. Also verfiel ein kluger Zeitgenosse auf die Idee, irgendein leicht zu handhabendes Tauschmittel zu kreieren, mit dem jedermann zu jeder Zeit Brot, Fische und Messer kaufen konnte. Fertig. Und dieses Tauschmittel waren dann irgendwann die ersten Münzen, die wir heute im Museum bestaunen können. So weit die Geschichte, die zunächst einleuchtend und logisch klingt.

Es gibt nur einen Haken: Altertumsforscher haben bislang wenig Indizien dafür gefunden, dass so eine Tauschgesellschaft tatsächlich einmal irgendwo auf der Welt existierte. Die Story ist eine Konstruktion aus späterer Zeit. Populär wurde sie durch Adam Smith, den Stammvater der heutigen Wirtschaftswissenschaften, der sie in seinem 1776 erschienenen Standardwerk *Der Wohlstand der Nationen* im Detail darlegte. Smith erzählte ebenfalls ausführlich von den Handwerkern, die dummerweise nicht miteinander ins Geschäft kamen, und resümierte, dass in den Anfängen der Arbeitsteilung die Tauschgeschäfte wohl häufig nur schleppend vor sich gegangen sein müssten – bis dann eben ein kluger Mensch das Geld erfand.

Der Anthropologe David Graeber hat die wissenschaftlichen Forschungen zu diesem Thema kürzlich zusammenfassend dargestellt.[1] Es zeigt sich, dass die Lebensrealität in einfachen Gesellschaften ohne Geldmünzen wohl eine andere und weitaus praktischere gewesen ist. Der Fischer musste demzufolge gar nicht lange auf seine Schuhe warten, denn der Schuster gewährte ihm eine Art Kredit. Er erledigte die Arbeit erst einmal ohne direkte Gegenleistung. Verrechnet wurde dann zu gegebener Zeit, sprich, wenn der Schuster wirklich einmal Fische brauchte oder vielleicht anderweitige Hilfe benötigte.

Der Punkt an der Sache ist (und genau das kommt in den herkömmlichen ökonomischen Theorien nicht vor): Der Schuster und der Fischer waren keine Fremden für einander. Sie kannten sich. Sie lebten in einer vertrauten und überschaubaren Gemeinschaft über viele Jahre in Nachbarschaft miteinander. Daher machte es für keinen der beiden Sinn, den anderen zu übervorteilen oder ihm mit Misstrauen zu begegnen – zu wichtig und auch zu selbstverständlich war das friedliche Miteinander in der Gemeinschaft.

Anders stellte sich die Sache zwischen Fremden dar. Da gab es den Tauschhandel und dort wurde auch gefeilscht und versucht, den anderen über den Tisch zu ziehen. Vom hart ausgefochtenen Tauschhandel zum brutalen Raub war es unter Fremden nur ein kleiner Schritt. Wer die Macht, die Mittel und kaum Skrupel hat, der raubt den potenziellen Handelspartner einfach aus. Graeber weist darauf hin, dass vor einigen hundert Jahren die englischen Wörter »barter« und »truck«, die man verwendet, um einen Austausch ohne Geld zu beschreiben, sowie ihre Entsprechungen im Französischen und Spanischen wörtlich so viel wie »beschwindeln, hereinlegen, übers Ohr hauen« bedeuteten.[2] So etwas machen Menschen für gewöhnlich nur mit Leuten, die ihnen gleichgültig sind, weil sie ziemlich sicher sein können, sie niemals wieder zu treffen.

In den Wirtschaftswissenschaften wird diese Realität des Tauschhandels unter Fremden nun aber auf die gesamte Ökonomie übertragen. Es wird unterstellt, dass auch miteinander vertraute Menschen, die in festen Gemeinschaften leben, sich untereinander gleichgültig seien, dass jeder ständig nur nach dem eigenen maximalen Vorteil trachte, egal, ob das Gegenüber nun ein loser Bekannter, ein guter Freund oder ein geschätzter Nachbar ist. Alle Mitglieder der Gemeinschaft würden sich in einem ständigen unerklärten Krieg, jeder gegen jeden, misstrauisch belauern.

Nun könnte man einwenden, dass diese Beschreibung für manche Reihenhaussiedlung, manches Großraumbüro und viele Chefetagen tatsächlich zutrifft. Allerdings ist die Situation heute der vorläufige Endpunkt einer sich über Jahrhunderte herausgebildeten Geldökonomie und somit gerade kein Beispiel für eine frühzeitliche Gesellschaft ohne Geldmünzen – ganz im Gegenteil.

Dazu passt auch, dass sich Beispiele für existierenden Tauschhandel innerhalb von Gemeinschaften zwar tatsächlich finden lassen, allerdings nicht etwa in einer geldlosen Frühzeit oder auf fernen, unberührten Pazifikinseln, sondern, weniger exotisch, in den zusammengebrochenen Geldwirtschaften der Gegenwart. Beispiele sind etwa Russland in den 1990er Jahren oder Argentinien nach dem Finanzkollaps 2002. Das heißt, Menschen, die vertraut im Umgang mit Geld waren, entwickelten aus der Not heraus nach einer Geldentwertung Tauschwirtschaften als Übergangslösung. Ähnliches gab es bekanntlich auch in Deutschland nach dem Zweiten Weltkrieg oder, später und in anderer Art, in der DDR (dort allerdings beschränkt auf eine Reihe von wertvollen Produkten, und nicht beim unmittelbaren Alltagsbedarf). In all diesen Fällen überbrückt der Tauschhandel eine Mangelsituation in einer Ökonomie, die an Geld bereits gewöhnt ist. Tauschhandel ist offenbar ein immer wieder auftauchender Notbehelf, aber nicht der Ursprung des Geldes.

Die These, dass das Feilschen um Tauschobjekte der Beginn von wirtschaftlichen Beziehungen zwischen den Menschen gewesen sei, stützt sich auf eine allgemeinere Überzeugung. Demnach ist der egoistische Kampf aller gegen alle von jeher Kern jeder Wirtschaft und notwendiger Antrieb zum Fortschritt. Doch auch wenn diese Denkweise zunächst einmal das Spiegelbild jener Ordnung ist, die sie hervorgebracht hat – also des Kapitalismus zur Zeit Charles Darwins –, so ist das kaum die ganze Erklärung. Denn selbst der Kapitalismus, ob nun im 19. Jahrhundert oder in der Gegenwart, funktioniert ja nicht so eindimensional. Ganz im Gegenteil gibt es darin starke Elemente der Zusammenarbeit, bis hin zum Ausschluss jeder Form von Konkurrenz. Das Stichwort dafür lautet »Kartelle«. Konzerne, die sich zu Kartellen zusammenschließen, haben erkannt, dass die gegenseitige Kooperation (auf Kosten der Bürger natürlich) ihnen weit mehr nutzt, als das ständige und nervenaufreibende Ringen um den individuellen Vorteil.

Und genau das gleiche Prinzip – eben Zusammenarbeit – liegt nun, kaum überraschend, auch der Organisation des Lebens innerhalb einfacher Gemeinschaften zugrunde – sowohl heute als auch in der Frühzeit der Menschheit. Zum Kampf aller gegen alle gesellte sich immer, ergänzend und ausgleichend, die Zusammenarbeit vieler. Man gewährte sich Kredit, weil man sich vertraute. Das zeigt schon die sprachliche Herkunft des Begriffes: »Kredit« kommt vom lateinischen Verb »credere«, was »glauben« bedeutet. »Credit« heißt wörtlich »er glaubt« – nämlich an die Rückzahlung der gewährten Summe. Im praktischen Zusammenleben war es an einigen Orten der Welt offenbar noch simpler. So schreibt der schon erwähnte Anthropologe David Graeber:

»Mitte des 19. Jahrhunderts wurden unter anderem Lewis Henry Morgans Beschreibungen der sechs Irokesen-Völker veröffentlicht – und ihnen konnte man entnehmen, dass die wichtigste wirtschaftliche Institution bei den Irokesen Langhäuser waren, in denen man die meisten Güter lagerte. Sie wurden dann in einer Beratung der Frauen verteilt, niemand tauschte je Pfeilspitzen gegen Fleischstücke. Die Ökonomen ignorierten diese Information schlichtweg.«[3]

Es gab demnach an einigen Orten eine Art von kollektiven Eigentumsrechten. Und auch wenn man fragen kann, ob diese Art des Teilens möglicherweise nur bei kleinen und überschaubaren Gemeinschaften funktioniert, so ist es von Belang, dass die Forschungen und Veröffentlichungen Lewis Henry Morgans im 19. Jahrhundert zwar von Wirtschaftswissenschaftlern übergangen wurden, zugleich aber großen Eindruck auf berühmte Zeitgenossen wie Karl Marx und Friedrich Engels machten – und diese beiden zum Gegenmythos eines »Urkommunismus« anregten.[4]

Abgesehen von solchem Kollektiveigentum in kleineren Gruppen, das Geld offenbar unnötig machte, deutet vieles darauf hin, dass es andernorts schon lange vor den ersten Münzen bereits eine Vorstellung von Geld gab – und zwar wiederum, ganz ähnlich wie im modernen Bankwesen, immateriell, als Kreditvereinbarung. Da Geld seinem Wesen nach eine Art von Buchhaltung ist, braucht man dafür im Grunde auch nur ein Blatt Papier – oder im Zweifel eine Tontafel. Das wussten auch schon die Sumerer. Wie die Entschlüsselung von Keilschriften zeigt, gab es bereits vor über fünftausend Jahren in Mesopotamien, also dem Gebiet des heutigen Irak, ein einheitliches System finanzieller Buchführung. Die Bankiers der damaligen Zeit waren die Tempelverwalter, die ein Heer von Handwerkern, Bauern und Hirten für sich arbeiten ließen, wobei sie alle Gebühren, Pachten und Schulden genau vermerkten.[5]

Die Ursprünge des Geldes sind dabei eng verknüpft mit der Entwicklung der Schrift und dem ersten Gebrauch von Zahlen. Bei Ausgrabungen in Mesopotamien im 19. und 20. Jahrhundert wurden zum Beispiel große Mengen von kleinen Tonteilchen gefunden, in Form von Kügelchen, Kegeln oder Scheiben. Forscher hielten diese unscheinbaren Tonstückchen zunächst einfach nur für Kinderspielzeug oder Spielsteine. Als die französische Archäologin Denise Schmandt-Besserat allerdings in den 1970er Jahren damit begann, die Teilchen systematisch zu katalogisieren, entdeckte sie, dass es diese in ganz typischen Formen und Größen gab, und zwar verteilt über Fundgebiete von der Türkei bis hin nach Pakistan. Wie sich herausstellte, handelte es sich um Zählsteine, sogenannte »Tokens«, mit denen Warenmengen erfasst wurden.[6] In der Zeit vor der Verwendung von Zahlen registrierte man den Güteraustausch, indem man eine bestimmte Menge von Waren einfach durch eine gleichartige Menge solcher kleiner Zählsteine aus Ton darstellte. Diese hob man dann zur Abrechnung sorgsam auf. Die verschiedenen Formen und Größen standen dabei für unterschiedliche Produkte – eingeritzte Kegel etwa für Brot, eiförmige Kügelchen für Öl.[7]

Der nächste Entwicklungsschritt bestand darin, dass man nicht mehr die Tonteilchen selbst aufbewahrte, sondern ihren Umriss in feuchte Tontafeln einprägte – die Schrift war geboren. Etwas später ging man dazu über, Waren nicht mehr in gleichen Mengen zu erfassen, also etwa zehn Brote durch zehn Abdrücke des entsprechenden Tonteilchens auf einer Tafel darzustellen, sondern fortan ein Symbol für die Zahl 10 in die Buchhaltung einzuführen. Der erste Schritt auf dem Weg zur Mathematik war getan.

Doch nicht nur die Schrift und die Zahlen entstanden in dieser Zeit im Zusammenhang mit dem Beginn ökonomischer Buchhaltung, sondern offenbar auch die erste Form einer frühen Klassengesellschaft. Wie die Ausgrabungen zeigten, gewannen die Tokens gerade in jener Phase an Bedeutung, als die Siedlungen größer wurden und durch ihre gewachsene Einwohnerzahl und Komplexität erstmals unter eine Art von staatlicher Verwaltung gerieten. In den damals bedeutendsten Städten Mesopotamiens, wie Uruk oder Susa, entstand vor etwa fünftausend Jahren die erste Form von Staatlichkeit, die zugleich der Beginn einer Klassengesellschaft war, gelenkt von einer herrschenden Elite. Archäologen fanden die Tokens fast nur in Verwaltungsgebäuden und Tempeln. Darüber hinaus entdeckte man die Zählsteine auch in einigen wenigen Gräbern, aber nur in solchen von mächtigen und prestigeträchtigen Personen. Die Tokens scheinen zum allergrößten Teil im Besitz eines engen Kreises einflussreicher Menschen gewesen zu sein. Die bereits erwähnte Archäologin Denise Schmandt-Besserat schloss daraus, dass die Buchführung mit

Zählsteinen in Verbindung stand zum Aufstieg einer gesellschaftlichen Elite, welche die Tokens als Machtinstrument zur Verteilung der Waren in den ersten Stadtstaaten nutzte.[8]

Die Einführung einer Buchhaltung als Vorläufer der Entstehung von Geld ging demnach einher mit dem Beginn von Herrschaft in größer werdenden Städten. Geld im Sinne eines Zahlungsmittels waren die Tokens aber noch nicht. Jedes Tonteilchen symbolisierte bloß ein Produkt.

Der eigentliche Entwicklungsschritt hin zum Geld war also wohl nicht der Sprung von einer fiktiven Tauschwirtschaft hin zum Gebrauch von Münzen oder anderen Geldsymbolen, so wie es die herkömmliche Lehre annimmt. Vielmehr entstand das Geld in dem Moment, als Kreditvereinbarungen zum ersten Mal an andere Personen übertragen werden konnten, oder mit anderen Worten: als die Schulden anonym wurden. Dieser Augenblick, wann auch immer er sich ereignet haben mag, war mit Sicherheit einer der größten und folgenreichsten Evolutionsschritte in der Geschichte der Ökonomie. Wenn eine Vereinbarung über die Rückzahlung von Schulden nicht mehr nur eine Sache zwischen zwei Leuten ist, nämlich zwischen dem Gläubiger und dem Schuldner, sondern wenn das entsprechende Dokument frei gehandelt werden kann, erst dann werden Schulden zu Geld. Anders ausgedrückt: Die meisten Gelder sind zwar Schulden anderer Leute – aber nur übertragbare Schulden sind auch Geld.[9]

Dass Geld heute nichts anderes bedeutet als Schulden von anderen, die man untereinander handeln kann, ist in dieser Direktheit nicht jedem bewusst. Und so gilt es zum früheren Kapitel über den Wert des Geldes noch nachzutragen, dass dieser Wert nicht allein von der Geldmenge abhängt, die im Umlauf ist, sondern selbstverständlich auch von der öffentlichen Meinung darüber, inwieweit die dem Geld zugrundeliegenden Schulden auch beglichen werden können. Denn geht der Schuldner pleite, dann würde eine Giralgeldsumme in gleicher Höhe natürlich ebenso ihren Wert verlieren. Nur heute, und das ist ein wichtiger Punkt, kann man eben kein »bestimmtes« Giralgeld einem speziellen

Kredit zuordnen. In einem großen und anonymisierten System von Schuldscheinen verteilt sich der Wertverlust eines einzelnen geplatzten Krediges auf die Gesamtheit alles umlaufenden Geldes. Nicht zuletzt deshalb lässt sich der Zusammenhang zwischen Geld und Kredit heute auch so leicht verschleiern und der Eindruck erwecken, als ob das Geld unabhängig von allem existiert, eben als praktisches Tauschmittel, das ein kluger Mensch einst erfand und das nun im täglichen Umgang uns allen dient.

Viel weniger freundlich und beschaulich stellt sich die Lage dar, wenn das Geld tatsächlich auf einem System der Herrschaft in den ersten Städten beruht, wo eine machtvolle Oberschicht zunächst den Warenhandel protokollierte, um besser die Kontrolle über eine wachsende Bevölkerung zu behalten. Und so richtig sympathisch und beruhigend klingt es auch nicht, dass die Nachfahren dieser Machtelite später das Geld schufen, indem sie die zahlreichen Schulden ihrer Untergebenen zu handelbaren Papieren machten, für deren Erwerb heute nun jeder Bürger arbeiten muss, um überleben zu können. Eine solche Erzählung wirkt verstörend und passt nicht recht zum Bild einer entwickelten Demokratie. Dennoch deuten die historischen Fakten klar in diese Richtung.

Zugleich ist die Geschichte des Geldes auch die Geschichte der Geldreform. Zu allen Zeiten gab es Versuche, das System zu modernisieren und es in den Dienst der Menschen zu stellen, so dass nicht automatisch eine kleine Elite begünstigt wird.

8 Könige, Banken und die Demokratie

Einen für seine Zeit sehr modernen Versuch der Finanzreform unternahm der sagenumwobene Numa Pompilius, welcher im 7. Jahrhundert vor Christi Geburt zweiter König von Rom wurde. Diese Frühzeit des Römischen Reiches – Rom war zu der Zeit noch eine vergleichsweise kleine Siedlung – ist mangels wirklich authentischer Quellen zwar eine Herausforderung für Historiker, doch durch Geschichtsschreiber wie Livius und Philosophen wie Cicero ist zumindest das Folgende überliefert: König Numa war friedfertig und um Ausgleich bemüht. Die unter seinem kriegslustigen Vorgänger Romulus roh und gewalttätig gewordenen Römer besänftigte er und brachte ihnen bei, dass man, ohne Zerstörungen anzurichten und Beute zu machen, einträchtig miteinander leben konnte. Er schuf Recht und Gesetze und wird daher als zweiter Gründer Roms angesehen.

Von besonderer Tragweite war seine Entscheidung, Münzen nicht aus Gold oder Silber, sondern aus Bronze in Umlauf zu bringen. Schriften aus der spätrömischen Zeit wiesen bereits darauf hin, dass »ein auf kostbare Edelmetalle verzichtendes Geldsystem innere Festigkeit eines Staates garantiert«[1]. Die Grundstoffe der Bronzelegierung (Kupfer und Zinn) waren einfacher zu beschaffen als die Edelmetalle, welche damals größtenteils in östlichen Tempeln gehortet wurden. Als Folge der Einführung des Bronzegeldes sank die Nachfrage nach Gold und Silber. Zwar konnten die östlichen Kaufleute diese Metalle weiterhin in Rom verkaufen, doch waren sie dort nun eben bloß noch für Schmuck oder aber als Zahlungsmittel im Außenhandel zu gebrauchen. Die Macht der östlichen Tempel und Kaufleute und insbesondere ihre Fähigkeit, das römische Geld zu kontrollieren, wurden dadurch erheblich eingeschränkt. Zugleich wuchsen die Chancen Roms, selbst über sein Schicksal zu entscheiden und sich zu entwickeln.[2]

Entscheidend beim Bronzegeld war, dass die Anzahl der Münzen kontrolliert wurde. Auch war ihr Wert eben nicht an das Material, also den Marktpreis der verwendeten Bronze gebunden, sondern er wurde per Gesetz als politische Entscheidung verfügt. Dass der Münzwert mit der Zeit auf das Fünffache des Materialwertes erhöht wurde und auch die Größe und Reinheit der Münzen variabel waren, störte nicht weiter, da es für den Wert eben keine Rolle spielte. Dieses Geld war gesetzliches Zahlungsmittel. Staatliche Steuern, Abgaben und Strafen mussten mit den Bronzemünzen entrichtet werden. Solches Geld mit politisch festgelegtem Wert wird auch »Nomisma« genannt. Der Begriff steht im Lateinischen für »Münze« und bedeutet im Wortsinne »das durch Gebrauch und Sitte anerkannte«. Es ist verwandt mit dem griechischen »Nomos«, was so viel wie »Gesetz« oder »Übereinkunft« heißt. In der Philosophie steht Nomos für das vom Menschen gesetzte Recht, im Unterschied zum Recht der Natur oder der Götter. Mit anderen Worten: Eine souveräne Gesellschaft setzt sich ein Geld nach eigenem Maß.

Wie es weiterging mit diesem spannenden Versuch, das beschreibt der amerikanische Geldhistoriker Stephen Zarlenga so:

»Roms numerisches Geldsystem blieb 200 Jahre lang in Kraft. In dieser Zeit entsprang, wuchs und florierte alles, was wir an der römischen Zivilisation bewundern. Als das System zerfiel, verlor Rom seine Freiheiten. Zwar sollte der Staat noch mächtiger und gefürchteter werden, aber er war nicht mehr eins mit seinem Volk.«[3]

Was war geschehen? Das prosperierende und expandierende Rom stützte sich auf reiche Patrizierfamilien, die bei ihren Eroberungen im Ausland große Mengen an Silber erbeutet hatten. Da die Söldnertrupps dieser Familien aber in einer Währung bezahlt werden mussten, die auch im Ausland gültig war, erlaubte es Rom den Patriziern, dass sie ihre eigenen Silbermünzen prägen und ausgeben durften. Diese Entscheidung war in zweifacher Hinsicht verhängnisvoll. Zum einen wurde Geld fortan wieder – irrigerweise – als greifbar werthaltig, also als Ware betrachtet, was zu zahlreichen Konflikten und Missverständnissen führte. Zum anderen wurde private Geldschöpfung erlaubt. Das Ergebnis hätte nicht überraschen müssen: Die Patrizier bereicherten sich hemmungslos.[4]

Die Silbermünzen wurden fünffach überbewertet in Umlauf gebracht. Der zugewiesene Wert war also fünfmal so hoch wie der reine Wert des Metalls, was bedeutete, dass das im Ausland geraubte Silber den Patriziern noch einen zusätzlichen großen Gewinn einbrachte. Zwar war das Bronzegeld ebenso überbewertet gewesen im Verhältnis zum Marktpreis des verwendeten Metalls. In jenem Fall war jedoch allen klar, dass das Geld seinen Wert nicht aus dem Metallgehalt bezog, also keine Ware war, sondern eine staatliche Übereinkunft, und dass die begrenzte umlaufende Menge seinen festen Wert garantierte.

Beim Silber war nun alles anders. Das Metall hatte selbst großen Wert und es gab keine Mengenbegrenzung. Nach einigen Jahrzehnten lief die Ausgabe von Silbermünzen völlig aus dem Ruder. Sie überschwemmten das römische Geldsystem und wurden schließlich zum gesetzlichen Zahlungsmittel erklärt. Die Geschichte hatte einen Schritt zurück gemacht.

Folgerichtig setzte eine ökonomisch unsinnige und kräftezehrende Suche nach Edelmetallen ein. Da diese immer noch im Osten gehortet wurden, gewann jene Region erneut Macht über Rom. Innenpolitisch führte die private Geldschöpfung darüber hinaus zu großen Reibereien und Klassenkämpfen, da offenkundig war, dass jeder, der die Münzen prägen durfte, sich auf Kosten aller anderen bereicherte. Die darauf folgenden aufreibenden Kämpfe zwischen den Ständen und Klassen beherrschten Rom für weitere zweihundert Jahre und machten die Gesellschaft anfällig für Diktaturen. Wenig später betraten dann Roms Aristokratie und Julius Cäsar als gottgleicher Imperator die Bühne.

Interessant an dem Versuch des Bronzegeldes ist zum einen die frühe Einsicht, dass Geld als öffentliche Übereinkunft – per Gesetz – funktioniert und eben nicht als Ware mit eigenem Metallwert. Letzteres ist eine Täuschung, der die Menschen auch in späteren Zeiten in schöner Regelmäßigkeit immer wieder aufs Neue erlagen. Aus dem Ende des von König Numa gestarteten und zweihundert Jahre währenden Bronzegeldstandards kann man zum anderen schließen, dass die Übertragung der Geldschöpfung vom Staat in private Hände das Gemeinwesen schädigt. Was nicht verwundert, denn Privatleute oder private Banken sind am Ende nur sich selbst und dem eigenen Profit verantwortlich.

Ein anderes, über lange Zeit erfolgreiches System staatlicher Geldschöpfung existierte im China des 13. Jahrhunderts. Unter der Herrschaft von Kublai Khan gab die Regierung seinerzeit Papiergeld aus – und war den Europäern damit um mehrere hundert Jahre voraus.[5] Das Papier wurde in einem komplizierten Verfahren aus der Rinde des Maulbeerbaums gewonnen und die Scheine anschließend von hohen Beamten einzeln unterschrieben sowie mit dem Siegel des Herrschers versehen. Der Chronist Marco Polo berichtete davon:

»Von diesem Geld lässt der Khan eine solche Menge herstellen, dass er damit alle Schätze der Welt kaufen könnte. (...) Im ganzen kaiserlichen Machtbereich ist es das einzige Zahlungsmittel. Sollte sich jemand weigern, es anzunehmen, droht ihm die Todesstrafe. Doch ich versichere euch, jeder einzelne, alle Völker des Reiches, nehmen diese Papiere gerne als Zahlung an, denn wohin sie auch immer gehen, die Scheine gelten überall; die Leute erstehen damit Waren, Perlen, Edelsteine, Gold und Silber.«[6]

Doch es sollte nicht mehr lange dauern, bis in Europa die Vorläufer der ersten Banken entstanden, welche bald auch die private Geldschöpfung entdeckten und damit die Voraussetzung legen sollten für den Kapitalismus und den Aufstieg der europäischen Mächte. Die dazu nötigen Innovationen nahmen ihren Anfang auf den großen Handelsmessen, als deren Blütezeit das 13. Jahrhundert gilt. Auf diesen Messen, wie etwa im französischen Lyon, wo europäische Kaufleute regelmäßig zusammenkamen, wurde es bald üblich, die umfangreichen Käufe und Verkäufe erst ganz am Ende der Zusammenkunft gegeneinander zu verrechnen. So musste niemand große Geldmengen zur Bezahlung bei sich tragen. Es reichte, die Differenzbeträge zwischen Ausgaben und Einnahmen am Ende der Messe in bar zu begleichen. Die Verwendung von Münzgeld ging noch weiter zurück, als die Händler damit begannen, sich mit gegenseitig ausgestellten Schuldscheinen zu begnügen, also die Begleichung ihrer Schulden auf die Zukunft zu verschieben, häufig bis zur nächsten Messe. Man gewährte sich Kredit.

Solche Schuldscheine waren auch die sogenannten Wechsel, welche neben der Kreditvereinbarung noch die Auszahlung des Betrages durch einen Dritten regelten, oft in einer anderen Währung, etwa wenn die Handelspartner aus verschiedenen Ländern stammten. Der Wert eines solchen Scheins hing natürlich vom Ansehen und von der Kreditwürdigkeit des jeweiligen Händlers ab. Im Geschäftsleben wurden Wechsel daher eher akzeptiert, wenn ein großes und international renommiertes Handelshaus für sie bürgte. So wurde der Schuldschein eines Kaufmanns aus Köln erst dann zu einem willkommenen Zahlungsmittel in Kopenhagen, wenn ein solches Handelshaus den Zettel des Kölners gegenzeichnete und somit für ihn auch in Kopenhagen garantierte. Aus grenzüberschreitend arbeitenden Großhändlern entwickelten sich bald darauf die ersten privaten Bankiers. Sie kauften fremde Schuldscheine auf, gaben eigene aus und unterhielten – das war eine wichtige Innovation! – ein internationales privates Zahlungssystem, das nicht mehr auf die regionale Währung eines einzelnen Herrschers angewiesen war. Eine erste Globalisierung, wenn man so will. Der britische Wirtschaftswissenschaftler Felix Martin fasst die Entwicklung folgendermaßen zusammen:

»Die zentrale Neuerung war die Perfektion bis zur Mitte des 16. Jahrhunderts des Systems der ›Handelsfinanzierung auf Wechselbasis‹: ein Verfahren zur Finanzierung von internationalen Handelsgeschäften mit Hilfe von monetären Krediten, die von dem Zirkel paneuropäischer Handelsbankiers ausgestellt wurden, auf ihre eigene abstrakte Recheneinheit lauteten, in Wechseln dokumentiert und bei den vierteljährlichen Messen in Lyon verrechnet wurden.«[7]

Diese private Währung der Händler trug den Namen »écu de marc«. Man könnte sie als einen Vorläufer des Euro bezeichnen, der ja ursprünglich auch Ecu hieß. Nicht viel anders als heute, handelte es sich dabei um einen Standard der Großhändler und Wechselbankiers, den diese für ihre internationalen Transaktionen geschaffen hatten. Die Privatwährung ermöglichte es, dass Kredite in ganz Europa als Geld zirkulierten – allerdings eben nicht als solches, das ein Herrscher oder König ausgegeben hatte, sondern als privat geschaffenes.

Die weitverzweigten Handelshäuser dieser reichen Kaufleute, zu denen etwa die Medici in Italien zählten oder später die Fugger in Deutschland, wurden so zu einer realen Macht, die sich im Laufe der Zeit immer mehr mit der Macht von Königen messen konnte. Denn die Eigentümer der Handelshäuser hatten bald erkannt, dass sie durch den von ihnen organisierten bargeldlosen Zahlungsverkehr und ihre bargeldlose Kreditvergabe per Wechsel auch eigenes Geld schöpfen konnten. Sobald genügend Kunden dazu übergegangen waren, ihre Geschäfte nicht mehr mit Münzen, sondern bequemer mit Wechseln zu erledigen, konnten die Handelshäuser ihre Geldschöpfung weitgehend in eigener Macht steuern. Ganz wie modernen Banken war es ihnen nun möglich, Kredite zu vergeben, ohne dabei durch Einlagen begrenzt zu sein. Und ebenso wie heute drohte der Konkurs in dem Moment, wenn viele Kunden gleichzeitig ihre Anlagen in bar ausgezahlt haben wollten.

Mit der Entdeckung der Seerouten nach Amerika durch Kolumbus 1492 und rund um Afrika nach Indien durch Vasco da Gama 1498 verlagerte sich das europäische Machtzentrum zunächst von Venedig nach Portugal, das im 16. Jahrhundert zur führenden Handelsmacht aufstieg. Später wurde den Portugiesen die Vorherrschaft von den Holländern entrissen, deren Handelsflotte vom reinen Umfang her bald alle Konkurrenten in den Schatten stellte. Die Holländer eigneten sich umfangreiche Kolonien an, in Nordamerika etwa Neu-Amsterdam, das spätere New York, große Teile von Afrikas Küsten sowie in Asien »Niederländisch-Indien«, das heutige Indonesien. Die Macht Hollands beruhte auf der Kontrolle des Fernhandels mit Ostasien, den zuvor Portugal dominiert hatte. Die niederländische Ostindien-Kompanie galt im 17. Jahrhundert als das weltweit größte Unternehmen, und ihr Gegenpart, die Westindien-Kompanie, zwischenzeitlich als der weltgrößte Sklavenhändler. Diese wirtschaftliche Blütezeit Hollands wird als »Goldenes Zeitalter« bezeichnet, was sich auch in der Kunst widerspiegelte. Das reich gewordene Bürgertum gab Malereien in großer Zahl in Auftrag, wovon heute noch die Werke Rembrandts, Vermeers und anderer zeugen.

Im Zuge ihres Aufstiegs gründeten die Holländer im Jahr 1609 die Bank von Amsterdam. Das war eine städtische Einrichtung, die zunächst keine Kredite vergab und auch keine Zinsen auf Einlagen zahlte. Ziel war allein die Schaffung eines öffentlich kontrollierten stabilen Systems für den Zahlungsverkehr. Händler, die dort Konten unterhielten, konnten verlässlich Überweisungen tätigen und waren dazu nicht länger auf die mal mehr, mal weniger seriösen privaten Geldwechsler angewiesen. Die Bank von Amsterdam garantierte für die Qualität der Bezahlung. Wurde ein Kaufmann mit einem Wechsel im Namen der Bank bezahlt, so garantierte die Bank ihm bei der Barauszahlung Echtheit und korrektes Gewicht der Münzen. Sie funktionierte als eine Art öffentliche Prüfstelle für die Qualität der umlaufenden Geldmünzen und schuf so allgemeines Vertrauen in das Zahlungssystem. Die Leitung der Bank von Amsterdam lag in den Händen eines Ausschusses, der vom Stadtrat gewählt wurde. Alle Gewinne flossen in die Stadtkasse.[8]

Die Bank förderte den Handel, indem sie für eine verlässliche Grundlage sorgte, der jeder Kaufmann vertrauen konnte: ein öffentlich kontrolliertes Zahlungs- und Verrechnungssystem. Kein Wunder, dass die Bank während des gesamten 17. Jahrhunderts florierte und viele Kunden anzog. Der Vorteil lag auf der Hand: Das Geldhaus wurde nicht im Interesse einiger Anteilseigner geführt, sondern für jeden sichtbar im Sinne der gesamten Stadt sowie des wirtschaftlichen Lebens im Land.

Zum Nachfolger Hollands als Weltmacht sollte bald England werden, das im 17. Jahrhundert aber noch von zahlreichen chaotischen Umbrüchen erschüttert wurde. Dort war man weit von einer ordnenden und zentralen öffentlichen Bank entfernt. Deren Rolle nahmen private Geldwechsler ein. Es wurde üblich, dass Besitzer von größeren Mengen an Goldmünzen ihre zeitweise nicht benötigten Gelder bei Goldschmieden zwischenlagerten. Diese verfügten berufsbedingt über Tresore und insgesamt sichere Möglichkeiten der Verwahrung. Die englischen Goldschmiede boten sozusagen den Service von modernen Bankschließfächern an.

Wer sein Gold dort einlagerte, der erhielt eine Quittung. Der Einfachheit halber fungierten diese Quittungen in der Folge selbst wie Geld. Statt seine Quittung gegen das hinterlegte Gold einzulösen, um etwas zu kaufen, und dieses Gold dann dem Verkäufer der Ware zu übergeben, der es danach wiederum zu einem Goldschmied zur Verwahrung brachte, konnte man die ganze umständliche Transaktion auch abkürzen. Wer etwas kaufen wollte, der bezahlte einfach mit der Quittung des Goldschmieds. So musste das Edelmetall nicht umständlich und unter Gefahr von Raub und Verlust bewegt werden. Bald begannen die Goldschmiede damit, sich untereinander abzustimmen und ein eigenes Clearingsystem aufzubauen, also eine interne Verrechnungsmethode, sodass Kunden die Quittungen auch bei einem anderen Goldschmied gegen das Edelmetall einlösen konnten. Je mehr sich diese Zahlungsmethode ausbreitete, desto weniger Gold wurde tatsächlich eingelöst. Das meiste blieb dauerhaft in den Tresoren der Goldschmiede verwahrt. Zum Zahlen brauchte man es ja kaum noch. Es diente fortan als stille Sicherheit für die Benutzer der Quittungen.

Diese Konstellation ermöglichte es den Goldschmieden, aus dem bei ihnen verwahrten Goldschatz Kapital zu schlagen. Sie begannen bald damit, einen Teil der eingelagerten Goldmünzen gegen Zinsen zu verleihen. Das war an sich schon ein riskantes Geschäft, da ja etwas verliehen wurde, was den Goldschmieden gar nicht gehörte und was von den legitimen Besitzern auch jederzeit wieder zurückverlangt werden konnte. Da sich aber herausstellte, dass stets nur ein Bruchteil des eingelagerten Goldes zurückverlangt wurde, konnte man dieses Risiko recht genau kalkulieren und abschätzen, wie viel fremdes Eigentum man weitgehend gefahrlos weiterverleihen konnte. Der Goldschmied war zum Banker geworden.

Da lag eine logische Weiterentwicklung auf der Hand: Warum sollte man überhaupt noch echtes Gold verleihen und nicht lediglich dessen Quittungen, die ja bereits allgemein als Zahlungsmittel akzeptiert wurden? Der Goldschmied-Banker wurde zum Geldschöpfer. Er stellte Quittungen aus, für die gar kein Gold hinterlegt war, und vergab die Scheine als Kredit gegen Zinsen. Ein Kredit ging von da an automatisch mit Geldschöpfung einher. Das ist im Grunde bereits das moderne Bankprinzip: einen Gutschein ausstellen für etwas, das man gar nicht hat, was aber keiner merkt. Es funktionierte, genau wie heute, weil die Geldschöpfer das Verrechnungssystem kontrollierten und niemandem sonst Einblick darin gewährten. Und ebenso wie in der Gegenwart lief es umso besser, je mehr die Goldschmiede im Gleichklang neue Quittungen fälschten und damit Geld schufen. Denn dann glichen sich die Zahlungsströme untereinander wieder aus. Erst wenn sehr viele Kunden ihre Quittungen in Gold einlösen wollten, drohte die Fälschung aufzufliegen und damit der Zusammenbruch der entsprechenden Goldschmied-Bank. Dieses System erwies sich als höchst profitabel. Ende des 17. Jahrhunderts gab es bereits mehrere Dutzend Goldschmiede-Banken in London.⁹

Die moderne Geldschöpfung durch wohlhabende Privatleute existiert also schon weit über dreihundert Jahre. Damit ist sie wesentlich älter als die moderne Demokratie. Was bedeutet das?

Wirklich souverän ist in einer Gesellschaft nur der Schöpfer des Geldes. Er sitzt an der Quelle und entscheidet, wer etwas zu welchen Konditionen geliehen bekommt. Er bestimmt auch, wofür Geld überhaupt zur Verfügung steht, in was also investiert wird. Würde man die Wirtschaft als ein Gewächshaus betrachten, dann gehörte dem Geldschöpfer nicht nur die Wasserquelle neben dem Haus, sondern auch die Gießkanne. Wenn jemand sich die Kanne ausleihen möchte, um eine Pflanze zu gießen, die dem Schöpfer nicht gefällt, dann bekommt er kein Wasser aus der Quelle.

Lehnt sich das Volk in einem Land gegen den Herrscher auf und erzwingt eine Revolution, in deren Folge freie Wahlen möglich sind und wo dann ein Parlament und eine demokratische Regierung gebildet werden, die selbstbewusst eigene politische Ziele verkünden und Gesetze beschließen über Freiheiten und Pflichten aller Bürger sowie über besondere Steuern auf hohe Einkommen und Vermögen, im Sinne der Gerechtigkeit, so ist mit all diesen wichtigen Maßnahmen noch nichts über den Zugriff auf die Quelle, nämlich die Geldschöpfung, gesagt.

In England nahm die Entwicklung im späten 17. Jahrhundert einen anderen Weg als bei der holländischen Bank von Amsterdam, wo die Stadtvertreter das Sagen hatten. In Britannien tobten zu der Zeit erbitterte Kämpfe, die bis zum Bürgerkrieg führten. Es ging darum, ob der König seine absolute Macht mit einem Parlament teilen musste oder ob er weiterhin gewissermaßen über dem Gesetz stand. Das Parlament diente als Forum des wohlhabenden Bürgertums, das um Einfluss auf die Staatsgeschäfte rang. 1689 gelang es den Engländern, die sogenannte »Bill of Rights« durchzusetzen: ein Gesetz, das die Rechte des Parlaments gegenüber dem König klärte und das zum Vorbild für andere Länder werden sollte, etwa hundert Jahre später für die USA und Frankreich. Laut dieser »Bill of Rights« musste der König bei wichtigen Entschlüssen fortan das Parlament hinzuziehen – so bei Steuergesetzen, bei Gesetzen insgesamt, dem Aufstellen einer Armee in Friedenszeiten und anderem. Festgelegt wurden auch die Immunität der Abgeordneten sowie das grundlegende und heute selbstverständlich erscheinende Prinzip, dass das Parlament überhaupt regelmäßig zusammenkam.

England befand sich zu der Zeit finanziell in Schwierigkeiten und die politischen Umbrüche boten eine Gelegenheit, neue Vorschläge und Ideen der Staatsfinanzierung zu erörtern. Die Erfolgsgeschichte der Bank von Amsterdam hatte man dabei im Blick, doch heraus kam mit der Gründung der Bank of England im Jahr 1694 etwas anderes. Der Deal bei der Gründung dieses Instituts, das noch heute als britische Zentralbank existiert, sah so aus: Einige wohlhabende Engländer gewährten der Regierung des Königs Kredit und erhielten im Gegenzug die Lizenz, privat Geld zu schöpfen. Die Bank durfte dabei genauso viel Geld drucken, wie sie der Regierung Kredit gab. Vom Prinzip her hätte die Regierung dieses Geld natürlich auch selbst schöpfen können. Doch im Zuge der politischen Umbrüche und des schlechten Wirtschaftens der letzten Jahrzehnte fehlte ihr dafür die Autorität und öffentliche Akzeptanz.

Die Bank of England war eine Aktiengesellschaft und vermögende Bürger konnten Anteile daran erwerben. Das Geschäftsmodell schien erfolgversprechend und so war das Startkapital von gut einer Million Pfund in Gold schon innerhalb weniger Tage eingesammelt. Der gesamte Betrag wurde dann an die Regierung verliehen, die 8 Prozent Zinsen darauf zu zahlen hatte.[10] Der Clou an diesem Geschäft war die damit verbundene Lizenz zum Geldschöpfen. Zwar besaß die Bank of England zunächst kein Monopol auf die Ausgabe von Geldscheinen (das erhielt sie erst 1844) und auch andere Banken ließen ihre jeweils eigenen Scheine zirkulieren.[11] Doch nur die Noten der Bank of England besaßen die Rückendeckung der Regierung. Der Staat akzeptierte das von ihr gedruckte Geld unbeschränkt. Das hieß, man konnte seine Steuern damit bezahlen, was die Nachfrage nach diesem Geld sicherte und der Bank eine Sonderstellung einbrachte. Das Geldhaus war zwar privat, wurde in der Öffentlichkeit aber im Laufe der Zeit wie eine legitime Abteilung des Staates wahrgenommen und übernahm auch fortlaufend mehr Aufgaben für diesen. Dies ging so weit, dass gut hundert Jahre später, 1781, der britische Premierminister Frederick North die Bank of England als verlässlichen »Teil der Verfassungsordnung« beschrieb, nämlich »aus langer Gewohnheit und der Übung vieler Jahre«.[12]

Man könnte sagen, dass die Bank dem Staat Kredit gab und dieser im Gegenzug der Bank seine Autorität verlieh. Die Allgemeinheit profitierte davon allerdings nicht. Wenn die Regierung sich gegen Zahlung von 8 Prozent Zinsen bei wohlhabenden Bürgern verschuldet, dann ist klar, dass diese Zinsen am Ende von anderen, nämlich vor allem den weniger reichen Steuerzahlern, beglichen werden. Dazu gewinnen die Geldgeber direkten politischen Einfluss darauf, wofür das geliehene Geld überhaupt verwendet wird. Solcher Einfluss sollte eigentlich nur einem Parlament zugebilligt sein, zu dessen Kernfunktionen ja die Diskussion und die Abstimmung über die Verwendung der Gelder aus dem Staatshaushalt gehören. Eine Konstruktion wie die der Bank of England unterminiert ein solches Prinzip bereits im Kern.

Die Gründung der Bank im Jahr 1694 war damit keine geringere Machtverschiebung als die Erklärung der »Bill of Rights« fünf Jahre zuvor. In beiden Fällen büßte die Regierung an Autorität und Kontrolle ein. Während die »Bill of Rights« aber das Parlament stärkte (wenngleich dieses vor allem aus Wohlhabenden bestand und »Demokratie« dort eher als »Mitsprache Gutverdienender« zu definieren war), so verlieh die Gründung der Bank of England den reichen Kapitalgebern weit mehr Macht als nur Mitsprache bei einzelnen Entscheidungen. Verschuldet bei einer Bank, befand sich die Regierung fortan in direkter Abhängigkeit von privaten Finanzinteressen. Neu an dieser Konstruktion war, dass nicht mehr nur ein König, Kaiser oder anderer Gewaltherrscher von reichen Kaufleuten finanziert wurde, sondern dass nun eine private Bank als Jahrhunderte überdauernde Instanz eine Regierung mitlenkte, die im Zuge der Entwicklung der Demokratie doch eigentlich nur von einem gewählten Parlament kontrolliert werden sollte.

9 Neuanfang in Amerika

Der amerikanische Kontinent stand zunächst am Rand der Weltgeschichte und damit auch abseits der Kämpfe um die Geldmacht. Im Zuge der Ausdehnung der führenden europäischen Staaten zu globalen Kolonialreichen, wie Spanien und Portugal im 15. und 16. Jahrhundert, Holland im 17. und schließlich England im 18. und 19. Jahrhundert, wurde Amerika dann aber schrittweise – und auf Kosten der indianischen Urbevölkerung – von Auswanderern besiedelt und trat damit ein in das Spiel der großen Mächte. Zu Beginn des 17. Jahrhunderts setzten englische Siedler über den Atlantik und gründeten die Kolonien Virginia und Neuengland an der Ostküste der heutigen USA. Von dort ausgehend wurde Stück für Stück Nordamerika erobert. 1664 fiel das holländische Neu-Amsterdam in die Hände der Engländer und hieß fortan New York.

Die amerikanischen Kolonisten fanden sich allerdings bald in einem Konflikt mit dem britischen Königreich, welches die neuen Territorien unter enger Kontrolle halten wollte und den wachsenden Unabhängigkeitsbestrebungen der Siedler argwöhnisch gegenüberstand. Ein wesentliches Mittel der Kontrolle blieb das Geld. In den Kolonien herrschte chronischer Geldmangel, und das war von London auch so gewollt. Die Siedler sollten nicht untereinander Handel treiben und sich entwickeln, sondern lediglich Rohstoffe nach England schicken. Dafür wurden sie mit britischen Münzen bezahlt. Dieses Geld benötigten die Siedler zum großen Teil, um wiederum Güter aus Europa zu kaufen, die in Amerika nicht selbst produziert werden konnten. Infolgedessen blieb nur eine sehr geringe Menge an Münzen in den Kolonien übrig, um dort untereinander Handel zu treiben. Eine eigenständige wirtschaftliche Entwicklung Amerikas war somit blockiert.

Doch die Kolonisten waren selbstbewusst und erfinderisch. 1690 wagte Massachusetts, die Kolonie rund um Boston, ein Experiment: die Ausgabe von eigenem Papiergeld, unabhängig von englischen Münzen. Diese sogenannten »credit bills«, also »Kredit-Noten«, waren öffentliche Schuldscheine und sollten der regionalen Regierung ursprünglich nur zur Finanzierung eigener Ausgaben dienen. Von der Bevölkerung wurden sie allerdings rasch angenommen und im Handel untereinander wie Geld verwendet – insbesondere, da die Regierung von Massachusetts diese »credit bills« für die Zahlung von Steuern und Abgaben akzeptierte und den Scheinen damit amtliche Legitimität verlieh. 1692 erklärte das regionale Parlament dieses Geld offiziell zum gesetzlichen Zahlungsmittel.[1] Die Scheine ließen die Wirtschaft florieren, auch, weil sie vor Ort blieben und nicht wie die Münzen nach England zurückflossen. Der Wert des Geldes blieb stabil, solange es nicht übermäßig geschöpft wurde, was in den ersten zwanzig Jahren seiner Existenz gut gelang. Das Parlament hatte dabei die Aufsicht über die zu schaffende Geldmenge. Öffentliche Geldschöpfung entpuppte sich als wesentlicher Schlüssel zu wirtschaftlicher Prosperität und Souveränität.

Das Beispiel machte rasch Schule und zu Beginn des 18. Jahrhunderts zogen andere Kolonien an der amerikanischen Ostküste mit der Ausgabe von eigenem Geld nach. So auch in Pennsylvania, der Kolonie um Philadelphia, wo zuvor bedrückende Zustände geherrscht hatten. Eine Handvoll reicher Händler lebte dort davon, so gut wie alle aus Europa eingeführten Waren und landwirtschaftlichen Produkte aufzukaufen und diese an die Bevölkerung weiter zu veräußern, allerdings nur gegen den Erwerb von Wertpapieren, die sie ausgaben und auf die 8 Prozent Zinsen fällig wurden.[2] Mangels genügend umlaufendem Münzgeld war die Bevölkerung auf diese privaten Wucherkredite angewiesen. Nach einiger Zeit hatte sich ein großer Teil des Landes bei den

Wucherern verschuldet, womit de facto eine Art von Sklaverei entstanden war.

Auf Bitten von Kaufleuten entschloss sich die Regierung von Pennsylvania im Jahre 1723 schließlich, eigenes Papiergeld auszugeben, um einen Weg aus dem wirtschaftlichen Teufelskreis und dem wachsenden Ruin des Landes zu finden. Die regionale Regierung schuf dazu ein staatliches Darlehensamt mit Treuhändern und gab ebenfalls Geld in Form von Wertpapieren aus, zwar nicht unverzinst wie in Massachusetts, aber auch nicht so hoch belastet wie die Scheine der Wucherer. Das Geld der Regierung musste mit 5 Prozent Zinsen zurückgezahlt werden. Die Noten erhielt man nur gegen Sicherheiten wie Grundbesitz. Trotz dieser Beschränkungen war die belebende Wirkung der Maßnahme auf die Wirtschaft des Landes unübersehbar. Verschuldete Bürger liehen sich das neue Geld vom Darlehensamt und zahlten die Wucherer aus. Der Handel entwickelte sich. Aufgrund des großen Erfolges beschloss die Regierung von Pennsylvania wenige Jahre später, die Ausgabe von eigenem Geld zu verstetigen und die von den Bürgern zurückgezahlten Kredite wieder neu als Darlehen in Umlauf zu bringen. Das Regionalgeld wurde zum gesetzlichen Zahlungsmittel erklärt. Zudem verdiente der Staat nun Jahr für Jahr hohe Zinsbeträge, von denen er einen großen Teil seiner Ausgaben im Sinne der Allgemeinheit bestreiten konnte.[3]

Kein Wunder, dass London diesen Entwicklungen nicht lange tatenlos zuschaute. Für die Aufsicht über das Wirtschaftsleben in den amerikanischen Kolonien hatte der englische König das sogenannte »Board of Trade« eingesetzt. Es bestand aus ranghohen Adligen, welche von London aus die Interessen des britischen Imperiums in Übersee durchsetzen sollten. Kolonien, die wirtschaftlich unabhängig wurden, waren das Letzte, was sich das Weltreich wünschte. Daher bekämpfte das königliche »Board of Trade« die neuen Papiergeldsysteme in den Kolonien entschieden. Als man vom erfolgreichen Regionalgeld in Pennsylvania erfuhr, drohte man damit, die Scheine für ungültig zu erklären, sollte die Kolonie ihre eigenmächtige Geldausgabe nicht einstellen. London setzte eine Frist, innerhalb derer alle Noten aus dem Verkehr gezogen werden sollten. Zu Recht befürchteten die Bürger Pennsylvanias eine neue wirtschaftliche Krise, da ohne die Scheine ja kaum andere Geldmittel verfügbar waren, um Handel untereinander zu treiben.

Doch die Kolonien hatten ein offensichtliches Ass im Ärmel: ihre große geografische Distanz zum Mutterland. Die Londoner Lords konnten zwar drohende Briefe schreiben, aber es war etwas ganz anderes, die strikten Anweisungen dann auch vor Ort durchzusetzen. Pennsylvanias Gouverneur Patrick Gordon wollte den Wünschen des Imperiums jedenfalls nicht so einfach folgen. Er behielt zunächst das Wohl der Kolonie im Blick. Als langjähriger Oberst der englischen Armee war er zudem kampferfahren, kannte den Gegner und hatte mit seinen über achtzig Jahren auch sonst wenig zu verlieren. 1729 widersetzte sich Gordon den königlichen Anweisungen und genehmigte zugleich die Ausgabe neuen Geldes, wieder als Wertpapiere, diesmal sogar mit noch längerer Laufzeit. Ein Zeitgenosse berichtete vom Erfolg dieses Widerstands:

»Die Philadelphier konnten durch unbeirrtes Festhalten an einer bestimmten Anzahl oder Gesamtmenge von Noten nicht nur ihre eigene Kreditwürdigkeit untereinander aufrecht erhalten, sondern sie sogar auf einige benachbarte Provinzen ausdehnen.«[4]

Anderswo aber konnte London zunächst die Oberhand gewinnen. In Massachusetts setzten die britischen Lords zur gleichen Zeit rigoros durch, das dortige Papiergeld für ungültig zu erklären und einzuziehen. Alle Steuern und jegliche Handelsgeschäfte mussten von den Bürgern fortan wieder mit dem raren Münzgeld abgewickelt werden. Wenig überraschend folgte darauf eine Wirtschaftskrise, die mehrere Jahrzehnte andauerte. Münzen wurden zeitweise so knapp, dass man wieder zum Tauschhandel zurückkehrte und sogar die lokalen Steuern nur noch mit Waren bezahlen konnte. 1751 war die Situation derart angespannt, dass das Parlament von Massachusetts in seiner Not doch wieder die Ausgabe von eigenem Geld beschloss, um zumindest die drängendsten Ausgaben der Kolonie bestreiten zu können. Sogleich begannen die Noten im Land zu zirkulieren, eine wirtschaftliche Belebung setzte ein. London reagierte erbost und versuchte, Massachusetts einen Münzgeldkredit aufzuzwingen. Doch dieser wurde abgelehnt. Das Regionalgeld blieb im Umlauf.

Die britische Regierung reagierte mit Gesetzen, die 1751 und 1764 verabschiedet wurden und die das Papiergeld nur für Regierungsausgaben der Kolonien erlaubten, nicht aber für alle übrigen Handelstransaktionen. In Amerika regte sich starker Protest gegen diese Beschlüsse – sowie gegen die Erhebung von Steuern durch London. Die Siedler waren nicht mehr bereit, Abgaben zu leisten, ohne im Londoner Parlament vertreten zu sein. Diese beiden Streitpunkte wurden zu einer wesentlichen Ursache der amerikanischen Revolution. Im Unabhängigkeitskrieg von 1775 bis 1783 wurden die Konflikte schließlich militärisch mit Großbritannien ausgefochten.

In diesem Krieg, der zur Gründung der USA führte, spielte Geldschöpfung also eine entscheidende Rolle. Eine gemeinsame Versammlung der Kolonien in Philadelphia – der sogenannte Kontinentalkongress – beschloss im Jahr 1775, parallel zu den ersten Kampfhandlungen mit den britischen Truppen, die Ausgabe einer eigenen Papierwährung, des sogenannten »Continental-Dollar«. Dieser diente der Finanzierung des Unabhängigkeitskrieges. Der amerikanische Historiker Alexander del Mar erklärt die Funktion dieser Währung so:

»Die Schaffung und Zirkulation von Schuldscheinen durch die revolutionären Kolonialversammlungen in Massachusetts und Philadelphia waren die Taten eines ganzen Volkes, und da sie den hartnäckigen Bemühungen der Krone um Unterdrückung des Papiergelds auf dem Fuße folgten, stellten sie für diese so verachtenswerte und beleidigende Akte dar, dass danach jede Versöhnung ausgeschlossen war. (…) Deshalb waren die ›credit bills‹ jener Zeit (...) in Wirklichkeit die Maßstäbe der Revolution. Ja, sie waren mehr als das: Sie waren die Revolution selbst!«[5]

Die Briten wehrten sich gegen diese amerikanische Selbstermächtigung mit einer höchst effektiven Maßnahme: der Fälschung dieses Geldes. Die Idee dahinter war simpel: Würde es gelingen, eine riesige Menge Falschgeld im Gebiet der Aufständischen in Umlauf zu bringen, dann musste deren neue Währung an Wert verlieren und damit so geschwächt werden, dass eine weitere eigenständige Finanzierung des Unabhängigkeitskrieges unmöglich wurde. Der Plan ging zumindest teilweise auf. Das britische Kriegsschiff »Phoenix«, das 1776 im Hafen von New York lag, beherbergte eigens dazu eine Druckerpresse. Als die Briten die Stadt dann einnahmen, wurde diese insgesamt zum Zentrum britischer Geldfälschung. In einer New Yorker Zeitung erschien im April 1777 sogar folgende Anzeige:

»Personen, welche in andere Kolonien gehen, können sich mit einer beliebigen Anzahl gefälschter Kongressnoten zum Papierpreis je Ries (etwa 500 Bogen) ausstatten. Aufgrund ihrer tadellosen und präzisen Ausführung besteht keine Gefahr bei der Verwendung dieser Noten, da es fast ausgeschlossen ist, ihre Unechtheit festzustellen. Dies wurde durch zahlreiche Noten bewiesen, die bereits erfolgreich im Umlauf sind. Anfragen diesen Monat zwischen 11 und 16 Uhr an Q. E. D. Im Coffee House.«[6]

Kriegsschiffe brachten zusätzlich in England gedrucktes Falschgeld in großen Mengen nach Amerika.[7] Im Verlauf des Unabhängigkeitskrieges verlor der Continental-Dollar nicht zuletzt wegen dieser Flutung des Landes mit gefälschten Noten erheblich an Wert. In der gängigen Geschichtsschreibung wird dieser Wertverlust einer übermäßigen Schaffung von Geldscheinen durch die Revolutionäre zugeschrieben und die groß angelegte Kampagne zur Fälschung durch die Briten nur am Rande bemerkt. London jedenfalls hätte mit dem In-Umlauf-Bringen der gefälschten Geldscheine sein Ziel am Ende fast erreicht: 1781 war der Continental-Dollar so entwertet, dass er keinen praktischen Nutzen mehr besaß. Die USA konnten den Kampf um ihre Unabhängigkeit vom britischen Imperium in der Folge nur mit der Hilfe Frankreichs gewinnen, das den Revolutionären Kredit gewährte (und das wenige Jahre später, 1789, selbst Schauplatz einer Revolution werden sollte).

Die Unabhängigkeitserklärung vom 4. Juli 1776 hatte schon zuvor die Loslösung der Kolonien von England proklamiert. Einer der Autoren dieses Gründungsdokumentes war Benjamin Franklin – bis heute ein amerikanischer Nationalheld, der einen großen Teil seines Lebens dem Kampf für ein staatliches Papiergeld gewidmet hatte und der als Vertreter der Kolonien diese Frage auch immer wieder mit der Londoner Regierung verhandelte. Franklin hatte den Nutzen öffentlich geschöpften Geldes in Pennsylvania selbst beobachten können und verstand, dass solches Geld stabil blieb, sofern es maßvoll in Umlauf gebracht wurde und die Menge der Noten im Einklang blieb mit dem Umfang des Handels und der Wirtschaftsleistung des Landes.[8]

Doch dieses Wissen setzte sich in der Folge nur teilweise durch, zumal starke private Interessen dagegenstanden. Die Zeit von der amerikanischen Revolution bis zum Bürgerkrieg in der Mitte des 19. Jahrhunderts blieb überschattet von erbitterten Kämpfen um die Geldmacht. Gegner des amerikanischen Volkes waren nun nicht mehr Londoner Lords und das britische Imperium, sondern die reich gewordenen Finanzeliten des eigenen Landes.

Der Reichtum der kleinen Oberschicht in den gerade unabhängig werdenden Vereinigten Staaten beruhte dabei zum großen Teil auf lukrativen Geschäften in Zusammenhang mit dem Krieg gegen England sowie auf traditioneller Piraterie, also dem Ausrauben von Schiffen, was bereits zuvor ein wesentlicher Wirtschaftszweig gewesen war. Der Autor Kevin Phillips, der intensiv zur Geschichte des Reichtums in den USA geforscht hat, schrieb dazu:

»Für das Jahr 1763 kann man beispielsweise davon ausgehen, dass viele der reichsten Kaufmannsfamilien in den dreizehn Kolonien 30 bis 40 Prozent ihres Wohlstands dem Krieg, der Freibeuterei und der früheren Piraterie zu verdanken hatten. (...) Obwohl spätere Generationen es in milderem Licht gesehen haben, bedeutete die Revolution eine neuerliche große Vermischung von öffentlichen Zwecken und privaten Gewinnen – und wie in den französischen Kriegen scheint die Freibeuterei das lukrativste Unternehmen gewesen zu sein. In den sieben Jahren nach dem Herbst 1775 waren gut 2000 Schiffe aller Art und Größe unter einem Kaperbrief der Vereinigten Staaten oder eines der dreizehn Bundesstaaten unterwegs. Zusammen genommen sollten sie 3000 britische Schiffe kapern, deren Wert sich – einschließlich der Fracht – auf die damals ungeheure Summe von 18 Millionen Dollar belief. (...) Raub bildete überall in Neuengland die Grundlage für die Vorrangstellung nach dem Krieg.«[9]

Es überrascht kaum, dass eine auf diese Art reich gewordene Oberschicht nach dem Unabhängigkeitskrieg alles daran setzte, auch das absehbar große Geschäft mit der Verschuldung des neuen Staates und seiner Bürger in ihre Hände zu bekommen, und dass versucht wurde, zu diesem Zweck Banken zu gründen. Robert Morris, einer der reichsten Amerikaner jener Zeit, hatte das bereits vor der Revolution im Jahr 1766 probiert. Doch die von ihm geplante Bank, die privat Geld schöpfen sollte, scheiterte am Widerstand hunderter Kaufleute, die in einer gemeinsam verfassten Zeitungsanzeige bekundeten, dieses Geld keinesfalls annehmen zu wollen. In einer außerdem an die gesetzgebende Versammlung von Pennsylvania gerichteten Beschwerde hieß es, dass »das Recht der Geldausgabe, in welcher Form auch immer, allein bei der Gesetzgebung liege und dass die ›Machenschaften von Privatleuten‹ nur das Allgemeinwohl untergraben würden«.[10]

Zu der Zeit war auch London strikt gegen privates Geld in Amerika, allerdings nur deshalb, weil es dem eigenen privat geschöpften Geld der Bank of England Konkurrenz machen würde.

Nach der Unabhängigkeit der USA unternahm Morris einen neuen Anlauf. Inzwischen galt der erfolgreiche Unternehmer als

»Finanzier der Revolution«, obwohl die Revolution eigentlich eher ihn, einen Eigner von zahlreichen Kaperschiffen, finanziert hatte. Kaum war Morris 1781 vom Kongress zu einer Art Finanzaufseher der Vereinigten Staaten ernannt worden, leitete er die Gründung der »Bank of North America« in die Wege, welcher erlaubt wurde, privates Geld zu schöpfen. Dieses Geld akzeptierte der Staat für Steuerzahlungen seiner Bürger. Vorbild war die Bank of England, deren Geschäftsmodell »privater Profit aus Geldschöpfung mit staatlicher Absicherung« insgesamt zur Blaupause der modernen Finanzwelt wurde. Doch die Menschen in den gerade entstandenen Vereinigten Staaten hatten das alte Geldsystem noch in unguter Erinnerung, die neue Bank konnte sich daher nicht dauerhaft etablieren. Das Parlament Pennsylvanias widerrief die Konzession schon bald, nachdem sich Beschwerden gehäuft hatten, wonach die Bank von einem kleinen Kreis Wohlhabender kontrolliert würde und Kredite hauptsächlich an Kaufleute mit guten persönlichen Beziehungen vergäbe.[11]

Zur gleichen Zeit wurde in den USA eine Verfassung erarbeitet. Gegen Ende des Unabhängigkeitskrieges trat 1781 ein Vorläufer in Kraft, die sogenannten »Konföderationsartikel«, die einen vorläufigen Staatenbund der dreizehn amerikanischen Kolonien etablierten. Dort wurde in Artikel 9 festgelegt, dass der Kongress die Autorität besäße, Geld zu leihen oder es selbst zu schöpfen (»to borrow money, or emit bills on the credit of the United States«).[12] In der Verfassung von 1787, die bis heute gültig ist, findet sich diese Formulierung allerdings nicht mehr. Von der Schaffung eigener Kreditbriefe, also einem staatlichen Papiergeld, war nun keine Rede mehr. Stattdessen wurde der Staat fortan dahin gelenkt, sich Geld bei Privatleuten zu leihen – eine Entscheidung mit gravierenden Auswirkungen bis in die Gegenwart.

Dass die Väter der amerikanischen Verfassung die Aufsicht über die Geldschöpfung nicht entschlossen der öffentlichen Hand übertrugen, hatte auch etwas mit einem mangelhaften Verständnis vom Wesen des Geldes zu tun. Sehr verbreitet war zu dieser Zeit die Auffassung, echtes Geld könne nur aus Gold- oder Silbermünzen bestehen, sein Wert gründe also auf dem eigenen Warenwert. Als sich die Versammlung, welche 1787 die neue Verfassung diskutierte, mit Geldfragen befasste, wurde immer wieder betont, dass die von den Kolonien während der Revolution geschöpfte Papierwährung, der »Continental-Dollar«, ja schließlich seinen Wert fast vollständig verloren habe. Diese Erfahrung war sogar in den allgemeinen Sprachgebrauch übergegangen: Die Formulierung »nicht einen Continental wert« war gleichbedeutend mit »wertlos«. Dass der Wertverlust etwas mit dem Krieg gegen das britische Imperium (und dessen Geldfälschung) zu tun hatte, fiel unter den Tisch. Die Skeptiker betonten, dass dieses Papiergeld nicht durch Gold gedeckt gewesen war, und vermuteten dies als Ursache seines Wertverlustes. Dass es ohne eigenes Papiergeld überhaupt keine amerikanische Unabhängigkeit gegeben hätte, war manchem nicht klar – oder es wurde ausgeblendet.

Wo der Geldwert allein auf dem Wert des verwendeten Metalls beruhen sollte, da erschien natürlich auch die Vorstellung, eine Regierung könne »einfach so« Papiergeld ohne Golddeckung schöpfen, als absurd, wenn nicht gar betrügerisch. Dass die Bank of England, also das Machtzentrum des feindlichen Imperiums, längst genauso operierte, war wenig bekannt.

Doch nicht alle Kritiker eines öffentlich geschöpften Papiergeldes waren einfach nur schlecht informiert oder unwissend. Geschäftsleute wie Robert Morris wussten recht genau um das Wesen des Geldes und die Bedeutung der Geldschöpfung – und wünschten diese in privater, nämlich eigener Hand.

Hinter den unterschiedlichen Auffassungen zum Geld stand allerdings eine noch weitergehende Frage: Welche Art von Gemeinwesen sollte man in den neugeschaffenen USA überhaupt anstreben? Wollte man ein eher autoritäres, an England angelehntes System, zwar mit einem Parlament, aber zugleich auch mit starken Eliten, die kraft ihres privaten Besitzes die Politik lenkten? Oder legte man mehr Vertrauen in die Fähigkeit des Volkes, sich selbst zu regieren, und blieb skeptisch gegenüber Eliten? Nach der Meinung vieler hatten diese schließlich immer wieder gezeigt, dass sie die ihnen übertragene Macht missbrauchten, und zwar umso stärker, je mehr sie davon besaßen.

Welches Beispiel also sollten die USA der Welt geben? Beide Lager hatten zahlreiche Anhänger. Den Konservativen schien es logisch, dass Geld nur von den Besitzenden geschaffen werden konnte, da Besitz nach ihrer Sichtweise die legitime Voraussetzung für Macht war. Oder anders gesagt: Nur wer bereits Gold besaß, hatte damit – so der irrige Glaube – überhaupt die Fähigkeit, werthaltiges Geld zu schöpfen.

Das konservative Lager versuchte, die Macht der wohlhabenden Eliten im neuen Staat zu stärken. Einer ihrer Wortführer, der spätere erste Finanzminister der USA Alexander Hamilton, schlug etwa vor, man solle den Präsidenten und die Senatoren auf Lebenszeit wählen. Direkte Wahlen durch das Volk erschienen aus dieser Perspektive eher als störend in den Verhandlungen der Eliten untereinander.

Solches Denken war alles andere als ungewöhnlich. Zum Vergleich: Auf dem Territorium des heutigen Deutschland gab es zu der Zeit noch überhaupt keine allgemeinen Wahlen. Erst im Laufe des 19. Jahrhunderts entstanden dort Parlamente, deren Wahl aber stark beschränkt war. In Preußen etwa galt noch bis 1918 das Dreiklassenwahlrecht, bei dem die Stimme des einzelnen Bürgers danach gewichtet wurde, wieviel Steuern er zahlte. Und in den USA durften in den ersten Jahrzehnten nach der Revolution zunächst nur diejenigen an Wahlen teilnehmen, die auch Land besaßen.

Was die Hoheit über die Geldmacht in den USA betraf, konnte sich in der Diskussion zur Verfassung von 1787 keine Seite ganz durchsetzen. Im Ergebnis wurde die Frage der Geldschöpfung in der Verfassung daher weitgehend ausgespart. Öffentliche Papiergeldschöpfung wurde dem Kongress nicht ausdrücklich erlaubt, aber auch nicht – worum sich Finanzkreise zuvor bemüht hatten – direkt verboten.[13] Auf der Ebene der einzelnen Bundesstaaten sah es klarer aus: Hier untersagte die neue Verfassung eine öffentliche Papiergeldschöpfung. In Artikel 1, Absatz 10 heißt es:

»Kein Staat soll Geld prägen oder ›bills of credit‹ ausgeben oder irgendetwas anderes als Gold- und Silbermünzen als Zahlungsmittel zur Begleichung von Schulden bestimmen.«

Somit besaßen auf regionaler Ebene von vornherein nur private Banken das Recht zur Papiergeldschöpfung. Diese Schlussfolgerung war zum Zeitpunkt der Beschlussfassung aber so offenbar nicht allen klar. Der Geldhistoriker Stephen Zarlenga kommentiert die Entscheidung folgendermaßen:

»Rechtschaffene Patrioten gingen davon aus, dass die Regierung echte Vermögenswerte wie Gold- und Silberwaren aufnehmen und darauf Zinsen zahlen würde. Die Kaufleute dagegen wussten, dass die Regierung schon bald ›bills of credit‹ aus Papier, die ihre Privatbanken aus dem Nichts geschaffen hatten, als Kredit annehmen und dafür Zinsen an die Bankiers zahlen würde, wie es damals bereits in England üblich war.«[14]

Schon kurz nach Inkrafttreten der Verfassung drängte der amerikanische Finanzminister Alexander Hamilton auf die Gründung einer »Bank of the United States«, einer Privatbank in Form einer Aktiengesellschaft. Offenkundiges Vorbild für diese Nationalbank war die Bank of England. Dem Historiker Ron Chernow zufolge hatte Hamilton, während er die Bank plante, auf seinem Schreibtisch stets eine Kopie der Statuten der Bank of England zur Hand, um Einzelheiten nachzuschlagen.[15]

Hamilton betonte die Notwendigkeit einer Nationalbank für den jungen Staat, was viele überzeugte. Er ließ aber völlig außen vor, dass eine solche Bank nicht zwingend in Privatbesitz sein musste, sondern ebenso gut in öffentlicher Hand betrieben werden konnte. Er setzte einfach voraus, dass nur eine private Bank möglich sei, da Gold und Silber ja in Privatbesitz waren und die Regierung selbst keine Edelmetalle besäß. Die Argumentation zur Gründung einer privaten Nationalbank fußte also auf der Annahme, dass der Wert des Geldes auf seinem Goldgehalt oder seiner Einlösbarkeit in Gold beruht. Da diese Annahme sehr verbreitet war, konnten sich die Gegner der Bank nicht durchsetzen.

George Washington, der erste Präsident der USA, stimmte der Gründung der Bank 1791 zu. Sie erhielt eine Lizenz für zwanzig Jahre. In dieser Zeit wickelte die Bank die wesentlichen Finanzgeschäfte des Staates ab: Sie lieh der Regierung Geld, nahm Steuerzahlungen entgegen – wofür die selbstgedruckten Geldscheine akzeptiert wurden – und vergab darüber hinaus Kredite an private Unternehmen und Bürger, die bei der Bank auch Geld anlegen konnten.

Wenn die Bank jemandem einen Kredit gab, so trug sie die Summe einfach als Zahl auf dessen Konto ein oder zahlte sie in selbstgedruckten Scheinen aus, von denen behauptet wurde, dass sie jederzeit in Gold eingetauscht werden konnten.[16] In gleicher Weise arbeiteten alle privaten Banken jener Zeit. Neue Kredite bedeuteten, dass neues Bargeld in Umlauf kam. Der Prozess verlief vom Prinzip her nicht anders als heute (Geld entsteht bei Kreditvergabe), doch da das verliehene Geld zu jener Zeit in der Regel in Papierform in Umlauf kam – und noch dazu mittels offenkundig von den einzelnen Banken privat gedruckter Scheine –, konnte jedermann den Zusammenhang viel leichter erkennen.[17]

Auch aus diesem Grund war die Angelegenheit damals ein heiß diskutiertes politisches Thema und ein Teil der Öffentlichkeit blieb skeptisch gegenüber der Bank of the United States.

Einer der prominentesten Kritiker war Thomas Jefferson, Hauptautor der Unabhängigkeitserklärung und zum Zeitpunkt der Bankgründung amerikanischer Außenminister. Er argumentierte, dass eine solche private Nationalbank in der Verfassung nicht vorgesehen sei und dass die Bank auf Kosten der Allgemeinheit den Interessen reicher Kaufleute und Investoren dienen würde. Nachdem Jefferson 1801 selbst zum Präsidenten der USA gewählt worden war, verstärkte er seine Kritik. In einem Brief an seinen Finanzminister betonte er, die Bank sei »einer der gefährlichsten Feinde unserer Verfassungsgrundsätze« und es bestünde die Gefahr, dass »eine Institution wie diese in einem kritischen

Augenblick die Regierung stürzen« könne.[18] Noch später, im Ruhestand, meinte Jefferson rückblickend:

»Das Schatzamt, das kein Vertrauen in das Land hat, lieferte sich mit gebundenen Händen und Füßen den unverfrorenen und bankrotten Abenteurern und Bankiers aus, die nur vorgaben, Geld zu besitzen, und die es jederzeit hätte vernichten können. (...) Denn es war nicht das Vertrauen in ihre Spekulationsblasen, das die Leute dazu bewegte, ihr Papiergeld anzunehmen, sondern das Fehlen jeglichen anderen Geldes.«[19]

Es war auch auf Jeffersons Einfluss zurückzuführen, dass die Zwanzig-Jahres-Lizenz der Bank nicht verlängert wurde. Der Kongress stimmte 1811 dagegen, allerdings mit nur einer Stimme Mehrheit, so umkämpft war diese Frage.[20] Bei der Auflösung der Bank zeigte sich dann, dass sich mehr als 70 Prozent der Anteile im Besitz von Ausländern befanden, vor allem von Holländern und Engländern – was zu einer Welle öffentlicher Empörung führte.[21] Genau die ausländische Vorherrschaft, welche man in der Revolution erfolgreich bekämpft zu haben glaubte, war nun offenbar mittels der Bank wieder still und leise durch die Hintertür etabliert worden.

Die Auflösung der Bank of the United States bedeutete jedoch keine echte Niederlage für die privaten Banker. Denn in der Zwischenzeit waren überall in den einzelnen Bundesstaaten mit Erlaubnis der regionalen Regierungen längst private Banken gegründet worden. Hatte es 1791 erst drei solcher Banken gegeben, so existierten bei der Schließung der Bank of the United States zwanzig Jahre später schon über hundert regionale Geldinstitute in den Vereinigten Staaten.[22] In der Regel druckten sie, wie bereits erwähnt, ihr jeweils eigenes Papiergeld – also genau das, was die Verfassung den Regierungen der Bundesstaaten streng verbot. Somit hatte sich zu Beginn des 19. Jahrhunderts das private Bankensystem in den USA fest etabliert, wenn auch der Kampf um eine landesweite Zentralbank weiter tobte.

Das System privater Banken wuchs rapide und wurde immer unüberschaubarer – 1816 verliehen bereits mehr als zweihundert Institute in den einzelnen Bundesstaaten eigenes Geld. Dadurch entstand ein neues Problem: die fehlende Regulierung dieser Banken. Solange die Bank of the United States existiert hatte, konnte sie das Kreditvolumen der einzelnen Banken beeinflussen. Wann immer ihr im Geschäftsverkehr Geldscheine dieser Banken zuflossen und sie deren Kreditmenge begrenzen wollte, konnte sie von den Banken die Einlösung der Scheine in Gold verlangen. Da die Banken nur für einen Bruchteil ihres Papiergeldes Gold hinterlegt hatten, bremste jeder Wunsch nach Umtausch in Edelmetall die Banken in ihrer Geldschöpfung. Ohne eine Nationalbank aber geriet die Geldschöpfung des wachsenden Bankensektors weitgehend außer Kontrolle. In den fünf Jahren nach Schließung der Bank of the United States erhöhte sich die Summe des von den privaten Banken ausgegebenen Papiergeldes von 28 auf 68 Millionen Dollar.[23]

Gleichzeitig tobte seit 1812 ein neuer Krieg mit Großbritannien, der die USA in Bedrängnis brachte. 1814 eroberten britische Truppen Washington und brannten das Weiße Haus und das Kapitol nieder. Präsident Madison musste aus der Hauptstadt fliehen. Dieser hatte den Krieg begonnen, unter anderem, um Kanada zu erobern, was aber nicht gelang. Mit dem Vorrücken britischer Truppen verbreiteten sich Furcht und Unsicherheit und es kam zu einem Ansturm auf die Banken (»Bank Run«) in Baltimore, Philadelphia und New York. Die Leute wollten ihr Papiergeld in Gold umtauschen. Dies war den Banken aber kaum möglich, da sie ihr Geld ja zum größten Teil frei geschöpft hatten. Es kam zum Auszahlungsstopp. Das war eine neue Erfahrung für die Bürger Amerikas, die nun sehr konkret lernten, dass private Banken mehr Geld schufen, als sie einlösen konnten. Die Banken schlossen jedoch nicht. Sie existierten weiter und mit ihren Papierscheinen wurde auch weiterhin bezahlt – es gab schließlich keine Alternative zu ihnen. Allerdings schwankte der Wert der Scheine nun erheblich, je nach Region und sogar nach Ort. Diese zunehmend chaotisch zirkulierenden Währungen waren ein Faktor der Instabilität für die Wirtschaft und auch für die Regierung, die selbst Steuerzahlungen in den privaten Papierscheinen akzeptierte, da es einfach kein einheitliches landesweites Geld gab.[24]

Die Regierung startete erneut eine eigene Papiergeldschöpfung, auch ohne Nationalbank. Wieder einmal zeigte sich, dass die Notwendigkeit einer Kriegsfinanzierung ein starkes Motiv für die Schaffung eines eigenständigen staatlichen Geldes sein kann. Wie schon im Revolutionskrieg der Continental-Dollar als öffentlich geschöpfte Währung geschaffen worden war, so begann die Regierung zeitgleich mit dem Beginn des Krieges gegen England im Juni 1812 erneut mit dem Schöpfen von staatlichem Papiergeld. Das waren zunächst staatliche Schuldscheine, die aber wie Geld in Umlauf kamen, da sie von den Gläubigern des Staates als Zahlungsmittel akzeptiert wurden, auch weil man Steuern und Abgaben mit ihnen bezahlen konnte. Dennoch konnte der Staat, angesichts der instabilen Kriegssituation, nicht genügend Schuldscheine in Umlauf bringen, um seine Finanzlöcher zu stopfen.

Die Geldnot sowie der beschriebene Wildwuchs im privaten Bankensektor lieferten starke Argumente dafür, erneut eine Nationalbank zu etablieren. Eine Debatte zu der Frage, warum eine solche Bank zwingend in privater Hand zu sein hatte, wurde aber nicht geführt – auch deshalb, weil die erste Initiative zur Gründung einer neuen Nationalbank gar nicht von der gewählten Regierung ausging, sondern von den reichsten Unternehmern des Landes: dem deutschstämmigen Pelzhändler und Immobilieninvestor Johann Jakob Astor, dem in Frankreich geborenen Reeder und Finanzier Stephen Girard sowie dem aus Hamburg ausgewanderten Spekulanten David Parish.[25]

Diese drei Männer gehörten zu den größten Gläubigern der Vereinigten Staaten. Die durch den Krieg unsicher gewordenen Staatsanleihen in ihrem Besitz wollten sie gern in wertstabile Anteile an einer zu schaffenden Nationalbank umwandeln und somit ihren Reichtum und politischen Einfluss dauerhaft sichern. Einen entscheidenden Verbündeten fanden sie in Finanzminister Alexander Dallas, der – so vermutet es der Historiker Bray Hammond – überhaupt erst durch die Protektion dieser reichen Unternehmer 1814 ins Amt gekommen war.[26] Dallas legte einen Plan für die neue Bank vor und 1816 wurde die Gründung der »Second Bank of the United States« beschlossen.

Die Bank knüpfte nahtlos an ihren Vorläufer an. Sie kümmerte sich um die meisten finanziellen Angelegenheiten des Staates und befand sich mehrheitlich im Besitz privater Investoren. Lediglich 20 Prozent gehörten dem Staat. Einen früheren Bankentwurf, der einen 40-prozentigen Staatsanteil vorsah, hatte der Kongress mit einer Stimme Mehrheit abgelehnt.[27]

Somit verfestigte sich in den USA die Praxis, Kreditvergabe, Geldschöpfung und Management der Staatsschulden als Privatgeschäft zu betreiben. Bald schon kam kaum noch jemandem auch nur der Gedanke, dass man Kredit und damit Geld überhaupt in öffentlicher Hand schöpfen konnte. Das System basierte auf dem alten Glauben, Geld sei Gold und somit nur von bereits reichen Menschen zu schaffen. Dieser Glaube wurde zu einer sich selbst erfüllenden Prophezeiung: Je tiefer ein Staat sich bei seinen wohlhabendsten Bürgern verschuldet, desto unsouveräner wird er, und damit auch unfähiger, selbst noch Geld erzeugen zu können. Die Konstruktion einer privaten Nationalbank schuf – erst in England und dann in den USA – eine Eigendynamik, die bald als Selbstverständlichkeit wahrgenommen werden sollte: Das Geld haben und schaffen die Reichen. Die Etablierung dieses Systems in den USA nur wenige Jahre nach der Revolution kompromittierte die Entwicklung einer lebendigen Demokratie dabei von vornherein.

Doch der Kampf um die Geldmacht war noch nicht zu Ende. Unter der Ägide von Präsident Andrew Jackson wurde die Nationalbank in den 1830er Jahren massiv herausgefordert und schließlich zu Fall gebracht. Jackson, der aus einfachen Verhältnissen stammte und im Krieg von 1812 als General große Erfolge gegen die Briten errungen hatte, war die Bank von tiefstem Herzen zuwider. Er sah in ihr ein Instrument der Oberschicht, das diese zur eigenen Bereicherung nutzte. Auch Jackson besaß allerdings kein umfassendes Verständnis vom Wesen des Geldes. Er misstraute den Banken insgesamt und besonders ihrem Papiergeld, das er prinzipiell für unsolide hielt. Zwar setzte er sich für eine Staatsbank ein, doch sollte diese keine Kredite vergeben und kein Papiergeld schöpfen, sondern lediglich Einlagen entgegennehmen und die Privatbanken kontrollieren.[28]

Nicholas Biddle, Abkömmling einer einflussreichen Familie aus Philadelphia sowie smarter und selbstbewusster Chef der Second Bank of the United States, war beunruhigt von den Plänen Jacksons, welcher beim Volk große Beliebtheit genoss. Und der Kampf um die öffentliche Meinung konnte entscheidend sein. In dieser Situation gewährte Biddle einer Reihe von Zeitungsherausgebern umfangreiche Darlehen. Kritiker sprachen von Bestechung, andere wiesen das zurück und bemängelten fehlende Belege für diesen Vorwurf. Fakt war allerdings, dass einige zuvor bankkritische Zeitungschefs wie die Herausgeber von *Washington Telegraph*, *New York Courier* und *Enquirer* nach Erhalt der Zahlungen zu aktiven Unterstützern der Bank wurden.[29] Zugleich versuchte Biddle, einer Abwicklung der Bank vorzubeugen, indem er die Menge der ausgereichten Kredite binnen eines Jahres beinahe verdoppelte und somit die eigene Bedeutung für die Wirtschaft so weit vergrößerte, dass er glaubte, die Bank damit unverzichtbar gemacht zu haben.[30]

Als der Senat 1832 einer Verlängerung der Banklizenz zustimmte, legte Jackson sein Veto ein. Im gleichen Jahr kandidierte er für eine zweite Amtszeit als Präsident. Der heftige Streit um die Bank dominierte den Wahlkampf. Jackson gewann schließlich mit stabiler Mehrheit und verfügte mit dieser Bestätigung im Rücken, sämtliche staatlichen Gelder aus der Bank abzuziehen. Diese Order bedrohte die Bank in ihren Grundfesten. Es kam zum Streit innerhalb der Regierung, selbst der Finanzminister weigerte sich, der Anordnung Folge zu leisten. Daraufhin ersetzte Jackson ihn. Als auch der Nachfolger sich sträubte, brauchte es noch eine weitere Neubesetzung des Postens, ehe Jacksons Verfügung 1833 schließlich umgesetzt werden konnte.[31] Damit war der Kampf so gut wie entschieden. Durch den Verlust der Staatsgelder verlor die Bank ihren besonderen Status und damit massiv an Einfluss.[32]

Biddle gab dennoch nicht auf. Er versuchte nun seinerseits die Regierung unter Druck zu setzen, indem er die Kreditmenge weit drastischer zurückfuhr, als es aufgrund der abgezogenen Regierungsgelder nötig gewesen wäre. Damit nahm er im Grunde große Teile des Landes als Geisel. Sein Kalkül: Die Kreditklemme würde die Wirtschaft so treffen, dass die Öffentlichkeit letztlich den Präsidenten dafür verantwortlich machen würde, der dann seine Entscheidung – so hoffte Biddle zumindest – wieder zurücknehmen müsste. Doch der versierte Banker hatte unterschätzt, wie sehr Präsident Jackson mit seinem Feldzug gegen die Bank dem größten Teil der Bevölkerung aus der Seele sprach. Die erzeugte Kreditklemme fiel auf Biddle selbst zurück und unterstützte die Gegner noch in ihrer Argumentation, dass die Bank eben nicht im Sinne der ganzen Nation handelte, sondern vor allem einer kleinen Oberschicht diente.[33] Die Staatsgelder blieben abgezogen und nach Ablauf der Zwanzig-Jahres-Lizenz schloss die Bank 1836.

Historisch betrachtet war dies ein seltener Sieg der Politik über die private Geldmacht. Als Präsident Jackson wenig später seinen Abschied nahm – seine Amtszeit lief 1837 aus –, brachte er, knapp siebzigjährig, den Kern seiner Erfahrungen in einer Abschiedsrede an das amerikanische Volk noch einmal zum Ausdruck. Er betonte darin, dass die Geldausgabe zwar noch immer in der Hand privater Banken sei, diese aber nach der Zerschlagung der Zentralbank ihre Interessen nicht mehr so stark und zum Schaden der Mehrheit bündeln könnten und an Einfluss verloren hätten. Zugleich warnte er seine Mitbürger jedoch eindringlich:

»Es ist eines der schwerwiegenden Übel unseres jetzigen Bankensystems, dass es einer Klasse der Gesellschaft – und zwar einer zahlenmäßig keinesfalls großen – durch ihre Kontrolle der Währung ermöglicht, zum Nachteil der Interessen aller anderen zu handeln und mehr politischen Einfluss auszuüben, als ihr gerechterweise zusteht. (...) Und solange ihr nicht wachsamer werdet und diesen monopolistischen Geist und Durst nach exklusiven Privilegien bremst, werdet ihr am Ende feststellen, dass die wichtigsten Fähigkeiten der Regierung verschleudert sind und die Kontrolle über eure teuersten Interessen in die Hände dieser Unternehmen gewandert ist.«[34]

Mehr als siebzig Jahre kamen die USA danach ohne eine Zentralbank aus. In dieser Zeit ließen die Kämpfe um die Geldmacht allerdings nicht nach. Stattdessen wurde den Banken ihr Geldschöpfungsprivileg bald streitig gemacht – durch staatliches Geld.

10 Greenbacks und der Kampf um staatliches Geld

Ebenso wie in Europa war auch in den USA die zweite Hälfte des 19. Jahrhunderts von neuen Technologien geprägt, insbesondere vom Eisenbahnbau, der zum Motor für die gesamte Wirtschaft wurde. Zwischen 1850 und 1880 verzehnfachte sich die Gesamtstrecke der verlegten Bahnschienen auf gut 150 000 Kilometer. Im gleichen Zeitraum wurde der Brennstoff Holz in den Haushalten weitgehend durch Kohle ersetzt. Massive Eisenöfen zum Heizen und Kochen setzten sich durch. Die stetig wachsenden Mengen an benötigten Bahnschienen und Öfen beförderten die Eisenindustrie. Es wurden ständig neue Maschinen entwickelt. Und nicht nur das Transportwesen und die Produktionsmethoden, auch die Kommunikationstechnik erhielt einen Schub. Der Telegraf, Vorform des Fernschreibers (und letzten Endes des Internets), ermöglichte erstmals die Übertragung von Texten über eine Drahtverbindung. Weit entfernte Orte konnten nun miteinander vernetzt werden, noch bevor es Telefone gab. 1866 gelang dank eines transatlantischen Telegrafenkabels sogar ein dauerhafter Kontakt zu Europa.

Die fortschreitende Modernisierung und Industrialisierung prägte dabei vor allem den Nordosten, während der Süden als einfacher Rohstofflieferant mit seinen Plantagen, auf denen schwarze Sklaven schufteten, wirtschaftlich immer weiter zurückfiel. Als die Südstaaten sich im Streit um die Sklaverei (und die Befugnisse der Zentralregierung insgesamt) von den USA abspalteten, kam es zum Bürgerkrieg, der zwischen 1861 und 1865 große Teile des Landes verwüstete. Kein Krieg in der Geschichte der Vereinigten Staaten forderte eine größere Zahl eigener Opfer.

Mehr als eine halbe Million Amerikaner sollten darin zu Tode kommen – fast zwei Prozent der damaligen Bevölkerung.

Und wiederum waren es die drängenden Probleme der Kriegsfinanzierung, welche die Regierung über den Tellerrand der normalen Finanzpolitik hinaus schauen ließ. Präsident Lincolns Optionen waren zu Beginn des Bürgerkriegs äußerst eingeschränkt. Die staatlichen Einnahmen aus Steuern und Zöllen reichten bei weitem nicht aus, um erfolgreich gegen den Süden Krieg führen zu können – auch nachdem Lincoln erstmals in der Geschichte der USA eine landesweite Einkommensteuer eingeführt hatte (mit einem Steuersatz von 3 Prozent). Selbst die privaten Banken in Boston, New York und Philadelphia waren im ersten Kriegsjahr 1861 mit der Kreditvergabe an die Regierung schon an ihre Grenzen gekommen. Zum Ende des Jahres war die Lage für die Banken so angespannt, dass sie den Umtausch ihrer Scheine in Gold einstellten und der Goldmarkt zeitweilig geschlossen wurde. Gleichzeitig tobte der Krieg mit den Südstaaten, der ohne weiteres Geld verloren zu gehen drohte. Als letzte Möglichkeit schien der Regierung in Washington, wie in solchen Fällen üblich, nur noch eine Verschuldung bei ausländischen Kreditgebern zu bleiben.

Doch ein kluger Abgeordneter wies auf eine weitere Variante hin. Elbridge Spaulding, einer der führenden Politiker im »Ways and Means Committee«, dem einflussreichen Haushalts-, Steuer- und Finanzausschuss des Parlaments, wollte zur Kriegsfinanzierung keine neuen Schulden aufnehmen, sondern stattdessen staatliches Papiergeld ausgeben. Spaulding war Anwalt und entwarf persönlich ein entsprechendes Gesetz.[1] Dass er im Unterschied zu manch anderem ein grundlegendes Verständnis vom Wesen des Geldes besaß, zeigte sich in seiner Rede vor dem Kongress am 28. Januar 1862, wo er den Abgeordneten seine Überzeugungen erläuterte und für sein Gesetz warb:

»Durch lang anhaltende Praxis sind Gold und Silber überall in der Welt zum gesetzlichen Zahlungsmittel für sämtliche Handelsgeschäfte geworden. Der wirkliche eigene Wert (dieser Metalle) ist nicht so groß wie derjenige, der ihm von Regierungen zugemessen wird. (…) Ohne den Stempel der Regierung wären Gold und Silber einfache Waren (…). Jedes andere Metall oder Ding, dem von Regierungen ein Wert zugemessen wird, könnte genauso gut wie Gold und Silber im Handel verwendet werden, auch wenn es weniger eigenen Wert besäße. Schatzanweisungen oder staatliche Geldscheine, deren Wert durch die Regierung erklärt wird, können als Geld umlaufen und für Zahlungen innerhalb der Gerichtsbarkeit der Regierung verwendet werden. Diese außergewöhnlichen Vorrechte einer Regierung wurden regelmäßig von Großbritannien (…) und anderen Regierungen in Europa genutzt, wenn immer es zum Erhalt ihrer Existenz notwendig war. (…) Warum geht die Regierung dann zur Wall Street, State Street, Chestnut Street oder irgendeiner anderen Straße und bettelt um Geld? (…) Im Bewusstsein der Macht des Geldes und der Neigung von Männern, diese zum eigenen Vorteil zu gebrauchen, bin ich nicht bereit zu akzeptieren, dass diese Regierung mit all ihrer Kraft und ihren Fähigkeiten in der Hand einer Klasse von Bankern oder Geldverleihern sein sollte, wie respektabel und patriotisch sie auch sein mögen.«[2]

Spauldings Gesetz sah keine neuen Schuldscheine der Regierung vor, wie sie noch im Krieg von 1812 ausgegeben worden waren. Beim damaligen Geld hatte der Staat sich verpflichtet, die Scheine am Ende der Laufzeit in Gold einzulösen sowie Zinsen darauf zu zahlen. Diesmal aber sollte Geld geschaffen werden, bei dem von vornherein erklärt wurde, dass es in nichts anderes einlösbar sein würde und dass sein Wert allein auf einer Verfügung der Regierung beruhte.

Dies war vom Prinzip her nichts anderes als die im vorherigen Kapitel beschriebenen »credit bills«, die ab 1690 in Massachusetts als erstes Papiergeld in Amerika überhaupt in Umlauf kamen – was großen Unmut in London, dem Zentrum des Imperiums, hervorgerufen hatte. Wenn man noch weiter in der Geschichte zurückgeht, ähnelt es ebenso dem erfolgreichen

Geldsystem Kublai Khans im China des 13. Jahrhunderts (siehe Kapitel 8): Die Regierung druckt Geld, bezahlt damit ihre Untergebenen und akzeptiert diese Scheine dann für Steuerzahlungen von ihnen. Solches Geld ist immer zweierlei: zum einen ein zinsloser Kredit der Bürger an ihre Regierung, zum anderen eine Währung, in der alle Einwohner des Landes Handel miteinander treiben können. Und, vielleicht am wichtigsten: Solches Geld macht eine Regierung unabhängig von wohlhabenden Kreditgebern und damit souverän und handlungsfähig. Natürlich ist es ein politischer und moralischer Unterschied, ob das Geld von einem Gewaltherrscher geschöpft wird oder von einer frei gewählten Regierung. Technisch aber funktioniert es in beiden Fällen gleich. Stabil ist ein solches System immer dann, wenn die Menge der gedruckten Scheine gesetzlich auf ein gewisses Maß beschränkt wird, so dass die Geldmenge nicht stärker wächst als die Menge der handelbaren Waren und Dienstleistungen. In einer expandierenden Wirtschaft und bei einer rasch wachsenden Bevölkerung kann und soll die Geldmenge also entsprechend mitwachsen, nur eben nicht im Übermaß.

Auch wenn es nicht leicht ist und Erfahrung, Disziplin sowie einen Sinn für das Allgemeinwohl erfordert, dieses Mengenwachstum angemessen zu steuern, so ist das Prinzip solchen Geldes doch erstaunlich simpel. Es ist bezeichnend für das Mitte des 19. Jahrhunderts noch immer geringe öffentliche Verständnis vom Geld (sowie den Einfluss der Banken), dass die Chance, ein solches System einzuführen, nicht bereits von vornherein ergriffen wurde, sondern erst als allerletzte Notlösung in einer bedrohlichen Kriegssituation, nachdem sich nahezu alle anderen Finanzierungsmöglichkeiten als unmöglich erwiesen hatten. Die Einfachheit der Methode war vielen offenbar unheimlich. Nach wie vor herrschte der Glaube vor, Geld könne nur dann einen stabilen Wert haben, wenn es sich jederzeit in ein Edelmetall einlösen ließ. Dazu kam die weit verbreitete Überzeugung, der Staat sei bei der Notenausgabe auf Banken angewiesen, die allein eine solide nationale Währung hervorbringen könnten. So erklärte

Präsident Lincoln, nachdem der Kongress im Februar 1862 Spauldings Gesetz angenommen und der Einführung des neuen Geldes zugestimmt hatte, dass diese Methode eigentlich nicht seinen Vorstellungen entspräche und man besser sobald wie möglich zum Münzgeld zurückkehren solle. Eine nationale Währung müsse zukünftig »von Bankenvereinigungen gestellt« werden, die »unter einem Gesetz des Kongresses organisiert« seien.[3] Damit beschrieb Lincoln im Grunde eine Situation, wie sie in den USA heute herrscht. Aus seinen Worten sprach der Geist von Alexander Hamilton, dem ersten amerikanischen Finanzminister, der die private Bank of England immer als erstrebenswertes Modell betrachtet hatte.

Der Name des neuen Geldes lautete »Greenbacks« – noch heute ein Synonym für den US-Dollar. Anders als das übliche Papiergeld der privaten Banken jener Zeit waren diese Geldscheine beidseitig bedruckt, auf der Rückseite in grüner Farbe – woraus sich der Name ableitete.

Diese Greenbacks revolutionierten die amerikanische Geldpolitik. Nachdem ihr Wert in der Anfangszeit stark schwankte – was auch der angespannten Kriegssituation geschuldet war –, stabilisierte sich das Papiergeld, als der Kongress 1864 ein Gesetz beschloss, das eine Ausgabebegrenzung festlegte, wonach nicht mehr als 450 Millionen Dollar an Greenbacks umlaufen durften. An diese Grenze hielt die Regierung sich in der Folge auch.

Washington konnte also Geld drucken und damit direkt die eigenen Soldaten sowie weitere notwendige Ausgaben bezahlen, ohne sich bei Banken zu verschulden oder Zinsen zahlen zu müssen. Die Greenbacks waren ein wesentlicher Faktor, wenn nicht sogar entscheidend für den Sieg des Nordens im Bürgerkrieg. Bis es so weit war, hielten auch die Banken still und akzeptierten zunächst die Ausgabe des konkurrierenden staatlichen Geldes, da ein Kriegserfolg des Nordens auch für sie essentiell war. Ein selten genannter Grund dafür, dass der Norden die Abspaltung der Südstaaten nicht akzeptierte und sogar bereit war, Krieg zu führen, um die Sezession rückgängig zu machen, lag nämlich darin, dass viele Banken und Unternehmer des Südens bei Banken im Norden hoch verschuldet waren. Im Falle einer erfolgreichen Abspaltung mussten die Banken im Norden befürchten, dass die Schuldner im Süden sich kaum noch an ihre finanziellen Verpflichtungen gegenüber dem »Feindesland« gebunden fühlen würden. Den Nordstaaten-Banken in Boston, New York und Philadelphia drohten massive Zahlungsausfälle.[4] Laut dem Historiker John D. Wright schuldete der Süden dem Norden vor Beginn des Bürgerkrieges den damals riesigen Betrag von insgesamt 300 Millionen Dollar.[5]

Das staatliche Greenback-Geld war also zunächst weniger eine Konkurrenz für das Geschäft der privaten Banken, sondern es rettete ihnen überhaupt erst einmal Kopf und Kragen, indem es den militärischen Sieg über den Süden ermöglichte. Kaum war der Krieg allerdings gewonnen und die Schuldner im Süden wieder im Zugriffsbereich der Gläubigerbanken, hatte der Greenback aus ihrer Sicht seine Schuldigkeit getan.

Mehr noch: Das staatliche Geld bedeutete in Friedenszeiten nun eine ernste Bedrohung für die Banken, da es zeigte, dass eine Regierung im Prinzip weder auf privates Bankengeld noch auf Gold und Silber angewiesen war, sondern sich mit eigenem Papiergeld zins- und schuldenfrei zum Nutzen der Allgemeinheit finanzieren konnte. Diese »Bedrohung« wurde umso größer, je mehr Menschen im praktischen Leben erkannten, wie nützlich und erfolgreich das neu geschaffene Geldsystem tatsächlich war.

Um 1865, nach dem Ende des Bürgerkriegs, existierte in den USA ein Mischsystem aus Greenbacks, Edelmetallmünzen und privatem Papiergeld der Banken, welches in einer ähnlichen Größenordnung kursierte wie das staatliche Geld. Die Frage der Geldmacht war zu jener Zeit also unentschieden. Privates Geld kursierte neben staatlichem. Daher unternahmen beide Lager große Anstrengungen, sich durchzusetzen.

Weil der Greenback aber offenkundig gut funktionierte, war die Position der privaten Banken nur schwer mit rationalen Argumenten zu untermauern. So mag es nicht verwundern, dass deren lautstärkste Unterstützer aus dem religiösen Lager kamen, insbesondere von Seiten der Calvinisten. Diese hatten, ebenso wie die ihnen nahestehenden Puritaner, von jeher großen Einfluss im Nordosten der USA. Ihrer schroffen und radikalen Lehre zufolge ist Gott der einzige denkbare Maßstab, der Mensch aber nichts. Gott, so meinen sie, habe von vornherein einige Menschen auserwählt, denen er seine Erkenntnis zuteilwerden lasse, während alle übrigen, so sehr sie sich auch zu Lebzeiten mühen mögen, verdammt seien, später in der Hölle zu schmoren. Calvinisten unterstellen oft, dass persönlicher wirtschaftlicher Erfolg ein Zeichen für die Auserwähltheit durch Gott sei. Nicht nur deshalb gibt es eine enge geistige Verbindung zwischen Calvinismus und Kapitalismus. Der Calvinismus legitimierte den Reichtum als gottgefällig, er war ideologisch wichtig bei der Befreiung vom Absolutismus, also bei der Einschränkung totaler königlicher Macht und der Entwicklung demokratischer Strukturen in Europa. Er breitete sich zunächst in Holland und England, später in den USA aus – also in den jeweils aufstrebenden Weltreichen, in welchen sich auch der Kapitalismus herausbildete – und hatte einen starken freiheitlichen Akzent. Mit Abstand betrachtet entstand das moderne Bankwesen im Grunde zeitgleich mit der Schwächung des Absolutismus: In England wurden die wegweisenden Beschlüsse zu den »Bill of Rights«, welche die Rechte des Parlaments gegenüber dem König klärten, und die nicht minder maßgeblichen Entscheidungen zur Gründung der privaten Bank of England ungefähr zur gleichen Zeit gefasst, nämlich um 1690 (siehe Kapitel 8).

In dieser Gemengelage spielte der Calvinismus als prägendes Denk- und Glaubenssystem eine wichtige Rolle, und diese Traditionslinie pflanzt sich bis in die Gegenwart fort. So ist die Annahme einer Auserwähltheit der Nation in den USA noch heute populär. Amerika, so glauben viele dort, sei »einzigartig«, »auserwählt«, »außergewöhnlich«, oder eben sprichwörtlich »God's own country« – »Gottes eigenes Land«. Selbst ein Liberaler wie Barack Obama, der nicht gerade im Verdacht von religiösem Extremismus steht, betonte kürzlich in einer Rede, »ich glaube an die amerikanische Außergewöhnlichkeit mit jeder Faser meines Wesens«.[6]

Im Zusammenhang mit dem Kampf um den Greenback ist der Einfluss der Calvinisten von großer Bedeutung. Viele höhere Schulen in den USA wurden Mitte des 19. Jahrhunderts von religiösen und insbesondere calvinistischen Kreisen gelenkt. An den meisten Colleges unterrichteten Geistliche das Wissen von der Ökonomie, als Teil der Moralphilosophie.[7] Münzgeld wurde dabei mit Tugend assoziiert. Auch viele Zeitungen, etwa der *Christian Mirror* oder der *Boston Recorder*, waren calvinistisch. Der Geldhistoriker Stephen Zarlenga konstatiert:

»Die Verteidigung des Münzgelds durch die Christen führte schließlich zu einem sehr unchristlichen Fetischismus, durch welchen den Edelmetallen eine fast übernatürliche Macht zuerkannt wurde. Im Extremfall grenzte er an Dämonismus; einige glaubten, Papiergeld übe einen schlechten Einfluss aus. Durch die nicht abreißende Berieselung durch Pfarrer und konfessionelle Zeitungen erhielt das Münzgeld einen Anflug von Heiligkeit.«[8]

Diese irrationale Anschauung spielte den Banken in die Hände. Sie erklärten ja, ihr eigenes Papiergeld sei – anders als der Greenback – jederzeit in Münzen einlösbar. Dass dies bloß eine Täuschung war, da im Geldsystem der Banken nie genügend Reserven existierten, um auch nur annähernd alles Papiergeld in Gold umzutauschen, ignorierten viele – oder wollten es schlicht nicht wahrhaben.

Zugleich versuchte der Bankensektor wieder größere Kontrolle über die Währung zu erlangen. Dazu bemühte er sich, die Regierung bei ihrem Schuldendienst zur Zahlung von Gold zu verpflichten. Man könnte auch sagen: Private Finanziers versuchten den Staat von Edelmetallen abhängig zu machen – die sie selbst besaßen. Ein Einfallstor dafür lag schon in der ursprünglichen Gesetzgebung zum Greenback.[9] Dessen Befürwortern war es nämlich nicht gelungen durchzusetzen, dass die Regierung auch die Zinsen für von ihr ausgegebene Staatsanleihen in selbstgedrucktem Papiergeld zahlen durfte. Dieser Regelung hatte sich der Senat – als traditionelle Interessenvertretung der Wohlhabenden – verweigert. Die Regierung musste die Zinsen in Gold zahlen, brauchte also selbst einen großen Bestand des Edelmetalls und war daher weiterhin auf vermögende Goldbesitzer angewiesen.

Dieser Hebel wurde in der Folge noch kräftiger angesetzt. Einflussreiche Banker bestanden Ende der 1860er Jahre darauf, dass die Regierung ihre gesamten im Bürgerkrieg ausgegebenen Staatsanleihen nicht in Greenbacks, sondern in Gold zurückzahlen müsste. Die Forderung kam aus Kreisen von Spekulanten, die sich zuvor in erheblichem Umfang günstig mit diesen Anleihen eingedeckt hatten.

Bei diesem Kampf ging es auch um die Interessen europäischer Bankiers, wie etwa des Hauses Rothschild, damals ein großer Gläubiger des amerikanischen Staates. Als Rothschilds langjähriger Mittelsmann und Repräsentant in den USA fungierte der deutschstämmige Geschäftsmann August Belmont.[10] Laut der Ökonomieprofessorin Mira Wilkins war der Name Belmont für amerikanische Geschäftsleute im 19. Jahrhundert »gleichbedeutend mit Rothschild-Interessen«.[11] Belmont spielte auch im politischen Leben Amerikas eine wichtige Rolle. Während der gesamten 1860er Jahre amtierte er als Präsident der Nationalversammlung der Demokratischen Partei. Dort hatte er Einfluss auf die Auswahl der demokratischen Präsidentschaftskandidaten. Außerdem kümmerte er sich um die Finanzierung der Wahlkämpfe für die Partei, wobei ihm sein Netzwerk innerhalb der Oberschicht von Nutzen war. Belmont hielt darüber hinaus engen Kontakt zu europäischen Finanzkreisen und half etwa dabei, wohlhabende Käufer für amerikanische Staatsanleihen in Europa zu finden. Er war, in wenigen Worten, Parteifunktionär, Regierungsberater und zugleich Lobbyist einer der mächtigsten europäischen Banken.

Diese schillernde Rolle Belmonts sollte entscheidend sein für den Verlauf der politischen Debatte zum Greenback. Während die Republikanische Partei von vornherein eher den Standpunkt der privaten Banken vertrat, fanden sich die Anhänger des Greenbacks vor allem in der Demokratischen Partei. Diese konnte sich auf die Stimmung in der Bevölkerung stützen, wo der Greenback weiter großen Rückhalt genoss. Der Einsatz für das Staatsgeld war somit ein Wahlkampfthema, mit dem die Demokraten punkten konnten. Die Partei sprach sich insgesamt gegen die Rückzahlung der Staatsanleihen in Gold aus. Die Investoren sollten stattdessen Greenbacks bekommen. Vielen war klar, dass es bei dieser Frage auch um staatliche Souveränität ging.

Im Präsidentschaftswahlkampf von 1868 hatte der demokratische Kandidat Horatio Seymour in dieser Situation gute Chancen, die Wahl zu gewinnen. Eines der populärsten Werbemotive im Wahlkampf war ein nachgebildeter Greenback-Geldschein, in den das Porträt Seymours montiert war und auf dem stand: »Dieser Schein ist ein gesetzliches Zahlungsmittel« (»This note is a legal tender«).[12]

Wenige Wochen vor der Wahl allerdings erschien in der populären Zeitung *The New York World* ein Leitartikel, der nahelegte, man solle Seymour als Kandidaten fallen lassen, da er chancenlos sei. Diese Einschätzung tauchte plötzlich und unvermittelt auf und verwirrte das Publikum auch deshalb, weil die Zeitung als Sprachrohr der Demokratischen Partei galt. Der Zeitzeuge und Historiker Alexander del Mar kommentierte die Attacke so:

»Es war, als ob der General einer Division am Vorabend eines sicheren Siegs zum Feind übergelaufen wäre. Der Artikel wurde noch am selben Tag per Telegraf im ganzen Land verbreitet. Jeder verstand, dass die Partei von ihren eigenen Führern verraten worden war.«[13]

Erschwerend kam hinzu, dass die Führung der Partei rund um August Belmont (der zugleich Haupteigentümer der Zeitung war)[14] unmittelbar nach Veröffentlichung des Artikels für einige Tage abtauchte und auch später die Öffentlichkeit darüber im Unklaren ließ, ob der Zeitungstext nun von ihr autorisiert war oder nicht. Der Chefredakteur verschanzte sich in Ausflüchten.[15] Dieser Angriff auf Seymour in der Schlussphase des Wahlkampfs, noch dazu aus den eigenen Reihen, führte zu einer Demoralisierung und Spaltung der Partei und schwächte die Demokraten erheblich. Am Wahltag verlor Seymour schließlich mit 47 zu 53 Prozent gegen den Republikaner Ulysses Grant.

Eine von dessen ersten Amtshandlungen bestand darin, ein Gesetz zu unterzeichnen, in dem die Rückzahlung von Staatsanleihen in Gold zugesichert wurde – ganz im Sinne Rothschilds und der anderen Bankiers und Spekulanten, die sich während des Bürgerkrieges günstig mit den Anleihen eingedeckt hatten.[16] Dieses Gesetz bedeutete eine Grundsatzentscheidung hin zu einem Goldstandard, der in den kommenden Jahren mehr und mehr etabliert wurde. So wurde in den 1870er Jahren unter Präsident Grant beschlossen, dass die Greenbacks generell wieder in Gold eingelöst werden konnten.[17] Um die Papiergeldmenge insgesamt nicht zu verringern, brachte man für eingezogene Greenbacks Papiergeld der privaten Banken neu in Umlauf. Das heißt: Der Staat war nun wieder in erheblichem Umfang auf Gold angewiesen und musste sich dieses entsprechend beschaffen – natürlich bei privaten Banken und Finanziers. Finanzminister John Sherman verhandelte dazu mit einem europäischen Bankenkonsortium. August Belmont war bei diesem Geschäft wiederum Vermittler für die Rothschilds. Die Regierung erhielt Gold im Tausch gegen Staatsanleihen, auf die sie fortan Zinsen zu zahlen hatte. Dem privaten Bankensektor war es also gelungen, die durch den Greenback gewonnene Souveränität der Regierung wieder einzuschränken.

Die verantwortlichen Politiker standen dabei oft selbst in engem persönlichem Kontakt zu Finanzkreisen. Schon Finanzminister Salmon P. Chase, in dessen Amtszeit – und gegen dessen Willen – der Greenback eingeführt worden war und der später in seiner darauf folgenden Funktion als oberster Bundesrichter juristisch gegen das neue Geld zu Felde zog, war mit Bankiers befreundet. Einer dieser Freunde, John Thompson, benannte später sogar seine Bank ihm zu Ehren: die Chase National Bank, ein Vorläufer der heute größten Bank der USA, JPMorgan Chase. Präsident Grant, ein weiterer Greenback-Gegner, hatte dem schwerreichen deutschstämmigen Finanzier Joseph Seligman – wenn auch vergeblich – direkt den Posten des Finanzministers angeboten. Seligman gehörte später zu dem mächtigen Bankenkonsortium, bei dem die Regierung sich das Gold beschaffte. Und der frühere Finanzminister Hugh McCulloch, ein entschiedener Gegner des Greenbacks und Kämpfer für die Rückkehr zum Gold, wurde nach Ende seiner Amtszeit 1870 Teilhaber beim Großbanker Jay Cooke. Nach einigen Jahren wechselte er wieder zurück in die Regierung und wurde zum zweiten Mal amerikanischer Finanzminister. Was heute als »Drehtüreffekt« in aller Munde ist – der Wechsel von Finanzleuten in die Politik und umgekehrt – war schon damals gang und gäbe.

Ende des 19. Jahrhunderts erreichten die USA ökonomisch ein neues Niveau. 1885 überholten sie Großbritannien als vormals weltgrößten Warenproduzenten, 1890 wurden sie zum bedeutendsten Energieverbraucher der Erde, Spiegelbild des rasanten Wachstums von Industrie und Städten.[18] Der Zustrom von Einwanderern blieb ungebrochen. Während das Land zum Ende des Bürgerkriegs noch ungefähr 35 Millionen Einwohner zählte, so hatte sich dieser Wert am Ende des 19. Jahrhunderts schon auf 70 Millionen verdoppelt. (Zum Vergleich: In diesem Zeitraum wuchs die deutsche Bevölkerung von 35 auf etwa 50 Millionen). In den USA wird das letzte Viertel des 19. Jahrhunderts als »Gilded Age« (»Vergoldetes Zeitalter«) bezeichnet, Wirtschaft und Armut expandierten in gleichem Maße. Für diese Epoche stehen die Namen der großen Konzernlenker oder »Räuberbarone« wie Rockefeller (Öl), Carnegie (Stahl), Vanderbilt (Eisenbahnen) und Morgan (Banking). Ihr Reichtum und Einfluss sollten bis weit ins 20. Jahrhundert hineinreichen.

Der Kampf um den Greenback und die Geldmacht insgesamt ging auch in dieser Zeit weiter. Da die Demokratische Partei in der Frage gespalten und somit aus Bankensicht »neutralisiert« war (nicht zuletzt durch die erwähnte Führungsrolle des Lobbyisten August Belmont innerhalb der Demokraten), verlagerte sich der Kreis der Unterstützer. Es wurden neue Parteien gegründet. Eine von ihnen war die »Greenback Party«, die neben der Währungsfrage wichtige sozialdemokratische Positionen vertrat, wie die Forderung nach einem Acht-Stunden-Arbeitstag oder dem Wahlrecht für Frauen. Bei den Wahlen zum Kongress 1878 errang sie respektable 13 Prozent der Stimmen. Später schwand ihre Bedeutung wieder. In ähnlichem Geiste formierte sich danach die »People's Party« (»Partei des Volkes«), welche mit einem bankenkritischen und der Arbeiterbewegung nahestehenden Programm bei den Präsidentschaftswahlen von 1892 auf ein Ergebnis von 8 Prozent kam. Auch sie forderte eine staatliche Währung und erreichte bei den Kongresswahlen von 1894 10 Prozent.

Im darauf folgenden Wahlkampf um die Präsidentschaft unterstützte sie den Kandidaten der Demokraten, William Jennings Bryan. Dieser war ein glänzender Rhetoriker und verstand es, auch die Geldfrage auf den Punkt zu bringen. In seiner Nominierungsrede, die ihn landesweit berühmt machte und nach der er von begeisterten Delegierten zum Präsidentschaftskandidaten seiner Partei gewählt wurde, sagte der 36-Jährige:

»Wir glauben, dass das Recht, Münzen zu prägen und Geld zu erzeugen, bei der Regierung liegt. Es ist Teil der Souveränität und sollte ebenso wenig an Privatleute delegiert werden, wie die Macht über das Strafrecht oder die Steuergesetze. (…) Unsere Gegner sagen, dass die Ausgabe von Papiergeld den Banken zusteht, und sich die Regierung aus Bankgeschäften heraushalten sollte. Ich bin anderer Meinung, und sage, so wie Jefferson es tat, dass die Erzeugung von Geld der Regierung zusteht, und die Banken sich aus Regierungsgeschäften heraushalten sollten.«[19]

Bryans Wahlkampagne von 1896 wurde als »honest money campaign« – »Kampagne für ehrliches Geld« – bekannt. Der Demokrat berief sich auf den ehemaligen Präsidenten Andrew Jackson, den letzten großen Bankenkritiker im höchsten politischen Amt, und meinte, man bräuchte wieder einen wie diesen, der sich gegen die »Übergriffe des organisierten Reichtums« zur Wehr setze. Am Ende verlor Bryan knapp mit 47 zu 51 Prozent gegen den Republikaner William McKinley. Dessen durch Großspenden aufgestockte Wahlkampfkasse war mit 16 Millionen Dollar mehr als zehnmal so gut gefüllt gewesen wie die von Bryan.[20]

McKinley und die ihn unterstützenden Bankenkreise favorisierten den Goldstandard, der im Wahlkampf unter dem Schlagwort »sound money« (»solides Geld«) beworben wurde. Als Präsident unterzeichnete er im Jahr 1900 ein Gesetz, das den Dollar fest an Gold koppelte. Wenig überraschend verfestigte sich unter solchen Umständen die ebenso alte wie falsche Überzeugung, Geld sei notwendigerweise Gold.[21]

Unter McKinley wurden die USA darüber hinaus zu einer Kolonialmacht. Nachdem die europäischen Einwanderer im Zuge ihrer Ansiedlung und der Vertreibung der Indianer das Grenzland der Vereinigten Staaten – die sogenannte »Frontier« – Schritt für Schritt nach Westen verschoben hatten und nachdem um 1890 der »Wilde Westen« komplett ins Staatsgebiet integriert war, verlagerte sich der Expansionsdrang nach außen. Im Spanisch-Amerikanischen Krieg von 1898 eroberten die USA unter anderem die Philippinen und Kuba (inklusive der Hafenanlage Guantánamo, wo die USA bis heute ihren berüchtigten Militärstützpunkt unterhalten). Dieser Krieg – der mit einem bis heute ungeklärten Terroranschlag begann, einem angeblichen spanischen Angriff auf ein amerikanisches Kriegsschiff im Hafen von Havanna, wobei nie bewiesen werden konnte, ob wirklich Spanier die Schuld trugen oder Amerikaner den Vorfall selbst inszeniert hatten – markierte den ersten größeren Schritt in der seither nahezu endlosen Kette von »Auslandsinterventionen«, sprich Kriegen, der USA.[22] Amerika befand sich nun auf dem besten Weg, das britische Imperium auch in dieser Hinsicht als Weltmacht zu beerben. Ein anderer Anwärter auf diese Position war das aufstrebende Deutschland. Wie hatte sich das Geldwesen dort derweil entwickelt?

11 Der deutsche Weg

Das Geld- und Bankensystem in Deutschland ist nicht einfach nur ein Produkt der Nachkriegszeit. Wesentliche Entscheidungen, die bis heute nachwirken, wurden getroffen, bevor die Bundesrepublik Deutschland oder auch das Deutsche Reich überhaupt existierten. Die Wurzeln der deutschen Zentralbank liegen in Preußen, wo König Friedrich II., der »Alte Fritz«, 1765 die »Königliche Giro- und Lehnbank« schuf. Von ihr führt eine direkte Traditionslinie bis in die Gegenwart. Nachfolger der Königlichen Bank war ab 1847 die Preußische Hauptbank, aus der nach Gründung des Deutschen Reiches die Reichsbank und nach dem Zweiten Weltkrieg schließlich die heutige Bundesbank hervorgingen.

Besitzverhältnisse und Kontrolle wechselten in dieser Zeit jedoch immer wieder. Nach ihrer Gründung 1765 unterstand die Bank zunächst dem Staat. 1847 ging sie in Privatbesitz über, wurde aber weiterhin durch die Regierung gelenkt. Nach 1945 entstand sie in Ostdeutschland unter staatlicher Kontrolle neu, während sie in Westdeutschland zwar als öffentliche Einrichtung firmierte, allerdings aus der Kontrolle der Regierung gelöst war. Die Macht über die Zentralbank lag und liegt auch in Deutschland in einem ständigen Spannungsfeld, was kaum überraschen kann angesichts ihres überragenden Einflusses auf die Geschicke der Volkswirtschaft.

Schon in der Gründungsurkunde der Königlichen Giro- und Lehnbank von 1765 wird deutlich, dass es einen Machtkampf um die Frage gegeben hatte, ob dieses Geldinstitut in staatlicher oder in privater Hand sein sollte. So schreibt der König in einer Vorbemerkung seines Erlasses vom Drängen »besonders unseres Adels«, die neue Bank finanzieren zu wollen. Erst durch die Intervention von Kaufleuten sei Friedrich schließlich von diesem Plan abgerückt und habe entschieden, die Bank in rein staatlicher Hand zu führen. Die Entscheidung zur Bankgründung hing dabei offenbar auch mit der Bekämpfung des Wuchers privater Spekulanten zusammen:

»Wir hoffen durch dieses Mittel und bey den sehr maeßigen Interessen [Zinsen], den Umlauf der Gelder merklich zu vermehren und zu erleichtern, den Fleiß Unserer Unterthanen aufzumuntern, und endlich dadurch den übermaeßigen und unerhoerten Wucher zu verhindern, welcher bisher, der scharfen Gesetze ungeachtet, sich in aller Art von Handel eingeschlichen, und sowohl Unsern Adel, als uebrige Unterthanen, welche baares Geld benöthiget gewesen, in einem grausamen und unertraeglichen Joche gehalten, und auf das empfindlichste gedruckt und und erschoepft hat.«[1]

Aus dem Text geht hervor, dass der König zuvor die Geschäftsmodelle der Bank von Amsterdam und der Bank of England als mögliche Beispiele für die eigene Neugründung untersuchen ließ. Insbesondere die mehr als hundertfünfzig Jahre zuvor gegründete Bank von Amsterdam war bekanntlich (siehe Kapitel 8) auch deshalb in öffentlicher Hand geschaffen worden, um Handel und Wirtschaft von der Willkür privater Geldverleiher zu befreien. Dieses Motiv existierte in Preußen offenbar ähnlich – und ist sicher von zeitloser Aktualität.

Zu jener Zeit kursierten in Preußen mehrere Arten von Geld. Am bedeutendsten war das klassische Münzgeld, zumeist in Form von Silber. Das war die gängige Währung, mit der bezahlt und in der gehandelt wurde und die jedermann akzeptierte. Das Königreich verfügte jedoch kaum über eigene Silbervorkommen, was zwangsläufig zu Schwierigkeiten führte. Flossen Münzen ins Ausland ab – etwa bei einem Handelsdefizit, also wenn der Staat mehr Waren importierte als exportierte –, dann verringerte sich damit auch die Geldmenge. Ohne ausreichend verfügbares Silber konnte der entstandene Geldmangel nicht ausgeglichen werden. Weniger umlaufendes Geld bedeutete wiederum stockenden Handel. Dieses Dilemma zeigte sich besonders in den ökonomisch weiterentwickelten preußischen Provinzen, wie im Rheinland.

Das gleiche Problem hatten die amerikanischen Kolonien und in der Folge eigenes Papiergeld eingeführt, um dauerhaft genügend Geld für florierende Geschäfte untereinander kursieren zu lassen (siehe Kapitel 9). In Preußen gab es zwar auch staatliches Papiergeld, allerdings in weit geringerem Ausmaß als die Silbermünzen. Anfang des 19. Jahrhunderts waren dies die sogenannten »Tresorscheine« und »Kassenanweisungen«. Die Bezeichnungen weisen schon darauf hin, dass es sich dabei um Forderungen auf Münzgeld handelte, also nicht etwa um ein Papiergeld ohne Einlösepflicht wie beim amerikanischen Greenback. Ein »Tresorschein« besagt, dass dafür Edelmetall in einem staatlichen Geldschrank liegt, und eine »Kassenanweisung« weist offenkundig den Kassierer einer staatlichen Kasse an, gegen Vorlage des Zettels Münzen auszuzahlen. Auf einem Preußischen Papiergeldschein von 1806 war entsprechend zu lesen:

> Tresor-Schein von Fünf Thaler
> in Courant
> nach dem Münzfuße von 1764
> Geltend in allen Zahlungen für voll[2]

Zur Erklärung: Der »Münzfuß« gibt den Edelmetallgehalt an. »Courant« – französisch für »laufend« oder »gängig« – bezeichnet eine Münze, deren Wert durch das enthaltene Gold oder Silber gedeckt ist. Das Wort ist verwandt mit dem englischen »currency« (»Währung«) und bedeutet in beiden Sprachen so viel wie »das allgemein Akzeptierte und Umlaufende«.

Die Regierung hatte ihr Papiergeld also an Gold und Silber gebunden. Dennoch wurde den Scheinen in zeitgenössischen Schriften immer wieder mit Skepsis begegnet. So heißt es in dem 1846 erschienenen Werk *Das Geld- und Bankwesen in Preußen*: »Bedenklich ist ein Staatspapiergeld wohl immer.«[3] Und auch der *Brockhaus* von 1819 konstatierte zwar lobend, dass Papiergeld, wo »mit Weisheit und Vorsicht eingeführt, die trefflichsten Wirkungen hervorgebracht« habe und »die schönsten Früchte emporkeimen« lasse, es daher also »thöricht wäre, wollte man durch die Nachtheile, welche der Mißbrauch der Papiermünze verursacht, sich abschrecken lassen, nach den Vortheilen zu ringen, welche ein weiser Gebrauch derselben unwidersprechlich gewährt«.[4] Doch auch dieser frühe Lexikoneintrag hob anschließend in langen Ausführungen die Gefahren einer drohenden Inflation hervor.

Die Überzeugung, dass von einer öffentlichen Stelle ausgegebenes Papiergeld beinahe automatisch zu einer rasanten Inflation führt, ist dabei kein Relikt der Vergangenheit, sondern bis heute populär. Mehr noch, diese Annahme ist derzeit im Grunde die herrschende Meinung. So erklärte etwa Bundesbankpräsident Jens Weidmann 2012 in Bezug auf die Geldschöpfung von Notenbanken in öffentlicher Hand:

»Schaut man in der Historie zurück, so wurden staatliche Notenbanken früher oft gerade deshalb geschaffen, um den Regenten möglichst freien Zugriff auf scheinbar unbegrenzte Finanzmittel zu geben. Durch den staatlichen Zugriff auf die Notenbank in Verbindung mit großem staatlichem Finanzbedarf wurde die Geldmenge jedoch häufig zu stark ausgeweitet, das Ergebnis war Geldentwertung durch Inflation. Im Licht dieser Erfahrung wurden Zentralbanken in den vergangenen Jahrzehnten gerade deshalb als unabhängige Institutionen geschaffen und auf das Sichern des Geldwertes verpflichtet, um explizit die staatliche Vereinnahmung der Geldpolitik zu verhindern.«[5]

Die geschilderte Logik erscheint zunächst einleuchtend: Regierungen missbrauchen ihre Geldschöpfungsbefugnis, um sich selbst Kredit zu verschaffen – daher sollte eine Notenbank von politischem Einfluss abgeschirmt werden. Sonst gibt es Inflation. Weidmanns Gedankengang deckt sich dabei auch mit dem Brockhaus von 1819, wo es dazu heißt:

»Artet die Papiermünze in eine Finanzunternehmung aus, so schadet sie nicht allein dem Verkehre, statt ihm zu nützen, sondern der beabsichtigte Zweck, den Staatsfinanzen eine neue ergiebige Quelle zu eröffnen, wird auch in der Regel gänzlich verfehlt. Zwar vermag die Anwendung dieses Mittels bisweilen dem öffentlichen Schatze eine augenblickliche Hülfe zu gewähren, aber die Zerrüttung welche derselbe in der Folge dadurch erleidet, führt gewöhnlich Nachtheile mit sich, welche mit jenen augenblicklichen Vortheilen in gar keinem Verhältniß stehen.«[6]

Allerdings: Die historische Forschung stützt diese Argumentation nicht. Weder wurden staatliche Notenbanken »früher oft gerade deshalb geschaffen«, um für die Regierung Geld zu drucken, wie Weidmann sagt, noch wurde die Geldmenge durch Regierungen »häufig zu stark ausgeweitet«, wie er im Anschluss meint.

Sowohl die Bank of England als auch die verschiedenen Gründungen von Zentralbanken in den USA im 18. und 19. Jahrhundert waren eben gerade keine Idee von gewählten Regierungen. Stattdessen gingen sie, wie in diesem Buch bereits geschildert, sämtlich auf die Initiative reicher Privatleute zurück, waren mehrheitlich in deren Besitz und sollten deren Investments sowie politischen Einfluss absichern. Wenn es denn einmal tatsächlich zu einer staatlichen Geldausgabe ohne Beteiligung privater Investoren kam, wie in den USA 1690 in Massachusetts, 1723 in Pennsylvania, 1775 landesweit während des Unabhängigkeitskrieges, 1812 im Krieg gegen Großbritannien, 1862 im amerikanischen Bürgerkrieg oder 1806 in Preußen, so wurde die Geldmenge meist diszipliniert ausgeweitet und das geplante Volumen dann auch eingehalten, oft sogar unterschritten.[7] Der Grund dafür ist simpel: Den verantwortlichen Regierungen war selbstverständlich klar, dass es ihnen nichts nützen würde, wenn das selbstgedruckte

Geld nach kurzer Zeit schon wieder an Wert verlor. Eine Ausgabebegrenzung lag im ureigenen Interesse. Die gewählten Politiker oder Könige, die Geld druckten, handelten in der Regel nicht wie naive »Kinder im Bonbonladen«, die nicht über den Tageshorizont hinausschauen können, sondern waren durchaus mit vorausblickender Intelligenz und der Fähigkeit zu strategischem Denken versehen – auch wenn Äußerungen wie die von Weidmann etwas anderes nahelegen.

Dennoch gibt es auch Gegenbeispiele: etwa das während der Französischen Revolution ausgegebene Papiergeld, die sogenannten »Assignaten«. Damals wurde von den Revolutionären keinerlei Obergrenze für den Druck der Noten eingehalten, was rasch zur Inflation führte. Die Verantwortlichen hatten nicht verstanden, dass dem Geldwert letztlich die Arbeitsleistung der Bürger zugrunde lag und die Geldmenge daher nicht stärker wachsen durfte als der Wert aller geschaffenen Waren und Dienstleistungen. Stattdessen hingen sie dem noch heute verbreiteten Glauben an, Geld sei durch andere materielle Werte zu decken und durch diese dann stabil. Damals bestand der angenommene Gegenwert in Ländereien, die im Zuge der Revolution verstaatlicht worden waren. Angeblich beruhte der Wert des Papiergeldes also auf realem Wert an Grund und Boden. Doch je übermäßiger das Papiergeld gedruckt wurde, desto stärker wuchsen in der Folge die allgemeinen Grundstückspreise und damit vermeintlich auch der Wert der Ländereien, welche die Währung »deckten«. Es hatte also den Anschein, als gäbe es weiterhin einen ausreichenden Gegenwert für die Scheine – während es in Wahrheit bloß zu einer Inflation der Vermögenspreise gekommen war. Das Scheitern des staatlichen Assignaten-Geldes hatte auch mit dem Fehlen solcher grundlegenden Kenntnisse zu tun.

Ein Argument gegen staatliches Geld im Allgemeinen ist das Beispiel kaum, eher ein Argument gegen staatliche Dummheit. Auch wenn private Notenbanken so handelten, wie etwa im 19. Jahrhundert in den USA, passierte stets genau das Gleiche. Die Gefahr einer Inflation ist also generell kein Beleg gegen öffentlich kontrolliertes Geld, sondern zeigt lediglich, wie wichtig es in jedem Fall ist, die Geldmenge stets verhältnismäßig und mit Augenmaß auszuweiten.

Von Bedeutung ist sicher auch, dass staatliche Papiergeldausgabe historisch gesehen meist nur in revolutionären Umbruchzeiten möglich zu sein schien, also wenn die herrschenden Kräfte gerade gestürzt wurden und das Volk sich selbst zu einer eigenen Geldpolitik ermächtigte. Ansonsten entstand von der Regierung gedrucktes Geld immer wieder als »Notgeld« in belagerten Städten, die vom freien Fluss der Waren und Münzen abgeschnitten waren, wie etwa in Mainz 1793 oder in Erfurt 1813. Die Geschichte staatlichen Papiergeldes ist daher im Wesentlichen die Geschichte von gesellschaftlichen Extremsituationen. Der reale Wucher unter der Herrschaft privaten Geldes erschien demgegenüber stets als »stabiler« Alltag.

So auch in Preußen, das dauerhaft bei reichen Gläubigern verschuldet blieb. 1818 etwa lieh der Londoner Großinvestor Nathan Rothschild nach zähen Verhandlungen dem Königreich die damals riesige Summe von 30 Millionen Talern. Laufzeit: 28 Jahre, Zinssatz: 5 Prozent.[8] Solche Kredite waren natürlich ein Politikum. Es hatte konkrete machtpolitische Auswirkungen im europäischen Staatsgefüge, welcher Finanzier in solchen Größenordnungen welchem König Geld verlieh. Im Grunde nicht anders als heute, nur dass gegenwärtig der Verschuldungsprozess weitgehend anonymisiert und für die Öffentlichkeit undurchsichtig vor sich geht (siehe Kapitel 5).

Preußen umfasste zu Beginn des 19. Jahrhunderts große Teile des heutigen Ostdeutschlands, Polens sowie des Rheinlands (ab 1815) und bildete die Keimzelle des späteren Deutschen Reichs. Im Wesentlichen handelte es sich um ein Feudalsystem, in dem auch noch die Leibeigenschaft existierte, die erst 1810 endgültig abgeschafft wurde. Die individuellen Rechte eines Bürgers hingen davon ab, ob er zum Adel, zum Bürgertum oder zur Bauernschaft gehörte. Erst in den 1790er Jahren entstand ein erstes eigenes, schriftlich definiertes Recht, das sogenannte »Allgemeine Preußische Landrecht«. Unter dem Eindruck der Französischen Revolution wurden auf Drängen der konservativen Eliten allerdings viele freiheitliche Bestimmungen rasch wieder daraus entfernt. Auch ein Parlament existierte in Preußen bis 1848 nicht.

Die Situation zu Beginn des 19. Jahrhunderts war geprägt durch die militärische Niederlage gegen Napoleon von 1806. Diese Erschütterung und die daraus folgende Verunsicherung gaben den Anstoß, in Preußen grundlegende Reformen zu diskutieren. In einer Denkschrift, die der Reformer und vormalige preußische Außenminister Hardenberg 1807 im Auftrag des Königs verfasst hatte, hieß es dazu:

»Die Begebenheiten, welche seit mehreren Jahren unser Staunen erregen und unserem kurzsichtigen Auge als fürchterliche Übel erscheinen, hängen mit dem großen Weltplan einer weisen Vorsehung zusammen. Nur darin können wir Beruhigung finden. Wenngleich unserem Blick nicht vergönnt ist, tief in diesen Plan einzudringen, so läßt sich doch der Zweck dabei vermuten: das Schwache, Kraftlose, Veraltete überall zu zerstören und nach dem Gange, den die Natur auch im Physischen nimmt, neue Kräfte zu weiteren Fortschritten zur Vollkommenheit zu beleben. (...) Die Französische Revolution, wovon die gegenwärtigen Kriege die Fortsetzung sind, gab den Franzosen unter Blutvergießen und Stürmen einen ganz neuen Schwung. Alle schlafenden Kräfte wurden geweckt, das Elende und Schwache, veraltete Vorurteile und Gebrechen wurden – freilich zugleich mit manchem Guten – zerstört. (...) Der Wahn, daß man der Revolution am sichersten durch Festhalten am Alten und durch strenge Verfolgung der durch solche geltend gemachten Grundsätze entgegenstreben könne, hat besonders dazu beigetragen, die Revolution zu befördern und derselben eine stets wachsende Ausdehnung zu geben. Die Gewalt dieser Grundsätze ist so groß, sie sind so allgemein anerkannt und verbreitet, daß der Staat, der sie nicht annimmt, entweder seinem Untergange oder der erzwungenen Annahme derselben entgegensehen muß. Ja selbst die Raub- und Ehr- und Herrschsucht Napoleons und seiner begünstigten Gehilfen ist dieser Gewalt untergeordnet und wird es gegen ihren Willen bleiben. Es läßt sich auch nicht leugnen, daß unerachtet des eisernen Despotismus, womit er regiert, er dennoch in vielen wesentlichen Dingen jene Grundsätze befolgt, wenigstens ihnen dem Schein nach zu huldigen genötigt ist. Also eine Revolution im guten Sinn, gerade hinführend zu dem großen Zwecke der Veredelung der Menschheit, durch Weisheit der Regierung und nicht durch gewaltsame Impulsion von innen oder außen, das ist unser Ziel, unser leitendes Prinzip. Demokratische Grundsätze in einer monarchischen Regierung: dieses scheint mir die angemessene Form für den gegenwärtigen Zeitgeist. Die reine Demokratie müssen wir noch dem Jahre 2440 überlassen, wenn sie anders je für den Menschen gemacht ist.«[9]

Die letzte Bemerkung spielte an auf einen zu jener Zeit sehr populären französischen Science-Fiction-Roman mit dem Titel *Das Jahr 2440: ein Traum aller Träume*, der eine soziale Utopie im Geist der Französischen Revolution schildert. Die Situation war also einerseits geprägt durch den traditionell herrschenden Absolutismus und eine verbreitete Unfreiheit, andererseits durch die Revolutionsideale, welche die Phantasie der Menschen überall in Europa beflügelten. Durch die französische Besatzung entstand zudem eine starke nationale Stimmung im Volk. Nachdem Napoleon im Feldzug gegen Russland 1812 vom Zarenreich geschlagen wurde, folgten die Befreiungskriege, aus denen Preußen wieder als selbständiger Staat hervorging. Als Kriegsgewinn erhielt es das wichtige Rheinland, das vorerst allerdings noch territorial vom östlichen Stammgebiet Preußens getrennt blieb.

Vieles wurde nun neu organisiert, unter anderem das Steuerwesen als wesentliche Stütze der Staatsfinanzen. So beschloss die Regierung, landesweit Verbrauchssteuern einzuführen. Bereits seit 1810 gab es auch eine Gewerbesteuer, verbunden mit der Erklärung der Gewerbefreiheit. Die alte festgefügte Zunftordnung verlor ihre Allgemeingültigkeit. Fortan durfte jeder Bürger ein Gewerbe eröffnen, sofern er eine entsprechende Gebühr entrichtete und die neue Steuer zahlte. Um die ebenfalls neue Einkommensteuer – geplant noch vor Ausbruch der Kämpfe mit Frankreich als »Kriegssteuer« und 1814 schon wieder abgeschafft – kam es zu heftigen Kontroversen. Man einigte sich ein paar Jahre später schließlich auf eine »Klassensteuer«, bei der das jeweilige Einkommen nicht genau überprüft, sondern vom Steuerpflichtigen selbst geschätzt werden konnte. Der Plan einer Grundsteuer scheiterte am Widerstand des Adels.[10] 1820 entstand außerdem die preußische Staatsschuldenverwaltung als eigenständige Behörde, von der eine direkte Traditionslinie zur heutigen »Bundesrepublik Deutschland Finanzagentur GmbH« führt.

In dieser Zeit bildeten sich auch die Sparkassen, die ursprünglich allein für die ärmere Bevölkerung gedacht waren. In Preußen wurde die erste Sparkasse 1818 in Berlin eröffnet und fand bald viele Nachahmer. 1850 gab es schon mehr als zweihundert im ganzen Land, alle geleitet in der Zuständigkeit der einzelnen Städte und Kommunen. Nun waren erstmals auch Menschen ohne Vermögen in der Lage, kleine Beträge anzusparen. Der Zinssatz lag dabei meist zwischen 4 und 5 Prozent.[11]

Was die Staatsausgaben anbelangte, so gingen in der ersten Hälfte des 19. Jahrhunderts die größten Beträge an das Verteidigungsministerium – welches damals noch ehrlicher als »Kriegsministerium« bezeichnet wurde – sowie an die Kreditgeber des Staates. Etwa 40 Prozent der Staatsausgaben flossen ans Militär, 10 bis 20 Prozent in den Schuldendienst.[12] Zum Vergleich: 2015 gingen etwa 10 Prozent des Haushaltes an die Bundeswehr und ebenfalls etwa 10 Prozent als Zinszahlungen an die Kreditgeber.[13] Bemerkenswert: Der für Zinsen an private Gläubiger abzuzweigende Anteil am öffentlichen Steuergeld bewegte sich vor zweihundert Jahren in ähnlichen Dimensionen wie heute.

Ein weiterer wichtiger Punkt waren die regionalen Zölle. Die traditionelle Kleinstaaterei ging mit zahllosen Zollgrenzen einher, was den Handel zwischen den verschiedenen deutschen Königreichen und Fürstentümern verlangsamte, verteuerte und auch eine gemeinsame Politik erschwerte. In langwierigen Verhandlungen erreichte Preußen schließlich 1834 die Schaffung des »Deutschen Zollvereins«. Dieser umfasste Preußen, Hessen, Thüringen sowie die Königreiche Sachsen, Bayern und Württemberg. Bis auf den Nordwesten war das künftige Deutsche Reich damit schon fast komplett.

Der Zollverein war ein Erfolg und spülte neue Einnahmen in die Kassen der Beteiligten. Preußen selbst profitierte zunächst finanziell noch am wenigsten, gewann aber erhebliches politisches Gewicht. Zudem war die so geschaffene Freihandelszone ein wichtiger Vorläufer für einen gemeinsamen Währungsraum und damit letztlich auch für den vereinten deutschen Staat.

Zeitgleich mit diesen Entwicklungen entfaltete sich im preußischen Reich zwischen Köln, Berlin und Königsberg eine rasante wirtschaftliche Dynamik. Ähnlich wie in den USA ging dabei ein wesentlicher Impuls vom Eisenbahnbau aus. Das ab den 1830er Jahren entstehende Bahnnetz erschloss nicht nur das Land, verkürzte die Reisezeiten und senkte die Transportkosten, sondern benötigte dazu auch eine ganze neue Industrie, die Gleise und Züge produzierte.

Aber auch hier stellte sich wieder die entscheidende Frage: Wer sollte die Fäden in der Hand halten? Gehörte das zu schaffende Eisenbahnnetz in staatlichen oder in privaten Besitz? Die königliche Regierung hatte einerseits großes Interesse daran, der neuen Technologie und ihren absehbar segensreichen Auswirkungen zum Durchbruch zu verhelfen. Andererseits fehlten ihr die finanziellen Möglichkeiten. Die Steuereinnahmen reichten trotz der Reformen bei weitem nicht für ein solches Großprojekt aus und die Aufnahme neuer Staatsschulden war auch nicht ohne weiteres möglich. Laut dem Staatsschuldengesetz von 1820 durften neue Anleihen nur ausgegeben werden, wenn ein Parlament (»reichsständische Versammlung«) dem zustimmte. Der König war jedoch nicht bereit, die Macht so weit zu teilen und ein Parlament zuzulassen.

Letztlich entschied Preußen im Eisenbahngesetz von 1838, das Bahnsystem in privater Hand zu schaffen. Die Regierung unterstützte Investitionen dabei insoweit, dass sie den Aktionären der von ihr lizenzierten Eisenbahnunternehmen eine Staatsgarantie in Form einer Mindestverzinsung gewährte.[14]

Die hohen Erwartungen in die neue Technologie heizten bald die Spekulation an und führten 1844 zu einem so heftigen Börsenfieber, dass die preußische Regierung sich gezwungen sah, ein »Gesetz gegen Missbräuche im Actienhandel« zu erlassen. Auch die Königliche Bank geriet durch diese Turbulenzen in Schwierigkeiten, sodass Reformvorschläge vom König erbeten wurden. Die daraufhin diskutierten Positionen lagen jedoch sehr weit auseinander. Der Bankdirektor und Staatsminister Christian Rother setzte sich für den Erhalt einer staatlichen Zentralbank ein und wünschte, dass diese auch wieder selbst Papiergeld drucken durfte, so wie es ihr von 1766 bis 1806 schon einmal erlaubt gewesen war. Zugleich verlangte eine Gruppe von wirtschaftlich immer erfolgreicher werdenden Unternehmern, insbesondere aus dem Rheinland, eine private Zentralbank, die ohne staatlichen Einfluss privat Geld drucken durfte. Die Unternehmer forderten generell mehr politische Mitsprache sowie eine Unterordnung aller unter das Leistungsprinzip, im Unterschied zur traditionellen Ständeordnung mit seinen erblichen Adelsprivilegien, welche der preußische Staat weiterhin schützte.

Das Denken dieser Wirtschaftskreise könnte man aus heutiger Sicht als »FDP-nah« bezeichnen. Sie fragten sich: Was soll der Staat überhaupt in Fragen der Geldordnung verfügen, wenn sie als Unternehmer es doch waren, die Handel betrieben und dazu auf ausreichend Geldmittel angewiesen waren? Wie konnte man es ihnen verwehren, eine eigene private Notenbank zu gründen, wenn doch die königliche Bank in ihren Augen keine guten Ergebnisse brachte und es an umlaufendem Geld mangelte? Mehrere konkrete Pläne für solche privaten Notenbanken lagen bereits auf dem Tisch.

Bankdirektor Rother, in der ersten Hälfte des 19. Jahrhunderts wohl der einflussreichste Finanzpolitiker in Preußen, stand diesen Gedanken prinzipiell ablehnend gegenüber. In einer mehr als siebzig Seiten langen Denkschrift legte er dem König seine Argumente detailliert dar.[15] Rother, der selbst aus einfachen Verhältnissen stammte und eine feine Antenne für soziale Ungleichheit besaß, erwartete beim Wechsel zu einem privaten Notenbanksystem eine Verstärkung der, wie er es nannte, »natürlichen Übermacht der Reichen«:

»Es ist zu fürchten, daß bei einem allgemeineren und längeren Wirken solcher Banken der Gegensatz zwischen Reichen und Armen nur noch gesteigert, die Hoffnungslosigkeit der unteren Volksklassen nur noch vermehrt wird.«[16]

Rother hatte stets Wert auf die Beseitigung sozialer Missstände gelegt und etwa in besonders armen Gegenden des Königreiches gezielt Industrie angesiedelt. Von einer privaten Bank erwartete er nun das Gegenteil, nämlich dass sie »der Anziehungskraft des bestehenden Besitzes folgen, und somit die Ungleichheiten der Entwicklung eher vergrößern als ausgleichen werde«.[17] Eine private Bank würde naturgemäß immer den privaten Vorteil anstreben, auch »in Fällen, wo das Gemeinwohl Berücksichtigung verlangt«. Außerdem würde sie eher »Spekulationen durch die ausgedehnten leichtfertigen Kreditbewilligungen begünstigen, und bis zu bedenklicher schwindelnder Höhe steigern«, was Gefahren für die Wirtschaft brächte. Gerade dann wäre eine staatliche Zentralbank vonnöten:

»Die Privatbanken würden stets die ganze Verantwortlichkeit der Konjunkturen des Geldmarktes dem Königlichen Institute zuwälzen und demselben die Aufgabe stellen, die Mittel für alle Gelegenheiten bereit zu halten, welche ihr überspannter Geschäftsbetrieb herbeigeführt hat oder doch nicht zu bewältigen vermag.«[18]

Der deutsche Weg

Rother überzeugte mit diesen Argumenten Teile des preußischen Kabinetts, doch ganz durchsetzen konnte er sich nicht. Der König wollte es wohl nicht riskieren, die um Einfluss kämpfenden Unternehmerkreise weiter gegen sich aufzubringen. So sah der Kompromiss am Ende vor, »die Königliche Bank durch Zuziehung von Privat-Personen und Privat-Kapital (...) zu ergänzen«, zugleich aber »die überwiegende Einwirkung des Staats« zu gewährleisten.[19] Mit anderen Worten: Reiche Privatleute konnten fortan in die Bank investieren und Gewinne daraus ziehen – die letzten Geschäftsentscheidungen traf aber weiterhin der Staat. Es war allerdings vorgesehen, die verschiedenen Positionen gar nicht erst in Gegensatz zueinander geraten zu lassen: Finanzminister Eduard von Flottwell sprach in den Beratungen von einer geplanten »Verschmelzung« der Interessen von Privataktionären und Staat. Diese Verschmelzung sollte »theils materiell durch Betheiligung des Staates bei der Bank« erfolgen, »theils formell durch eine angemessene Organisation hinsichtlich der Einwirkung des Staates auf die Verwaltung der Bank«.[20]

Das also war das neue Modell: Die aufstrebenden Unternehmer wurden am Gewinn aus der Geldschöpfung beteiligt, die Regierung »verschmolz« ihre Ziele mit denen der Finanziers. Mit dieser Entscheidung öffnete der König eine Tür für den Eintritt von Unternehmern in die Regierung – zwar nicht direkt und formell, aber de facto. Die geschilderte Verschmelzung der Interessen ist dabei bis heute der funktionelle Kern von Zentralbanken wie der amerikanischen Federal Reserve.

Die weitreichende Bedeutung des Beschlusses wurde seinerzeit erkannt. Auf der entscheidenden Regierungssitzung vom 17. Februar 1846 äußerten mehrere Kabinettsmitglieder ihren Widerspruch. Der Minister und General Ludwig Gustav von Thile, dem vom König die Verwaltung des preußischen Staatsschatzes anvertraut war, erklärte, »daß die Opposition gegen die königliche Bank auch eine politische Seite habe, indem man in einer vom Staate geleiteten und abhängigen Bank zugleich ein nicht unwesentliches Element der Macht der Regierung erkenne und angreife«. Innenminister Ernst von Bodelschwingh betonte ähnlichen Sinnes, dass »das Recht, ein Papier auszugeben, das als Geld, als ganz allgemeines Zahlungsmittel circulire, das namentlich auch in den Staatskassen angenommen werden solle, (…) ein Hoheitsrecht des Staates« sei, das nicht in private Hände gehöre.[21]

Die genannten Argumente sind noch heute aktuell, allerdings existierte damals kein Parlament und die erwähnten (sämtlich adligen) Minister verteidigten nicht die Demokratie, sondern eben eine autoritäre Monarchie gegen Angriffe der stärker werdenden Geldmacht.

Die letztlich vom König beschlossene Reform drückte sich auch in einer Umbenennung aus. Ab 1847 hieß die vormals »Königliche Bank« nun einfach »Preußische Bank«. Die vereinbarte Privatisierung wurde zügig abgewickelt. Dabei besaßen die einzelnen, öffentlich zum Verkauf angebotenen Aktien einen Wert von je 1 000 Talern. Da diese Summe beinahe dem Jahreseinkommen eines Universitätsprofessors entsprach, war dafür gesorgt, dass sich nur wirklich Reiche, und nicht etwa breitere Bevölkerungsschichten, an der Bank beteiligen konnten.[22]

Nach dem Verkauf aller Aktien befanden sich laut Bankangaben gut 40 Prozent im Besitz von Ausländern.[23] Die großen Investoren waren also schon damals in erheblichem Maße international tätig – und die preußische Geldpolitik stand fortan unter deren aufmerksamer Beobachtung. Die ausgegebenen Aktien summierten sich auf 10 Millionen Taler, die staatliche Kapitalbeteiligung betrug zusätzlich rund 1 Million Taler. Die Bank befand sich nach der Reform somit zu etwa 90 Prozent in Privatbesitz. Allerdings hatte Bankchef Rother wie beschrieben dafür gesorgt, dass die Kontrolle weitgehend in staatlicher Hand blieb. Die Bankordnung sah vor, dass Vorsitz und Führungsgremium weiterhin vom König ernannt wurden. Gleichwohl erhielten die Aktionäre Mitspracherechte. So durfte die Bank gegen den Willen der Anteilseigner keine Staatsanleihen aufkaufen – also nicht den Staat finanzieren. Diese Regelung bedeutete einen mächtigen politischen Hebel.

Nur ein Jahr später fegte mit der Revolution von 1848 ein Sturm über Europa, der von Italien und Frankreich ausgehend auch Preußen erreichte. Im Zuge dieser Revolution gewannen das aufstrebende Bürgertum und Unternehmerkreise – nach der Privatisierung der Königlichen Bank – weiter an Einfluss und Macht und etablierten sich als dauerhafte Kraft neben dem Adel.

Bei der Revolution ging es um bürgerliche Freiheiten, eine Verfassung und die Etablierung eines Parlamentes. Tatsächlich entstand dann auch ein Abgeordnetenhaus mit zwei Kammern. Die erste, das sogenannte »Herrenhaus«, wurde vom Adel dominiert. Seine Mitglieder wurden nicht gewählt, sondern vom König und anderen dazu berechtigten hohen Instanzen ernannt. Die Sitze dort waren teilweise erblich. Als Vorbild diente das englische Oberhaus (»House of Lords«), das mit über fünfhundertjähriger Tradition dort bis heute existiert. Die amerikanische Ableitung dieses Ober- oder Herrenhauses ist der Senat, der in den USA heute vor allem aus Millionären, also dem Geldadel besteht.[24]

Bei der zweiten Kammer – in England das Unterhaus (»House of Commons«, also »Haus der Gemeinen«), in den USA das Repräsentantenhaus – galt in Preußen schon allgemeines und gleiches Wahlrecht (für Männer). Als diese zweite Kammer dann jedoch wirklich eigenständig und nicht im Sinne des Königs agierte, löste er sie 1849 umgehend wieder auf und führte das Dreiklassenwahlrecht ein. Fortan hing das Gewicht einer abgegebenen Stimme vom Vermögen des Wählers ab, insbesondere von der Höhe seiner Steuerzahlungen. Diese Regelung sollte noch bis 1918 gelten.

Im Ergebnis der Revolution von 1848 musste die Monarchie also Zugeständnisse einräumen, saß aber weiterhin fest im Sattel. Die konservativen Eliten hatten ihren Obrigkeitsstaat weitgehend behalten. Die Zentralbank war zwar nun in Aktionärsbesitz, faktisch hatte sich jedoch ein staatlich gelenktes Zentralbanksystem in Preußen etabliert.

Auch der Eisenbahnbau kam nun in staatliche Hand. Nachdem der Bankier August von der Heydt 1848 zum Handelsminister ernannt worden war, trieb dieser den Bau der »Ostbahn« voran, die von Berlin nach Königsberg führte. Das preußische Militär hatte großes Interesse an dieser Verbindung, um Soldaten bei Bedarf schnell an die russische Grenze befördern zu können. Der weitere Ausbau des Eisenbahnnetzes, nun unter staatlicher Kontrolle, ließ die Wirtschaft florieren. Der Staat verschuldete sich dafür weiter. In den zwanzig Jahren nach 1848 wuchsen die öffentlichen Schulden um insgesamt etwa 80 Prozent.[25] Allerdings floss das Geld in Investitionen, die auch zu hohen staatlichen Einkünften führten.

Genau wie die USA war Preußen beziehungsweise Deutschland in der zweiten Hälfte des 19. Jahrhunderts das, was man in der Börsensprache einen »emerging market« nennt, also eine rasch wachsende dynamische Volkswirtschaft. Finanziert wurde der Boom zunächst durch einzelne Bankiers, ab 1859 dann durch einen Bankenzusammenschluss, das sogenannte »Preußenkonsortium«.[26] Die in diesem Konsortium verbundenen mehr als dreißig Banken kauften in den folgenden Jahrzehnten den Großteil der neu ausgegebenen Staatsanleihen auf – ganz ähnlich wie heute die »Bietergruppe Bundesemissionen«. Das Prinzip, eine bestimmte Gruppe von Großbanken zu privilegieren und damit zugleich die öffentliche Schuldenaufnahme zu verstetigen, ist also schon mehr als hundertfünfzig Jahre alt.

Ab den 1850er Jahren erlaubte die Regierung als weiteres Zugeständnis an Bürgertum und Unternehmerkreise die Gründung privater Notenbanken, also Banken, die eigenes privates Papiergeld ausgeben durften. Der Staat legte jedoch Obergrenzen fest. Solche Banken entstanden ab 1855 zunächst in Köln, dann in Danzig, Magdeburg, Königsberg, Posen, Dortmund und Hagen. Überall dort kursierten fortan neben dem staatlichen Geld der Preußischen Bank auch private Geldscheine. Diese waren allerdings nicht für Steuerzahlungen zugelassen und somit kein gesetzliches Zahlungsmittel. Die Regierung achtete genau darauf, dass die neuen privaten Institute der Preußischen Bank nicht als Konkurrenz gefährlich werden konnten. Zugleich blieb der Staat verschuldet und weiter auf private Kredite angewiesen.

12 Bismarck, Weltkrieg, Bankenmacht

Als Otto von Bismarck die große politische Bühne betrat, begannen kriegerische Zeiten für Deutschland. Der ebenso intelligente wie arrogante und angriffslustige Politiker wurde nach Zwischenstationen als Diplomat Preußens in Frankfurt, St. Petersburg und Paris 1862 zum preußischen Ministerpräsident berufen. Bismarck war ein konservativer Verteidiger der Monarchie, der ebenso wenig von Parlamentsdebatten hielt wie überhaupt von anderen Politikern. Er wusste das komplizierte und instabile europäische Machtgefüge seiner Zeit geschickt zu deuten und in Bewegung zu setzen. Die von ihm in kurzer Folge nacheinander angezettelten und gewonnenen Kriege gegen Dänemark (1864), Österreich (1866) und Frankreich (1870/71) führten zur Bildung eines vereinten Deutschen Reiches, in dem Preußen aufging. Das Erbe dieser »Siegesserie« war eine Hybris und Selbstüberschätzung, die zur Wurzel der deutschen Angriffslust im 20. Jahrhundert wurde.

Als einer der engsten Begleiter und Vertrauten Bismarcks in dieser Zeit gilt der Bankier Gerson Bleichröder, damals einer der reichsten Deutschen. Bleichröder führte die privaten Geldgeschäfte Bismarcks, beriet ihn politisch und spielte insgesamt eine Schlüsselrolle, denn er war zugleich der Berliner Verbindungsmann des Bankhauses Rothschild. Diesen schillernden Zusammenhang schildert der Historiker Fritz Stern detailliert auf gut achthundert Seiten in einer Doppelbiografie der beiden Männer.[1]

Die Macht und der internationale Einfluss der Rothschilds im 19. Jahrhundert lassen sich kaum überschätzen. Wie bereits geschildert, war der offizielle Agent der Bank in den USA, der deutschstämmige August Belmont, in den 1860er Jahren zugleich einer der wichtigsten Politiker Amerikas. Das ursprünglich vom Münzhändler Mayer Amschel Rothschild in Frankfurt am Main gegründete Geldhaus gewann internationale Bedeutung auch durch kluge Familienplanung. Der Patriarch sandte seine fünf Söhne jeweils in verschiedene Metropolen, wo sie eigenständige Bankhäuser etablierten, so in Wien, Paris, Neapel und London. Der Älteste übernahm das Stammhaus in Frankfurt. Die Brüder heirateten in der Folge zumeist innerhalb ihrer Familien, arbeiteten eng zusammen und finanzierten Unternehmen und Herrscherhäuser in aller Welt. Harry von Arnim, in den 1870er Jahren deutscher Botschafter in Paris, konstatierte: »Nur wenige Regierungen können von sich sagen, daß sie nicht die goldenen Ketten dieses Bankhauses tragen«.[2]

Die ebenso legendäre wie erwiesene Macht der Rothschilds im 19. Jahrhundert erschien Antisemiten damals wie heute als Sinnbild eines vermeintlich »raffgierigen Judentums«. Auch Bleichröder war ein Jude und Zeit seines Lebens immer wieder mit mehr oder weniger unterschwelligem Antisemitismus konfrontiert. Die Rothschilds hatten ihn Bismarck empfohlen, nachdem dieser sich bei ihnen 1859 nach einem verlässlichen Bankier in Berlin erkundigt hatte.[3] Bismarck benutzte Bleichröder in der Folge als Mittelsmann, um Informationen von Baron James Rothschild in Paris zu erhalten oder diesem zukommen zu lassen, damals einem der einflussreichsten Männer Europas. So finanzmächtig Bankiers wie Rothschild oder Bleichröder aber auch waren, so sehr blieb ihnen gesellschaftlicher Rang und öffentliche Anerkennung durch ihre Abstammung immer wieder versagt. Der Kontakt mit Juden galt im Zweifel als anstößig.[4]

Bismarck verfolgte eine eigene Agenda, er war auf Bankiers angewiesen (nicht bloß auf die jüdischen), benutzte sie aber auch. Sein Hauptziel war die Festigung der Monarchie. Die Kriege, die er führte, sollten dem Königreich auch als Staatsform weiteren Rückhalt verschaffen und waren somit ebenfalls gegen die ständigen Bestrebungen von bürgerlichen Wirtschaftskreisen nach mehr Demokratie und Liberalismus gerichtet. Ein gewonnener Krieg bringt stets innenpolitischen Machtzuwachs für den Herrscher, dessen Position dann weniger hinterfragt und kritisiert wird. Die Kriege nach außen sollten also auch die stramm konservative preußische Politik im Innern vor demokratischen »Anfechtungen« jeder Art schützen.

Bismarck befand sich hier jedoch in einem Dilemma, da das Parlament ihm die Gelder, die er für die gewünschten Kriege brauchte, nicht ohne politische Zugeständnisse gewähren wollte. Daher wandte er sich an Bankiers wie Bleichröder, der ihm durch eine Finanzierung überhaupt erst den sogenannten »Deutschen Krieg« gegen Österreich von 1866 ermöglichte. Der siegreich geführte Krieg gegen Frankreich 1870/71 wiederum war erst mit Hilfe des Bankiers Adolph Hansemann machbar. Hansemann, einer der reichsten Männer Preußens und laut der Historischen Gesellschaft der Deutschen Bank der »Inbegriff des feudalistischen Bürgers«, sorgte dafür, dass preußische Staatsanleihen für die Kriegsfinanzierung erstmals an einer ausländischen Börse, nämlich in London, verkauft werden konnten.[5]

Das große Geld stützte also die preußische Monarchie zum einen in der Abwehr wachsender demokratischer Bestrebungen. Zum anderen war Bismarcks Kampf für ein einheitliches und straff regiertes deutsches Reich ohne Zollgrenzen auch im Sinne der Finanziers, die in der zweiten Hälfte des 19. Jahrhunderts zunehmend international agierten und die ein starkes Deutschland als Plattform für ihre Geschäfte in aller Welt nutzen wollten.

In dieser Zeit wandelte sich der Bankensektor immer mehr von familiengeführten Häusern wie Rothschild, Bleichröder oder Hansemann hin zu den großen Aktiengesellschaften, die bis heute den Markt beherrschen. Dieser Trend stärkte die bestehenden Machtstrukturen im Finanzsektor und etablierte sie auf Dauer. Ein Manager im Vorstand eines solchen Unternehmens konnte von den Eigentümern im Streit- oder Todesfall einfach durch eine andere Person ersetzt werden, ohne dass das Geschäft dabei Schaden nahm. Eine familiengeführte Bank hingegen war auf den eigenen Nachwuchs angewiesen. Blieb dieser aus oder hatte vielleicht andere Pläne, war schnell die ganze Bank in Gefahr.[6] Einige Zweige der Rothschild-Dynastie erloschen auf diese Weise. Aktiengesellschaften hingegen ermöglichten eine anonyme und stabilere Ebene der Kontrolle. Sie schufen eine Kontinuität der Bankenmacht, in der einzelne unternehmerische Schicksale kaum noch eine Rolle spielten.[7] Die Entscheidungsgewalt konnte von den Eigentümern an eine neue Klasse von Managern in Vorständen und Aufsichtsräten delegiert werden. In gewisser Weise verschleierte diese Entwicklung auch den Reichtum, da die wirklichen Eigentümer fortan weniger klar erkennbar waren.

Bald fand diese Abstraktion auch Eingang in das deutsche Recht. Der Begriff der »juristischen Person«, erstmals erwähnt im 1900 in Kraft getretenen und bis heute geltenden Bürgerlichen Gesetzbuch (BGB), bezeichnet eine Organisation, etwa eine Aktiengesellschaft, die rechtlich so wie ein einzelner Mensch behandelt wird. Diese Idee mutet an sich zwar seltsam an, ist aber ein Spiegelbild der größeren und mächtigeren wirtschaftlichen Strukturen, die sich in dieser Zeit herausbildeten.

Eine der ersten Aktiengesellschaften im deutschen Finanzsektor war die Deutsche Bank. Sie entstand 1870 als Zusammenschluss einer Reihe von Privatbankiers, die gemeinsam stärker international investieren wollten. Die preußische Regierung erteilte die Konzession zur Gründung nur wenige Monate vor Ausbruch des Krieges gegen Frankreich. Laut Statut bestand der Zweck des Geldhauses im »Betrieb von Bankgeschäften aller Art, ins Besondere Förderung und Erleichterung der Handelsbeziehungen zwischen Deutschland, den übrigen Europäischen Ländern und überseeischen Märkten«.[8] In einer Jubiläumsschrift der Deutschen Bank aus dem Jahr 2010 ist von dem kriegerischen Kontext zur Gründungszeit keine Rede. Dort spricht man stattdessen nur vom »Vorabend der Gründung des ersten deutschen Nationalstaats«.[9]

Bismarck unterstützte die Konzession für die Deutsche Bank, ging es doch um mehr Unabhängigkeit von britischen und französischen Finanziers. In einer Denkschrift der Bankgründer von 1869 wird das Ziel so formuliert:

»Die deutsche Flagge trägt den deutschen Namen jetzt in alle Welttheile, hier wäre ein weiterer Schritt getan, dem deutschen Namen in ferneren Gegenden Ehre zu machen und endlich Deutschland auf dem Felde der finanziellen Vermittelung eine Stellung zu erobern, – angemessen derjenigen, die unser Vaterland bereits auf dem Gebiete der Civilisation, des Wissens und der Kunst einnimmt.«[10]

Dieses übergroße, fast missionarisch anmutende Selbstbewusstsein war Ausdruck einer schon damals in Gang kommenden Globalisierung, in der wirtschaftliche Expansion ganz natürlich immer wieder auch auf Krieg hinauslief. Und beim Krieg machte man Beute. So wurde Frankreich, nachdem es 1871 besiegt worden war, von Bismarck gezwungen, eine milliardenschwere sogenannte »Kriegsentschädigung« in Form von Gold an Deutschland zu bezahlen, welche dann einen wesentlichen Teil der deutschen Goldreserven begründete.[11]

Die Verbindung von privaten und monarchistisch-staatlichen Interessen blieb eng. Die Deutsche Bank wurde aufgrund ihres Namens im Ausland sogar oft für die offizielle deutsche Notenbank gehalten, was vielleicht nicht unbeabsichtigt war. Das Firmenlogo bestand bis 1918 aus einem Adler, der dem amtlichen Reichsadler sehr ähnlich sah.[12] Die deutsche Nation diente dabei vor allem als Plattform und stabiler Ausgangspunkt der eigenen wirtschaftlichen Expansion. Im Kern aber war die neue Aktiengesellschaft »Deutsche Bank« von Beginn an als internationales, oder besser gesagt »übernationales« Unternehmen gedacht. So hieß es schon in der bereits zitierten Denkschrift von 1869:

»Aber nicht ausschließlich deutsche Mitwirkung braucht dies Unternehmen zu stützen, das sich auf den cosmopolitischen Standpunkt stellen sollte.«[13]

Die internationale Orientierung von Managern der Gegenwart wie Josef Ackermann, Anshu Jain oder deren Nachfolger John Cryan ist also nichts Neues und keine extreme Abweichung, etwa als Folge eines in den letzten zwanzig Jahren heiß gelaufenen Börsencasinos. Damals wie heute folgte man schlicht dem Lauf der Globalisierung, also einer ökonomischen Vernetzung, die der politischen immer einen Schritt vorausging und diese dann mitnahm.

Ab 1860 vergrößerte sich die deutsche Wirtschaft mit jährlich zweistelligen Wachstumsraten.[14] Neben dem Eisenbahnbau und der Stahlindustrie gewannen nach und nach die Bereiche Chemie, Maschinenbau und Elektroindustrie an Bedeutung. Das junge Deutsche Reich wurde Schritt für Schritt zu einer Weltmacht, die sich anschickte, Großbritannien ökonomisch zu überholen und eine Konkurrenz für die gleichfalls aufstrebenden USA zu werden.

Vor dem Hintergrund dieses rasanten industriellen Wachstums entstanden die deutschen Aktienbanken, neben der Deutschen Bank 1870 auch die Commerzbank und 1872 die Dresdner Bank. Eine der seinerzeit mächtigsten deutschen Banken war außerdem die von Adolph Hansemann geführte Disconto-Gesellschaft – ein heute fast vergessener Name. Sie kaufte im Rahmen des Preußen-Konsortiums, das exklusiv die deutschen Staatsschulden handelte (siehe Kapitel 11), regelmäßig den größten Anteil der neu ausgegebenen deutschen Staatsanleihen und vertrat dort auch die Interessen der mächtigen Bankhäuser Rothschild und Oppenheim.[15] 1929 fusionierte die Disconto-Gesellschaft mit der Deutschen Bank.

Zum Zentrum dieser neuen Bankenwelt wurde Berlin. Hier entstand nun eine eigene gesellschaftliche Sphäre der Hochfinanz, ihr Treffpunkt war die dortige Börse. Diese residierte im Stadtzentrum in einem 1863 fertiggestellten imposanten Gebäude im Stil der Neorenaissance. Besucher betraten es durch ein ausladend breites Säulenportal längs der Spree, mit Blick auf den schräg gegenüberliegenden Berliner Dom. Im Zweiten Weltkrieg wurde das Gebäude zerstört.[16] Der Bankier und Zeitgenosse Carl Fürstenberg schrieb zu diesem Ort:

»Für einen führenden Berliner Bankdirektor war dies [der tägliche Besuch der Börse] damals noch eine Selbstverständlichkeit. Alle Finanzgrößen trafen sich an der Börse. (…) Ich will nicht behaupten, daß wir uns mit Gefühlen ungetrübter Nächstenliebe gegenüberstanden. Aber die unausgesetzten und häufig intimen Zusammenhänge schufen doch in manchen Grundfragen eine Kollegialität und sogar Solidarität, die viel Gutes gezeitigt hat. (…) Man kannte sich persönlich und bildete in gewissem Sinne eine große Familie.«[17]

Diese »Familie«, die sich auch im Preußen-Konsortium wiederfand, bestand aus Konkurrenten, die sich einerseits missgünstig gegenüberstanden, die andererseits aber auch klar ihre gemeinsamen Ziele erkannten und in Absprache miteinander verfolgten. Hierzu schufen die Berliner Bankiers bereits in den 1880er Jahren einen eigenen Verband, in dem kartellähnliche Absprachen zu Zinsen und Provisionen getroffen wurden.[18] 1901 wurde schließlich der »Centralverband des deutschen Bank- und Bankiergewerbes« aus der Taufe gehoben, dessen wichtigste Aufgabe bald darin bestand, sich gegen die zunehmende Kritik am Bankwesen zu wehren und Einfluss auf die gesetzliche Regulierung zu nehmen.[19] Ähnliche Aufgaben verfolgt heute der Bundesverband deutscher Banken, der sich selbst als Nachfolger dieser Lobbygruppe aus der Kaiserzeit sieht.[20]

Nach der Reichsgründung 1871 wuchsen auch die Bestrebungen, die Währung zu vereinheitlichen. Der preußische Taler wurde ergänzt um die deutsche Mark. Für einige Jahrzehnte zirkulierten beide Arten von Münzen nebeneinander.[21] Der alte Taler basierte auf Silber, die neue Mark auf Gold. In den USA hatte es kurz zuvor, 1869, lanciert durch Bankiers (siehe 10. Kapitel), ebenfalls eine Grundsatzentscheidung in Richtung Goldstandard gegeben, um den Staat wieder vom souveränen, selbstgeschöpften »Greenback«-Geld wegzulotsen. In Deutschland wurde der Goldstandard ungefähr zur gleichen Zeit etabliert. Hier kümmerte sich die Deutsche Bank um den Verkauf der riesigen Mengen des für die Währung obsolet werdenden Silbers. Sie stieß es über ihre asiatischen Niederlassungen ab und agierte dabei fast in der Rolle einer nationalen Zentralbank.[22]

Eine solche entstand wenig später, 1876, für das gesamte neu geschaffene Reich: die »Reichsbank«. Die Initiative dazu ging nicht vom Staat aus, sondern erneut von privaten Kreisen, vertreten insbesondere durch den Bankier und Politiker Ludwig Bamberger.[23] Bamberger, ein entschiedener Verfechter des Freihandels, hatte schon die Einführung der Goldmark mit geplant und vorangetrieben. Er gehörte zu den Gründern der Deutschen Bank und war auch sonst eng mit der Hochfinanz verknüpft. Seine Ehefrau Anna war die Cousine des schon mehrfach erwähnten Rothschild-Agenten und US-Politikers August Belmont, welcher seinerseits die Etablierung des Goldstandards in den USA mitarrangiert hatte.

Die neue Zentralbank sollte vor allem das deutsche Bankensystem stabilisieren und notfalls als letzter möglicher Kreditgeber bereitstehen. Die von den Geldhäusern forcierte Öffnung für den internationalen Markt brachte Schwankungen und Risiken mit sich, vor denen man sich durch eine staatlich gestützte Instanz sichern wollte.[24] Dieses Arrangement funktionierte auch. Die Reichsbank als jederzeit verfügbarer Geldgeber schuf Vertrauen in die Zahlungsfähigkeit und Solidität der deutschen Banken und stärkte diese so auch international.

Zugleich war die Reichsbank vollständig in privatem Besitz. Sie wurde zwar politisch gelenkt, zuoberst durch den Reichskanzler Bismarck, gehörte aber faktisch der Hochfinanz. Das war schon in der Gesetzesvorlage so angelegt, bei deren Diskussion der Bankier und Politiker Bamberger betont hatte, das Kapital der Bank sei in privaten Händen sicherer aufgehoben.[25] Diese Mischkonstruktion der Reichsbank wurde später mit zum Modell für die amerikanische Zentralbank Federal Reserve.[26]

Ein System von weitgehend anonym funktionierenden, geldschöpfenden Aktienbanken, die gemeinsam eine vom Staat garantierte Zentralbank betreiben, ist die bis heute wohl höchstentwickelte Form des Kapitalismus. Diese Struktur bleibt allen Einwirkungen gegenüber äußerst stabil und ermöglicht eine dauerhafte Herrschaft, unabhängig von einzelnen Personen oder Krisen. Die Macht ist institutionalisiert und wird auf einer abstrakten Ebene ausgeübt – von allen beteiligten Banken gemeinsam. Persönliche Verantwortung ist kaum mehr auszumachen, da jeder einzelne Teilnehmer mühelos ausgetauscht werden kann. Das System, einmal etabliert, läuft quasi auf »Autopilot« – bis zum regelmäßig erfolgenden Absturz, der aber letztlich bloß zu einer Neuverteilung der Beute führt.

So auch 1914, als das konkurrierende Streben der Weltmächte schließlich im Ersten Weltkrieg kulminierte; einem Gemetzel, das extremer und rücksichtsloser war als alles, was die Menschheit bis dahin erlebt hatte. Der Streit um die Kriegsschuld hält bis heute an. Oft wird die Aussage zitiert, die beteiligten Großmächte seien in diesen Konflikt »hineingeschlittert«, was einerseits beschönigend klingt, aber mit Blick auf die Metapher eines »Systems auf Autopilot« vielleicht nicht ganz falsch ist.

Alle rechneten zunächst mit einem kurzen Krieg, der die strittigen Machtverhältnisse zwischen den Staaten rasch klären würde. Als deutlich wurde, dass man sich geirrt hatte und das Schießen und Sterben wohl länger dauern würde, gab die Reichsregierung zur Finanzierung all der Schlachten und Waffen Kriegsanleihen aus, die zumindest in den ersten beiden Kriegsjahren auch Abnehmer am Kapitalmarkt fanden. Offenbar glaubten viele Anleger noch fest an einen deutschen Sieg. Ab 1916 allerdings schwand das Vertrauen und die Reichsbank musste selbst mit Krediten einspringen.[27] Diese wachsende Schuldenfinanzierung des Krieges legte den Keim für die folgende große Inflation.

Nach dem deutschen Zusammenbruch machten die Sieger dann ebenso Beute wie die Deutschen 1871 im unterworfenen Frankreich. Das Deutsche Reich wurde im Versailler Vertrag dazu verpflichtet, Gebiete abzutreten, sich zu entwaffnen sowie eine Strafzahlung aufzubringen, deren Höhe 1921 nach zähen mehrjährigen Verhandlungen auf 132 Milliarden Goldmark festgelegt wurde. Diese ungeheure Summe, die dem Wert von mehreren tausend Tonnen Gold entsprach, sollte nach dem Willen der Sieger in jährlichen Raten bis 1988 (!) gezahlt werden, vor allem an Frankreich und England. In den Jahren 1921 und 1922 machten die entsprechenden Ratenzahlungen jeweils gut ein Drittel des deutschen Staatshaushaltes aus.[28]

Um angesichts dieser extremen Belastung über die Runden zu kommen, kaufte die Reichsbank auch Staatsanleihen auf. Der einsetzenden Inflation trat sie kaum entgegen, hatte angesichts der desaströsen Lage aber auch keine realistischen Spielräume. Trotz einer sich abzeichnenden Geldentwertung kauften noch bis zum Sommer 1922 speziell ausländische Anleger weiter deutsche Staatspapiere.[29] Dieser Optimismus verflog aber bald, denn das Jahr 1922 brachte einige unvorhergesehene Ereignisse.

Zunächst verständigten sich im April das nunmehr kommunistische Sowjetrussland und Deutschland im Vertrag von Rapallo überraschend darauf, ihre durch den Krieg unterbrochenen diplomatischen und wirtschaftlichen Beziehungen wieder aufzunehmen. Dieser Vertrag schockierte die Westmächte. Berlin und Moskau, zwei Ausgeschlossene der internationalen Politik, vereinbarten einen Pakt, wollten fortan zusammenarbeiten und sich gegenseitig unterstützen. Der Westen sah das mit großem Misstrauen. Heute fast vergessen: Zwischen 1918 und 1922 hatten insbesondere Amerikaner und Briten mit tausenden Soldaten auf russischem Boden erfolglos versucht, die Kommunisten zu stürzen.[30] Und nun verbündeten sich eben jene mit dem gerade besiegten Deutschland. Nicht anders als heute, wurden freundschaftliche Verbindungen zwischen Deutschland und Russland auch damals von Amerikanern und Briten als große Gefahr für die eigenen Interessen betrachtet. Kaum überraschend, denn im Zusammenhang mit dem Vertrag von Rapallo sagte Deutschland unter anderem zu, Industrieanlagen an Moskau zu liefern, mit denen die Russen imstande waren, ihre Ölfelder im Kaspischen Meer ohne Unterstützung westlicher Unternehmen zu erschließen. In der Folge hätte sich Deutschland das von Russland geförderte Öl liefern lassen können und wäre somit selbst unabhängig von britischen und amerikanischen Kartellen geworden.

Unterzeichnet hatte das Abkommen auf deutscher Seite Außenminister Walther Rathenau, zugleich einer der mächtigsten Industriellen Deutschlands und Chef der AEG, einem der weltgrößten Elektrokonzerne. Nur zwei Monate nach Vertragsabschluss wurde Rathenau in Berlin aus einem vorbeifahrenden Auto heraus erschossen (Näheres dazu unter der Fußnote am Ende der Zeile).[31]

Unmittelbar nach dem Mord, ab Juli 1922, verschlechterten sich die Finanzierungsbedingungen für Deutschland rapide. Anleger sprangen ab und die Reichsbank musste verstärkt mit Krediten einspringen.[32] Die Inflation zog an. Auf Druck der Alliierten wurde ein Gesetz erlassen, dem zufolge die Reichsbank unabhängig werden sollte. Gemeint war: unabhängig von der deutschen Regierung. Doch das half wenig, da die Reichsbank in einer solchen nationalen Notsituation an einer Stützung der Regierung festhielt – dazu brauchte es gar keiner direkten Anweisungen.

Die geplante deutsch-russische Zusammenarbeit im Ölgeschäft kam nicht zustande. Frankreich nahm eine Verzögerung bei der Zahlung der Reparationen zum Anlass, um Anfang 1923 ins Ruhrgebiet einzumarschieren. Da das Ruhrgebiet das Rückgrat der deutschen Stahlindustrie war, konnte infolge der französischen Besatzung auch der Vertrag von Rapallo, der die Lieferung von Industrieanlagen an Russland umfasste, nicht eingehalten werden. Die Reichsregierung rief die Bevölkerung auf, passiv Widerstand gegen die Besatzung zu leisten und die Arbeit niederzulegen. Im Ruhrgebiet lebten damals gut 10 Prozent der deutschen Bevölkerung. Um sie und die Betriebe in der besetzten Zone am Leben zu erhalten, bezahlte die Regierung fortan die Löhne der Arbeiter. Die Reichsbank druckte die benötigten Summen, wodurch sich die Inflation entsprechend beschleunigte. Alles in allem fiel das Land in ein zunehmendes Chaos.

Bald bestand der mächtige Chef der Bank of England darauf, den Reichsbankpräsidenten zu entlassen. Als dieser sich gegen das Ansinnen wehrte, mit Verweis auf die erklärte Unabhängigkeit seiner Bank, welche die Möglichkeit einer Entlassung ausdrücklich ausschloss, verstarb er am Folgetag spontan an einem Herzinfarkt.[33] Gegen den als Nachfolger eingesetzten Hjalmar Schacht wehrte sich das Direktorium der Reichsbank zwar, doch vergeblich; sowohl die Bank of England als auch die Federal Reserve Bank of New York begrüßten die Neubesetzung.

Schacht besaß einen internationalen Hintergrund. Sein Vater hatte zeitweise in den USA gelebt und er selbst hatte schon als junger Mann, 1905 in Diensten der Dresdner Bank, den Finanzmogul John Pierpont Morgan persönlich in New York kennengelernt.[34] In der deutschen Industrie war er Anfang der 1920er Jahre hervorragend vernetzt. Nach eigener Aussage besaß er vor seinem Wechsel zur Reichsbank »über siebzig gutdotierte Aufsichtsratsstellen«[35] und führte auch vertraulichen Umgang mit den Chefs von US-Größen wie General Electric oder Standard Oil.[36] Schacht war praktisch ein Mitglied der internationalen Finanzelite. Er versuchte dabei stets, deutsche und alliierte Interessen in Einklang zu bringen. Als Direktor der Reichsbank arbeitete er in besonders enger Abstimmung mit der Bank of England.[37]

Eine offizielle Chronik der Deutschen Bundesbank spricht im Zusammenhang mit der Amtszeit Schachts von einem »frühen Experiment in Sachen ›Zentralbank-Kooperation‹«.[38] Über ihren Vertrauten Schacht und die nun vermeintlich »politisch unabhängige« Reichsbank konnten die Alliierten die deutsche Regierung jederzeit »disziplinieren«, etwa indem für den Staatshaushalt benötigte Kredite zurückgehalten wurden – was an Gegenwärtiges erinnert, etwa an die politische Macht einer »unabhängigen« EZB gegenüber der griechischen Regierung.[39]

1924, nach dem Ende der extremen Inflation, entwickelten alliierte Bankenkreise den sogenannten »Dawes-Plan«, der die Reparationslast etwas senkte, die Besetzung des Ruhrgebietes beendete und das Deutsche Reich mit einem enormen neuen Kredit de facto dauerhaft unter die Aufsicht der Gläubiger führen sollte. Dieser Kredit wurde von einem Konsortium unter Leitung von J. P. Morgan vergeben, seinerzeit das führende Geldhaus an der Wall Street. Finanziert wurde die Summe durch eine Anleihe, die Investoren an der amerikanischen Börse erwerben konnten.[40] Das so von Finanziers eingesammelte Geld ermöglichte Investitionen in die deutsche Industrie zur Produktion von Gütern, die dann als Reparationen ausgeführt wurden. So konnte die auferlegte Kriegsentschädigung, deren gewaltiger Umfang unmöglich in bar zu beschaffen war, doch noch eingetrieben werden. Ein Teil des Krediles aus der Dawes-Anleihe floss jedoch nicht in Investitionen, sondern musste von Deutschland direkt an Frankreich und England ausgezahlt werden, welche das Geld aber selbst gleich weiter zurück über den Atlantik reichten, um ihre eigenen Schulden bei US-Banken zu begleichen.[41] Diese hatten den europäischen Alliierten während des Krieges Kredite in Milliardenhöhe gewährt. Das große Schuldenrad drehte sich also und ordnete alle Beteiligten in das bekannte Muster aus Herrschern und Abhängigen. Charles Dawes, der amerikanische Bankier, der dieses Finanzkonstrukt entwickelt hatte, erhielt dafür 1925 den Friedensnobelpreis.

Ähnlich wie heute die »Troika« in Griechenland, so überwachte damals ein sogenannter »Generalagent für Reparationszahlungen« die deutsche Regierung. Dieses Amt übertrugen die Banker dem 32-jährigen amerikanischen Anwalt Parker Gilbert, der fortan in Berlin residierte und dort die Regierung immer wieder zum »Sparen« und Kürzen öffentlicher Ausgaben ermahnte.[42] Um die Zahlungen zu sichern, wurde auch die Deutsche Reichsbahn privatisiert und unter alliierte Kontrolle gestellt.

Wall-Street-Banken wie J. P. Morgan, National City (Vorläufer der heutigen Citigroup) oder Dillon Read investierten im Rahmen der Zahlungen des Dawes-Plans in den 1920er und später auch in den 1930er Jahren massiv in die deutsche Industrie – insbesondere in die führenden Kartelle wie den Chemie-Riesen IG Farben (ein Bund von Agfa, BASF, Bayer u. a.) sowie die Vereinigten

Stahlwerke (Thyssen u. a.). Diese später in der Nazizeit militärisch äußerst wichtigen Zusammenschlüsse wurden überhaupt erst durch die Milliarden aus dem Dawes-Plan geschaffen und zum Teil von amerikanischen Finanziers geführt, die auch direkt in den Vorständen vertreten waren.[43] Faktisch verschmolzen wichtige Teile der deutschen Industrie in den 1920er Jahren mit amerikanischem Geld, während die deutsche Regierung zugleich unter der »Aufsicht« derselben ausländischen Gläubiger stand.

Auf den Dawes-Plan folgte 1929 der Young-Plan, der die Reparationen nochmals neu regelte. Durch ihn wurde auch eine übergeordnete »Reparationsbank« zur Organisation der Zahlungen geschaffen. Als »Bank für Internationalen Zahlungsausgleich« existiert sie bis heute und dient der Koordinierung der weltgrößten Zentralbanken und führenden Wall-Street-Häuser, welche gemeinsame Anteilseigner dieser Institution sind.

Die Weltwirtschaftskrise von 1929 durchkreuzte dann jedoch alle weitergehenden Zahlungspläne. Infolge des ökonomischen Zusammenbruchs, einer zunehmenden Verarmung breiter Bevölkerungsschichten und des politischen Versagens der anderen Parteien erreichten die Nazis zu Beginn der 1930er Jahre immer bessere Ergebnisse bei den Reichstagswahlen. Kamen sie 1928 noch auf weniger als 3 Prozent der abgegebenen Stimmen, so waren es 1930 schon 18 Prozent und 1932 schließlich 37 Prozent. Die NSDAP stellte fortan die stärkste Fraktion im Parlament. SPD und KPD waren zusammen zwar etwa gleich stark, konkurrierten aber vor allem miteinander. Die Großindustrie bezog eindeutig Stellung. Bei einem von Hjalmar Schacht mitorganisierten Geheimtreffen am 20. Februar 1933 sagten zwei Dutzend der mächtigsten Industriellen des Landes der NSDAP ihre Unterstützung zu. Hitler hatte an diesem Tag persönlich vor ihnen referiert, sich dabei zum Privateigentum bekannt, die kommunistische Gefahr beschworen und auch eigene Putschpläne angedeutet. Die Konzernlenker vereinbarten anschließend gemeinsam eine Spende in Millionenhöhe für den laufenden Wahlkampf der NSDAP zur bevorstehenden Reichstagswahl im März. Teilnehmer Gustav Krupp von Bohlen und Halbach, Direktor des Reichsverbandes der Deutschen Industrie, notierte danach:

»Ruhe in der inneren Politik: keine weiteren Wahlen. (…) Ermöglichung der Kapitalbildung. (…) Dementsprechend Entlastung von Steuern und öffentlichen Lasten.«[44]

Eine Woche nach diesem Geheimtreffen, als die Unterstützung der Wirtschaftselite gesichert war, brannte der Reichstag. Schuld, so hieß es, seien die Kommunisten. Wer das Feuer legte, ist bis heute nicht eindeutig geklärt. Danach ging alles sehr schnell: Verbot kommunistischer Zeitungen, Festnahme vieler KPD-Abgeordneter, Verabschiedung einer »Notverordnung zum Schutz von Volk und Staat«, welche de facto die Bürgerrechte außer Kraft setzte. Die Wahl im März 1933 gewann die NSDAP mit großer Mehrheit. Der Fortgang der Geschichte ist bekannt.

Dass das geschilderte Reparationsregime der 1920er Jahre mit seiner politischen Fernsteuerung der deutschen Regierung viel zum Scheitern der Weimarer Republik und zum Aufstieg der Nazis beitrug, liegt auf der Hand. Und dass Hitlers NSDAP schon vor der Machtübernahme von der deutschen Großindustrie und den eng mit ihr verknüpften Wall-Street-Banken gefördert wurde, ist ebenso belegt[45] wie schlicht und ergreifend übliche Geopolitik: Finanziers wollen Stabilität und setzen auf die potenziell mächtigste politische Kraft vor Ort, die ihre Geschäftsinteressen nicht gefährdet.

Dass Hitler dann, über das deutschsprachige Territorium hinaus, ein ganzes Imperium zusammenraubte und damit zu Beginn der 1940er Jahre die Interessen der Alliierten massiv bedrohte, machte ihn vom Partner zum Feind und führte zum Kriegseintritt der USA in Europa. Die »Befreiung vom Hitlerfaschismus« wäre sicher kein vordringliches Ziel für die amerikanische Elite gewesen, wenn die Nazis sich bei ihrer gewaltsamen Expansion etwa auf das Sudetenland und Österreich beschränkt hätten. Dazu verstand man sich auf der Ebene der ökonomischen Eliten auf beiden Seiten des Atlantiks bis dahin einfach zu gut. Insofern ist die in der gängigen Geschichtsschreibung übliche Charakterisierung der USA als »Befreier« so nicht schlüssig. Das Naziregime mit seinem mörderischen Rassenwahn und dem rücksichtslos expansiven Imperialismus wurde zum Glück zerschlagen. Über die Motive Amerikas und die Vorgeschichte in Deutschland sollte man dennoch nicht schweigen.

13 Die informelle Regierung

Im Rückblick gesehen ist eine wichtige Neuerung des 20. Jahrhunderts die Schaffung überstaatlicher Finanzinstitutionen. Beispiele dafür sind die Bank für Internationalen Zahlungsausgleich, die Weltbank, der Internationale Währungsfonds oder die Europäische Zentralbank. So wie im 19. Jahrhundert durch den Zusammenschluss von Privatbankiers zu Aktienbanken die Geldmacht von den reichen Eigentümern an eine neue Klasse von Managern delegiert wurde, so haben die Aktienbanken nun ihrerseits im 20. Jahrhundert Macht an noch größere Instanzen übertragen, die in ihrem Sinne tätig werden. Wir erleben einen Prozess fortschreitender Abstraktion und Delegierung, durch den privater Reichtum als Ursprung von Herrschaft immer weniger sichtbar wird.

In den neuen Instanzen von IWF bis EZB verschmelzen Finanzmacht und Politik, ganz in der Tradition der Bank of England ab 1694 (siehe Kapitel 8) oder der Preußischen Bank ab 1847 (siehe Kapitel 11). Sie arbeiten oft abseits des Einflusses von Parlamenten, teilweise auch jenseits juristischer Kontrolle. Zugespitzt gesagt: Ihre demokratische Legitimierung ist oft umgekehrt proportional zu ihrer politischen Macht. Die neuen Instanzen sind zwar mit den Regierungen verschmolzen, zugleich aber von den Parlamenten weitgehend abgekoppelt.

Im Umfeld der neu geschaffenen Geldmachtzentren und als Mittler zwischen gewählten Politikern und Bankern sind in den vergangenen hundert Jahren zudem zahlreiche internationale Denkfabriken und Lobbygruppen entstanden, etwa der Council on Foreign Relations oder die Trilaterale Kommission. Darüber hinaus hat sich eine Reihe von regelmäßig tagenden »Diskussionsgruppen« fest etabliert, wie zum Beispiel das alljährliche Weltwirtschaftsforum im schweizerischen Davos oder die ebenfalls jährlich an wechselnden Orten stattfindenden Bilderberg-Konferenzen. Diese Foren bilden den stützenden gesellschaftlichen Rahmen der neugeschaffenen überstaatlichen Bankenebene. Dort wird seit dem 20. Jahrhundert delegierte Geldmacht in Politik »übersetzt«. Unter den vom Volk gewählten Abgeordneten, den Ministern und (kommenden) Staatschefs, die man dorthin einlädt, werden Verbündete gesucht, gewonnen und gefördert. Zu dieser Klasse der »Ausgewählten« gehören Politiker wie Jean-Claude Juncker, José Manuel Barroso, Mario Draghi, Christine Lagarde, Wolfgang Schäuble oder Peer Steinbrück, aber auch politische Nachwuchskräfte, die noch ohne öffentliches Amt sind, wie Christian Lindner.[1] Sie sind das Bindeglied, die Mittler zwischen den Welten der Geldmacht und der gewählten Politik.

Aber nicht bloß politische Eliten, auch namhafte Journalisten werden in diese Foren eingeladen. Amtsträger und Medienvertreter, die solche privaten Treffen besuchen, begeben sich dabei in schwere Interessenskonflikte, für die sie sich aber kaum rechtfertigen müssen, da die Medien über Treffen wie Bilderberg oder Denkfabriken wie den Council on Foreign Relations und die Trilaterale Kommission in der Regel nicht berichten. Danach befragt, wann man denn beabsichtigt, einmal einen Beitrag zur Bilderberg-Konferenz in den Hauptnachrichten zu senden, antwortete etwa ZDF-Journalist und Branchenstar Claus Kleber im Juni 2015, zwei Tage vor Beginn eines Treffens der Bilderberg-Gruppe im nahen Österreich:

»Wenn wir zu der Ansicht kämen, dass hier tatsächlich Entscheidungen von Welt-verändernder Bedeutung fallen, würden wir kritisch die Frage stellen, woher diese Herrschaften ihr Mandat nehmen. Dafür haben wir aber noch nie Hinweise gefunden.«[2]

Mit anderen Worten: Ein solches Treffen ist aus Sicht des ZDF einfach zu belanglos, um dafür kostbare Sendezeit zu opfern. Eine seltsame Sichtweise, wenn man die offizielle Teilnehmerliste dieser privaten und nichtöffentlichen Veranstaltung betrachtet.[3] Auf der Bilderberg-Konferenz des Jahres 2015 hatte zum Beispiel Bundesverteidigungsministerin Ursula von der Leyen die Gelegenheit, zwanglos und ohne Kameras den Chef des Rüstungskonzerns Airbus zu treffen sowie den ehemaligen US-Oberbefehlshaber im Irak, David Petraeus, der zum Zeitpunkt des Treffens für eine milliardenschwere Investmentfirma arbeitete. Ebenso zwanglos und in lockerem Rahmen begegnete dort Benoît Cœuré, der zweitmächtigste Mann der EZB, den Chefs von Deutscher Bank und Goldman Sachs. Was die Minister und öffentlichen Amtsträger bei diesem Privattreffen mit den Chefs von Industrie und Hochfinanz besprechen, bleibt vertraulich. Es gibt keine Protokolle. Wenn dann auch noch die Presse schweigt, ist die »Transparenz« perfekt und die Veranstaltung wird völlig »durchsichtig«, sprich: unsichtbar. 2015 freilich klappte das erstmals nicht mehr so ganz – einige kritische Berichte erschienen, auch in manchen Leitmedien.[4]

Der eine oder andere führende Journalist scheint den zweifelhaften Charakter solcher Veranstaltungen inzwischen erkannt zu haben. So entschied kürzlich die *ZEIT*, ein Blatt mit traditionell starker Nähe zu transatlantischen Positionen, bei den Bilderberg-Treffen, wo man jahrelang eine einflussreiche Rolle spielte, auszusteigen. Auf Nachfrage teilte dazu eine *ZEIT*-Sprecherin mit:

»Als [*ZEIT*-Korrespondent] Matthias Naß 2012 sein Mandat bei der Bilderberg-Konferenz niedergelegt hat, hätte es auf Giovanni di Lorenzo übergehen können. Er hat dies aber nicht annehmen wollen.«[5]

Warum di Lorenzo, medienpräsenter Talkshow-Moderator und *ZEIT*-Chefredakteur, diesen exklusiven Zugang zu den Mächtigen meiden wollte, mochte er nicht näher erläutern. Auf eine entsprechende Nachfrage hieß es, man wolle der Stellungnahme nichts hinzufügen. Die Brisanz des Themas scheint den Verantwortlichen klar zu sein.

Wie und von wem heute regiert wird, konnte man im Jahr 2015 gut in Griechenland beobachten, dessen Bürger es gewagt hatten, eine Regierung zu wählen, die mit der Politik der internationalen Gläubiger des Landes nicht einverstanden war. So ein Fall ist in der internationalen Finanzarchitektur offenbar nicht vorgesehen. Auf zahllosen Sitzungen versuchte im Anschluss an die Wahl der neue griechische Finanzminister Yanis Varoufakis, von Hause aus Ökonomieprofessor, mit seinen europäischen Kollegen zu einer Einigung zu kommen. Meist redete man aber offenbar aneinander vorbei. Den Gesprächsrahmen bildete die sogenannte »Eurogruppe«. Diese besteht aus den Finanzministern der Eurozone sowie Vertretern von EZB, IWF und EU-Kommission. Diese drei Schwergewichte entsenden auch die berühmte »Troika« in verschuldete EU-Länder wie Griechenland oder Portugal, um dort zu überprüfen, wie ihre Vorgaben umgesetzt werden.

Die Eurogruppe ist praktisch die EU-Wirtschaftsregierung. Sie tritt regulär einmal im Monat zusammen. Varoufakis, der rebellische Grieche, der so viel Unruhe in diese eingespielte Führungsgruppe gebracht hat, ist inzwischen nicht mehr im Amt. Im Oktober 2015 hat er bei einem Interview ausgeplaudert, wie diese Treffen ablaufen und wer dort den Ton angibt:

»Nehmen Sie die Eurogruppe. Wenn Sie wie ein kleiner Vogel über dem Tisch hätten schweben können, dann hätten Sie eine rechteckige Tafel gesehen, an der die Finanzminister an den langen Seiten sitzen und die Troika an den beiden kurzen Enden. Auf der einen Seite ist der Präsident der Eurogruppe, Dijsselbloem, daneben sein Stellvertreter Thomas Wieser. Auf der anderen Seite ist Poul Thomsen vom IWF, oder Christine Lagarde, wenn sie mal zufällig in der Stadt ist.

Es ist der IWF, der die wesentliche Rolle bei allen Themen spielt, nicht nur, wenn es um Griechenland geht. Alles, was in der Eurozone passiert, wird unter Beteiligung des IWF durch diesen Prozess entschieden. An der anderen Seite des Tisches sitzen die EZB – Mario Draghi, Benoît Cœuré – und die Kommission, die der unwichtigste Teil der Troika ist. Die Kommission ist vollkommen entwertet. Deren Meinung zählt so gut wie nichts. Wenn die reden, hört keiner zu.

Und die Minister – das ist ein anderer höchst wichtiger Punkt – werden stets im Dunkeln gelassen. Es wurde nie auch nur ein einziges Blatt Papier an uns verteilt, keine Tagesordnung, keine Zahlen. Wir redeten zum Beispiel über den spanischen Staatshaushalt oder über die Verhandlungen mit Griechenland, aber alles blieb vage. Die Leute vom IWF, von der EZB und der Kommission machten eine Präsentation. Sie redeten zuerst. Zu jedem Thema kommt die erste Stellungnahme von Moscovici, dem Vertreter der Kommission – das ist ein Relikt der Vergangenheit –, dann spricht Draghi für die EZB, dann Thomsen für den IWF. Danach kommt dann der Minister des Landes dran, um das es geht. Anschließend kann jeder, der etwas sagen will, sich zu Wort melden. Und das passiert auch, allerdings auf der Grundlage völliger Ahnungslosigkeit. Denn niemand hat etwas Schriftliches vor sich, alles kommt vom Hörensagen. Und was man gehört hat, das sind zehnminütige Erklärungen in der Art wie: ›Wir denken, dass in Spanien alles gut läuft, sie machen, was ihnen gesagt wird‹ oder ›Griechenland tut nicht, was man ihm sagt, und muss zerschmettert werden‹. Das war jetzt ein Scherz, aber Sie wissen wohl, was ich meine. Und das war's dann. Anschließend gehen sie zum nächsten Thema über.

Das heißt, die Eurogruppe entscheidet gar nichts, zumindest nicht die Finanzminister. Alle Entscheidungen werden von Leuten getroffen, die weder von einem Deutschen noch einem Franzosen, Slowenen oder Griechen gewählt worden sind. (...) Auf diese Art wird regiert – keine Regeln, Finanzminister sind machtlos und wiederholen nur das Mantra. (...) Das ist wie bei der Kommunistischen Partei in der Sowjetunion. Breschnew kam ins Politbüro – und alle hoben gemeinsam die Hand.«[6]

Varoufakis ist ein guter Rhetoriker und setzt einprägsame Pointen. Man kann wohl dennoch davon ausgehen, dass er den geschilderten Ablauf und die Rollenverteilung auf den Sitzungen nicht frei erfunden hat. Die entscheidende Information besteht darin, dass die Finanzminister nur das absegnen, was der Internationale Währungsfonds und die Europäische Zentralbank schon vorher beschlossen haben. Beide Institutionen agieren als Sachwalter der großen Banken. Daher geht es bei allen Krisen und vielen politischen Entscheidungen in der EU stets zuerst um den Schutz der Gläubiger und das Eintreiben von Schulden. Inkasso international, sozusagen. Eine Politik gegen dieses Dogma ist faktisch kaum möglich, da eben nicht die gewählten Politiker entscheiden, sondern eine »informelle Regierung«, die keinerlei demokratische Legitimation besitzt. Dazu nochmals Varoufakis:

»Die Eurogruppe ist die Wirtschaftsregierung der wohl wichtigsten Volkswirtschaft der Welt, der Eurozone. Alle wichtigen Beschlüsse, nicht nur in Bezug auf Griechenland, auch auf Deutschland, werden dort gefasst. Aber wussten Sie, dass die Eurogruppe rechtlich gesehen gar nicht existiert? Kein europäisches Abkommen nennt sie. Als ich einmal eine Entscheidung des Präsidenten der Eurogruppe in Frage stellte, holte ich dazu eine juristische Beurteilung ein: Hat der Präsident der Eurogruppe das Recht, das zu tun, was er gerade getan hat? Und nach einiger Zeit wurde mir mitgeteilt, und zwar offiziell durch einen Repräsentanten des Sekretariats, dass die Eurogruppe juristisch gesehen gar nicht existiert. Es sei eine informelle Gruppe, daher gebe es auch keine schriftlichen Regeln. Und das bedeutet, der Präsident kann praktisch tun, was er für richtig hält.«[7]

Tatsächlich bezeichnet sich die Eurogruppe selbst als »informelles Gremium«[8]. Dass sie in keinem europäischen Abkommen genannt wird, stimmt freilich nicht. Die Gruppe wird zumindest in einem an den Lissabon-Vertrag angeschlossenen »Protokoll Nr. 14« am Rande erwähnt. Zur Erinnerung: Das ist der Vertrag, der als eine

Art EU-Verfassung gilt, ohne dass ihn die Bürger Europas in einer Volksabstimmung bestätigt hätten. Im darin enthaltenen »Protokoll Nr. 14, betreffend die Euro-Gruppe«, heißt es auf einer knappen halben Seite:

»In dem Wunsch, die Voraussetzungen für ein stärkeres Wirtschaftswachstum in der Europäischen Union zu verbessern und zu diesem Zwecke eine immer engere Koordinierung der Wirtschaftspolitik im Euro-Währungsgebiet zu fördern, in dem Bewusstsein, dass besondere Bestimmungen für einen verstärkten Dialog zwischen den Mitgliedstaaten, deren Währung der Euro ist, vorgesehen werden müssen, bis der Euro zur Währung aller Mitgliedstaaten der Union geworden ist – sind [die Vertragsparteien] über folgende Bestimmungen übereingekommen (...): Die Minister der Mitgliedstaaten, deren Währung der Euro ist, treten zu informellen Sitzungen zusammen. Diese Sitzungen werden bei Bedarf abgehalten, um Fragen im Zusammenhang mit ihrer gemeinsamen spezifischen Verantwortung im Bereich der einheitlichen Währung zu erörtern. Die Kommission nimmt an den Sitzungen teil. Die Europäische Zentralbank wird zu diesen Sitzungen eingeladen, die von den Vertretern der für Finanzen zuständigen Minister der Mitgliedstaaten, deren Währung der Euro ist, und der Kommission vorbereitet werden.«[9]

Die genaue Zuständigkeit und die rechtliche Autorität des Gremiums sind also eher vage oder gar nicht formuliert. In dem Dokument steht in feierlichem Bürokraten-Kauderwelsch im Grunde bloß, dass man »eine Koordinierung der Wirtschaftspolitik fördern« will, dass dafür »besondere Bestimmungen vorgesehen werden« müssten und man sich deshalb »bei Bedarf« öfter mal informell treffen sollte. Das war's. Mehr liegt rechtlich und verbindlich nicht vor zur Konstituierung der derzeit handelnden europäischen Wirtschafts- und Finanzregierung.

Laut eigenen Angaben berät man sich dort auch bloß und beschließt gar nichts. Die eigentlichen Entscheidungen treffen demnach später die Finanzminister. So wie Varoufakis es erlebt hat, ist das aber bloß Fassade. Im zitierten Protokoll ist auch keinerlei Rede vom IWF, der laut Varoufakis eine führende Rolle spielt und ständig bei den Sitzungen präsent ist. Einer Darstellung auf der offiziellen Webseite der Eurogruppe kann man immerhin entnehmen, dass der IWF »zu Beratungen« über Programme eingeladen werde, »an denen er beteiligt ist«.[10] Doch ist keine rechtliche Grundlage dafür erkennbar, dass der IWF dort Entscheidungen treffen darf. Weshalb er es offiziell auch nicht tut. In der Realität passiert es trotzdem, was dann aber keiner gesehen haben will – bis auf Varoufakis, den »Halbstarken« (*FAZ*) mit seinem »kraftstrotzenden Motorrad« (*Die Zeit*), gewählt von einem »seltsamen Volk« (*Spiegel*). Verrückt sind eben immer die anderen …

Die Eurogruppe als Finanzregierung der EU versteckt sich hinter ihrer eigenen Unverbindlichkeit. Da es kaum Regeln und demokratische Rechenschaftspflichten gibt, können diese auch nicht gebrochen werden. An der Spitze stand ab 2005 zunächst Jean-Claude Juncker, langjähriger Premierminister im Steuerparadies Luxemburg. Mit Junckers Arbeit schien die Finanzwelt im Großen und Ganzen zufrieden zu sein. Auch die Presse mochte ihn. Irgendwann hatte er aber trotzdem keine Lust mehr, die ewig gleichen Sitzungen zu leiten. 2013 übernahm der niederländische Finanzminister Jeroen Dijsselbloem den Staffelstab – ohne jedwede Beteiligung von Parlamenten oder gar der Bevölkerung. Die Euro-Finanzminister »ernannten« ihn schlicht, ohne Gegenkandidaten. Es sind solche Praktiken, die tatsächlich an ein kommunistisches Politbüro erinnern, eine kafkaesk anmutende Bürokratie voller einstimmig ernannter Technokraten, die keinem Rechenschaft schuldig sind, außer denen, die sie ausgewählt haben.

Im Zusammenhang mit der Politik der Troika, die de facto als moderne Kolonialmacht in verschuldeten EU-Ländern auftaucht und dort bis in kleinste Details hineinregiert, hat der Journalist Harald Schumann 2015 in einer aufsehenerregenden ARTE-Dokumentation auf eben diese antidemokratischen Strukturen deutlich hingewiesen.[11] Seine Recherchen wurden dabei durch die Institutionen selbst boykottiert. Schumann berichtet:

»Als wir unsere Doku gedreht haben, haben sich die relevanten Leute von allen drei Institutionen der Troika konsequent verweigert und keine Interviews gegeben. Und zwar organisiert verweigert! Das habe ich in 32 Jahren Journalistenleben zum ersten Mal erlebt, dass sich die verantwortlichen Presseleute der Institutionen miteinander verabreden und sagen, mit denen reden wir nicht. (...) Eine solche Verweigerung gegenüber einem Medium, das ja nicht ganz irrelevant ist – ARTE ist immerhin ein auf das europäische Projekt hin ausgerichteter Sender und die ARD, für die wir ebenfalls tätig waren, ist auch nicht ganz unwichtig –, ist schon erstaunlich. Offenbar müssen diese Leute die öffentliche Kritik nicht mehr fürchten. (...) Da entwickelt sich auf der supranationalen Ebene eine Form von Macht, die sich der demokratischen Kontrolle entzieht und damit auch der Kontrolle durch die Medien.«[12]

Dieser Prozess schreitet fort, ohne dass es von der Öffentlichkeit groß bemerkt wird. So hat die EU-Kommission im Oktober 2015 ein neues »Maßnahmenpaket« zur »Vertiefung« der Wirtschafts- und Währungsunion verkündet, das angeblich bis 2025 vollständig umgesetzt sein soll.[13] *Handelsblatt*-Autor Norbert Häring kommentiert:

»Die Maßnahmen zielen ab auf ein von Technokraten regiertes Europa. Die Finanzbranche gehört zu den begeistertsten Unterstützern der Agenda Junckers. Die noch halbwegs demokratisch kontrollierten nationalen Regierungen werden dabei entmachtet. Den vielen schönen Worten zufolge soll die demokratische Legitimierung des Brüsseler Durchregierens ein gestärktes EU-Parlament übernehmen. Aber bei genauem Hinsehen wird nichts geboten als zusätzliche oder genauer terminierte, völlig unverbindliche Diskussionsrunden der technokratischen Machthaber mit den Parlamentariern.«[14]

So viel zur Entwicklung der »informellen Finanzregierung« heute in Europa. In den USA sieht es derweil kaum anders aus. Die entscheidende Institution dort heißt »Federal Reserve System«, oder

Die informelle Regierung

kurz »Fed«, und ist die dortige Zentralbank. Die Entscheidungen und Verlautbarungen dieser Bank werden von Politikern und Wirtschaftsführern in aller Welt höchst aufmerksam verfolgt. Die Fed setzt Trends. Doch wer lenkt sie? Wem gehört die Bank überhaupt?

Dies ist seit jeher umstritten. In ihren eigenen Stellungnahmen sagt die Bank, sie sei eine »unabhängige Einheit innerhalb der Regierung« der USA und gehöre niemandem.[15] Tatsächlich besteht das Federal Reserve System aus seinen zwölf regionalen Tochterbanken, die in den großen Städten des Landes sitzen und die ihrerseits im Besitz privater Geschäftsbanken sind. Der Name »Federal Reserve«, den man im Deutschen als »Bundesreserve« übersetzen könnte, stiftet einige Verwirrung, da er nahelegt, es handle sich um eine öffentliche Einrichtung. In Wahrheit ist die Bank ein öffentlich-privates Mischwesen, Ergebnis einer Vereinbarung zwischen Bankensektor und Regierung, eine private Zentralbank mit öffentlichem Segen zu betreiben. Der Präsident und der Senat ernennen dabei den Vorstand, der Kongress nimmt Aufsichtsrechte wahr. Doch weder Regierung noch Parlament haben Einfluss auf die konkreten Entscheidungen der Bank.

Auch die Fed selbst betont, in ihrer Arbeit unabhängig von der Politik zu sein. In ihren öffentlichen Stellungnahmen heißt es dazu, es gebe einen »breiten Konsens unter Politikern und Akademikern«, wonach zwar die allgemeinen Ziele der Bank von der Politik gesetzt werden sollten, das eigentliche Geschäft aber »frei von politischem Einfluss« sein solle.[16] »Sorgfältige empirische Studien«, so die Fed, hätten gezeigt, dass die Arbeit ohne »politischen Druck« zu besseren wirtschaftlichen Ergebnissen führen würde, insbesondere zu einer niedrigeren Inflation. Die Bank wörtlich:

»Da Geldpolitik mit Zeitverzögerungen wirkt, die erheblich sein können, ist es zur Erfüllung dieser Ziele notwendig, dass die Verantwortlichen bei ihren Entscheidungen eine langfristigere Perspektive einnehmen.«[17]

Mit anderen Worten: Politikern, die sich auf die nächste Wahl konzentrieren, fehlt einfach der langfristige Blick für eine solide Geldpolitik. Nicht zuletzt angesichts der 2008 geplatzten Finanzblase, die erst durch eine großzügige Geldschöpfung der Fed in diesem Ausmaß wachsen konnte, erscheint eine solche Behauptung eigenen Weitblicks zwar fraglich, dennoch dient das mehr oder weniger deutlich ausgesprochene Dogma »Politiker können nicht mit Geld umgehen« bis heute als Rechtfertigung für ein Management der Zentralbank in privaten Händen.

Hinter einer solchen Annahme steckt eine eher vordemokratische Sicht auf die Welt. Wähler wirken darin wie unreife Kinder, die selbst nicht wissen, was gut für sie ist, während Politiker den überforderten Eltern gleichen. Einzig die Banker erscheinen in diesem Bild als vernunftbegabt und quasi »wohlwollender Vormund«. Die Kinder mögen den zwar nicht besonders, weil er selten Bonbons verteilt. Wenn sie aber später groß sind, dann müssen sie dankbar erkennen, dass der weitblickende Vormund die ganze Zeit über nur ihr Bestes wollte …

So etwa lässt sich diese Sichtweise umschreiben. Sie hat bloß einen Haken: Wenn die Bürger wirklich so unreif sind und Politiker keinen echten Weitblick entfalten können, warum werden dann überhaupt Wahlen abgehalten? Wäre es in diesem Fall nicht besser für alle, die Zentralbanker bildeten die Regierung gleich selbst, so dass sie direkt und unbestechlich das Allgemeinwohl anstreben können (das demnach ihr eigentliches Ziel ist)?

Die Realität ist eine andere. Banken und ebenso unter privatem Einfluss stehende Zentralbanken sind nicht unparteiisch. Sie verfolgen spezifische Gruppeninteressen. Und Bürger sind keine Kinder, sondern – zumindest laut Verfassung – der Souverän. Akzeptieren es Bürger und gewählte Politiker, dass ihnen die Entscheidungsmacht in einer wesentlichen Frage vorenthalten wird, entmündigen sie sich selbst. Demokratie heißt nicht, dass Bürger ein paar Dinge entscheiden dürfen, aber von anderen besser die Finger lassen. Geht man gedanklich von teilweise unmündigen oder »eingeschränkt zurechnungsfähigen« Wählern aus, dann wird eine Demokratie zur Farce, zur Fassade. Das politische Leben verwandelt sich in ein groteskes Theaterstück, dem dann – wen wundert's – bald das Publikum wegläuft. Was vielleicht die beste Erklärung für eine ständig sinkende Wahlbeteiligung ist.

Ähnlich argumentierte schon in den späten 1960er Jahren der Hamburger Volkswirt Friedrich-Wilhelm Dörge in Bezug auf die Bundesbank, damals in einem Artikel in der *Zeit*, wo es hieß:

»Man kann nicht glaubwürdig für eine parlamentarische Demokratie eintreten, wenn der Regierung und dem Parlament aus Angst vor dem Mißbrauch ihrer Macht die politische Kontrolle des Einsatzes wesentlicher Machtinstrumente verwehrt werden. (...) Eine Bundesbank, die als eigenmächtige Nebenregierung auftritt, ist in der parlamentarischen Demokratie als Fremdkörper unerträglich.«[18]

Zwar erscheint das Leitbild einer Zentralbank als eigenständige »vierte Gewalt« neben Exekutive (Regierung), Legislative (Parlament) und Judikative (Gerichte) vom Prinzip her vernünftig – aber nicht als Nebenregierung im Interesse der Banken, sondern als Dienstleister der Öffentlichkeit. Die Macht über die Geldschöpfung ist so grundlegend, dass ihr gewiss eine starke und autonome verfassungsrechtliche Stellung zukommen sollte. Allerdings müsste eine solide und gerecht arbeitende Zentralbank eben von *allen* Akteuren – also auch von den privaten Banken – in gleichem Maße unabhängig sein. Davon aber sind Institute wie die Fed oder auch die EZB heute weit entfernt. Das kann man bereits an Personalien erkennen. So arbeitete EZB-Chef Mario Draghi bekanntlich zuvor in der Chefetage der Investmentbank Goldman Sachs.

Dennoch wird stets nur die Wichtigkeit einer *politischen* Unabhängigkeit hervorgehoben. So betont auch Robert Rubin, ebenfalls ein ehemaliger Goldman-Banker, der in den 1990er Jahren unter Präsident Clinton US-Finanzminister wurde, in seiner Autobiographie:

»Bill Clinton (...) hat immer an dem Prinzip festgehalten, sich nicht öffentlich zur Politik der Fed zu äußern. Jedes Mal, wenn im Weißen Haus ein anders lautender Vorschlag gemacht wurde, argumentierte ich, dass solche Äußerungen aus verschiedenen Gründen keine gute Idee seien. Der erste und wichtigste Grund ist, dass die Entscheidungen der Fed zur Geldpolitik möglichst frei von politischen Überlegungen sein sollten. Zweitens kann der öffentlich sichtbare Respekt vor der Unabhängigkeit der Fed die Glaubwürdigkeit des Präsidenten, das Vertrauen in die Wirtschaft und das Vertrauen in die Stabilität unserer Finanzmärkte stärken.«[19]

Im jetzigen System steht der politischen Unabhängigkeit der Fed spiegelbildlich die Abhängigkeit der Regierung von den Entscheidungen der Zentralbank gegenüber. Robert Reich, Professor für Volkswirtschaft und amerikanischer Arbeitsminister im Kabinett von Präsident Clinton (dort quasi der Gegenpart zu Robert Rubin), hat diese fehlende Souveränität der Regierung persönlich erlebt.[20] In seiner Autobiografie schildert er, wie schon in den ersten Wochen nach Clintons Amtseinführung 1993 angespannt über den Haushalt verhandelt wurde – und welche Rolle dabei der damalige Fed-Chef Alan Greenspan spielte:

»13. Februar, im Weißen Haus. (...) Defizit, Defizit, Defizit, Defizit, Defizit. Wir müssen es senken. Aber um wie viel? Das ist das einzige, worüber wir im Roosevelt-Zimmer reden. (...) Ich bin sicher, dass Greenspan inzwischen mit [Finanzminister] Bentsen und wahrscheinlich mehreren anderen gesprochen hat; soweit ich weiß, auch mit Bill [Clinton]. Greenspan geistert durch sämtliche Haushaltsbesprechungen, obwohl sein Name nie direkt erwähnt wird. Stattdessen ist immer von unserer ›Glaubwürdigkeit‹ bei Wall

Street die Rede. Wieder und wieder heißt es, wir müssten das Defizit reduzieren, weil Wall Street beruhigt, besänftigt, von der Klugheit unserer Absichten überzeugt werden müsse. Nie zuvor in der Geschichte der Menschheit haben die Empfindungen einer Straße eine so entscheidende Rolle gespielt.«[21]

Eines der Druckmittel der Fed ist ihre Macht über den Zinssatz, zu dem die Geschäftsbanken sich Geld leihen können. Eine Erhöhung oder Senkung der Zinsen hat Signalcharakter und Auswirkungen auf die gesamte Wirtschaft. Dazu noch einmal Robert Reich, der neben seiner Arbeit als Minister auch als persönlicher Freund des Präsidenten privaten Einblick ins Regierungsgeschäft nehmen konnte:

»Wie sein Vorgänger Paul Volcker kann Greenspan die Volkswirtschaft einfach dadurch ins Trudeln bringen, dass er [mittels des Zinssatzes] die Schlinge enger zieht. Das hat Volcker 1979 getan, und [Präsident] Jimmy Carter flog raus. Bill Clinton weiß das. Greenspan verfügt über die wichtigste Schlinge: Er hat Bill beim Sack, er braucht nur zuzudrücken.«[22]

Tatsächlich kann die Zentralbank weitgehend autonom aus dem Hintergrund Politik machen und unter dem Stichwort »Defizitsenkung« etwa darauf drängen, Ausgaben – in der Regel zuerst Sozialausgaben – zu kürzen. Sie kann einen Präsidenten mit niedrigen Zinsen »belohnen« oder ihn mit höheren Zinsen »bestrafen«, je nachdem, welche Politik die Regierung beschließt. Selbst ein der Finanzwelt nahestehender Politiker, wie der von 2001 bis 2009 amtierende Vizepräsident Dick Cheney, war von Anfang an bemüht, die Wünsche und Absichten des Fed-Chefs (den er wöchentlich zum Gespräch traf) vorauszuahnen. Denn auch ihm war bewusst, dass die Regierung sich den Entscheidungen der Zentralbank unterzuordnen hatte, wollte sie nicht Gefahr laufen, zu scheitern.[23]

Die Fed agiert in den USA ebenso als Sachwalter der großen privaten Banken[24] (denen sie ja gehört) wie die EZB in Europa oder der IWF in der Welt. Und ganz ähnlich, wie schon bei den beiden früher unternommenen Anstrengungen, eine Zentralbank in den USA zu etablieren (siehe Kapitel 9), so ging auch die Initiative zur Gründung der Fed 1913 nicht etwa von einem Bürgerbegehren oder einer Idee gewählter Politiker aus, sondern von einem kleinen und gut vernetzten Zirkel innerhalb der amerikanischen Oberschicht.[25]

Was folgt nun aus all dem? Wir leben heute offenbar in einem doppelten System aus gewählter und informeller Regierung. In den letzten hundert Jahren haben sich internationale Finanzstrukturen gebildet, die eng mit den gewählten Regierungen verzahnt sind. Nationale Parlamente oder auch das EU-Parlament haben weiterhin nur wenig Macht. Sie entscheiden oft nicht im Interesse der Mehrheit der Bevölkerung. Und Staaten sind heute, genau wie vor hundert Jahren, bei Bankkonsortien verschuldet. Genau besehen existiert derzeit keine »Postdemokratie«, wie es der britische Politologe Colin Crouch im Titel seines berühmten Buches nennt, sondern allenfalls eine »Vordemokratie«, also eine, die noch keine ist und bisher auch keine war. Die Macht geht eben nicht, wie es in Artikel 20 des deutschen Grundgesetzes selbstbewusst behauptet wird, »vom Volke aus«, also von unten und von allen, sondern sie ist ganz im Gegenteil an einem fernen Punkt hoch über den Köpfen der Menschen auf das Dichteste konzentriert. Es mag banal klingen, doch alle Entscheidungsgewalt und Souveränität einer Gesellschaft läuft auf zwei simple Fragen hinaus: Wer darf das Geld erschaffen? Und wer entscheidet über seine Verwendung?

Heute erzeugen *und* verteilen Goldman Sachs, Barclays, Deutsche Bank und Co. fast alles Geld. Daher rührt ihre Macht. Wer an dieser Macht etwas ändern will, der muss die Schöpfung und Verteilung von Krediten neu regeln. Die Annahme, man müsse Geld nur frei strömen lassen, dann fände es von allein seinen Weg in ebenso profitable wie nützliche Investitionen, ist eine Fiktion. Geld und Kredit werden immer gelenkt – von Menschen, die

Die informelle Regierung **191**

einen Plan verfolgen und ein Ziel festlegen. Daher ist es auch unsinnig, in dieser Hinsicht den Kapitalismus von einer »Planwirtschaft« zu unterscheiden. In beiden Systemen werden selbstverständlich der Einsatz und das Ziel von Krediten genauestens geplant – nur eben von unterschiedlichen Akteuren. In der sogenannten »Planwirtschaft« entscheidet eine öffentliche Stelle, die – zumindest in einem Staat mit frei gewählter Regierung – auch demokratisch kontrolliert werden kann. Im Kapitalismus hingegen entscheidet eine private Bank, die lediglich ihren Aktionären verpflichtet ist. Geplant aber wird in jedem Fall. Aus dieser Überlegung folgt noch keine Notwendigkeit einer alles lenkenden öffentlichen Zentralgewalt. Genauso töricht wäre es aber, Planung und Lenkung von Krediten per se als ineffizient und überholt anzusehen.

Falls nun per Gesetz den Geschäftsbanken die Möglichkeit genommen wird, selbst Geld zu schöpfen, wenn also fortan nur noch die Zentralbank als gesetzlich definierte vierte Gewalt im Staate Geld erzeugen darf, dann können die Geschäftsbanken noch immer selbst entscheiden, an wen sie Kredite vergeben möchten. Allerdings wäre die öffentliche Zentralbank in einer ungleich stärkeren Position, da sie selbst fortan alles Geld zuerst bereitstellen würde. Die Zentralbank als oberste Bank der Banken könnte dann entscheiden, welcher Bank sie wie viel Geld zur weiteren Verteilung geben möchte. Darüber hinaus müssten die Banken alle weiteren Gelder, die sie als Kredit verleihen wollen, zuerst bei Kunden einsammeln, die bereit sind, die entsprechenden Beträge für eine gewisse Zeit fest bei ihnen anzulegen. Die Banken würden also tatsächlich zu Intermediären, sprich Geldvermittlern. Oberhalb des privaten Bankensektors stünde dann die Zentralbank als höchste planerische Instanz, die Investitionen in bestimmte, öffentlich gewünschte Bereiche auch aktiv und mit realer Geldverfügungsmacht fördern könnte. Um unabhängig von den privaten Geschäftsbanken agieren zu können, dürfte eine solche Zentralbank natürlich nicht in Privatbesitz sein. Zugleich bestünde eine Ebene tiefer der private Bankensektor zur Kreditvergabe in freier Konkurrenz weiter. Kein sowjetischer Sozialismus also, keine Bankenverstaatlichung, sondern einfach nur staatliches Geld.

Die kuriose Pointe dabei: Das Ergebnis einer solchen Reform wäre ein Zustand, von dem die meisten Bürger annehmen, dass er heute bereits existiert – allein die Zentralbank als öffentliche, nicht private Stelle darf Geld erschaffen, private Banken können es von dort borgen und darüber hinaus die festgelegten Ersparnisse ihrer Kunden an andere verleihen.

Lässt sich so etwas umsetzen? Ja meinen zumindest jene mehr als hunderttausend Schweizer, die im Jahr 2015 genau dafür unterschrieben haben.[26] Auch sie fordern, dass künftig alles Geld allein von der Zentralbank erzeugt wird. Wie dieses Geld dann verteilt werden soll, ist eine Frage, über die sicher noch lebhaft diskutiert werden wird. Denn natürlich muss eine Zentralbank nicht alles neue Geld an private Banken weiterverleihen. Sie könnte einen Teil ihrer regelmäßigen Neuschöpfungen auch einfach verschenken, zum Beispiel direkt an die Bürger oder an den Staat.

Die Schweizer Initiative steht nicht allein. In Deutschland gibt es seit einigen Jahren eine ähnliche Gruppe namens »Monetative«, die ein sogenanntes »Vollgeld« empfiehlt.[27] Auf diesem Modell beruht auch der Plan der Schweizer. In anderen Ländern wird längst in die gleiche Richtung gedacht, etwa in England (»Positive Money Campaign«[28]), in den USA (»American Monetary Institute«[29]) oder dem von der Finanzkrise schwer getroffenen Island[30], wo mittlerweile sogar der Wirtschaftsausschuss des Parlamentes eine entsprechende Regelung empfiehlt.[31]

Die Schweizer aber haben einen besonderen Trumpf. Sie sind bekanntlich eine der wenigen Nationen der Welt, die seit über hundert Jahren in regelmäßigen Volksabstimmungen tatsächlich »mehr Demokratie wagen«. Bei ihnen steht in der Verfassung, dass eine Gesetzesinitiative, für die innerhalb von achtzehn Monaten hunderttausend Unterschriften gesammelt werden, anschließend dem gesamten Volk zur Abstimmung vorgelegt werden muss. Somit wird es in der Schweiz also demnächst ein rechtlich bindendes Referendum zu dieser Frage geben. Grüezi und Hut ab!

Website zum Buch: www.geldschöpfer.info

Anmerkungen

Vorwort

1 Rede von Bundespräsident Joachim Gauck auf dem Deutschen Bankentag, Berlin, 9. April 2014 – Transkript: http://www.bundespraesident.de/SharedDocs/Reden/DE/Joachim-Gauck/Reden/2014/04/140409-Bankentag-Eroeffnung.html – Video: https://youtu.be/P1KqSPGC1P0?t=14m45s; der Journalist Norbert Häring weist darauf hin (Häring 2016), dass tatsächlich belegt nur eine weniger scharfe Formulierung Fords wäre: »Die Menschen sind so unbeirrbar auf der Seite des stabilen Geldes, dass es sehr die Frage ist, wie sie das System beurteilen würden, unter dem sie leben, wenn sie wüssten, was die Kundigen damit tun können.« Henry Ford, *My life and work*, Double Day 1923, S. 179, archive.org/stream/mylifeandwork00crowgoog#page/n192/mode/2up

2 Das Wort »marktkonform« fiel bei einer Pressekonferenz von Bundeskanzlerin Angela Merkel am 1. September 2011, wo sie die Frage nach der Schlagkraft der milliardenschweren Hilfsfonds für Länder wie Portugal, denen zunächst Parlamente zustimmen müssten, so beantwortete: »Wir leben ja in einer Demokratie und sind auch froh darüber. Das ist eine parlamentarische Demokratie. Deshalb ist das Budgetrecht ein Kernrecht des Parlaments. Insofern werden wir Wege finden, die parlamentarische Mitbestimmung so zu gestalten, dass sie trotzdem auch marktkonform ist, also dass sich auf den Märkten die entsprechenden Signale ergeben. Ich höre zum Beispiel von unseren Haushaltspolitikern, dass man sich dieser Verantwortung bewusst ist.« Quelle: Presse- und Informationsamt der Bundesregierung, »Pressestatements von Bundeskanzlerin Angela Merkel und dem Ministerpräsidenten der Republik Portugal, Pedro Passos Coelho«, 1. September 2011, www.bundesregierung.de/ContentArchiv/DE/Archiv17/Mitschrift/Pressekonferenzen/2011/09/2011-09-01-merkel-coelho.html

3 Dirk Reinhardt, »Wo sind die ostdeutschen Eliten?«, *Zeit Online*, 30. April 2013, http://blog.zeit.de/ost/2013/04/30/wo-sind-die-ostdeutschen-eliten/

4 Gero von Randow, »Ein Akt der Selbsterhöhung«, *Zeit Online*, 19. August 2015, http://www.zeit.de/politik/2015-08/luegenpresse-pegida-motive/komplettansicht
5 Das berühmte Buch *Das Ende der Geschichte* des amerikanischen Politikwissenschaftlers Francis Fukuyama erschien 1992, kurz nach dem Zusammenbruch der Sowjetunion.
6 Freie Universität Berlin, »Studie: Linksextreme Einstellungen sind weit verbreitet«, Pressemitteilung Nr. 044/2015, 23. Februar 2015, www.fu-berlin.de/presse/informationen/fup/2015/fup_15_044-studie-linksextremismus/; *Zeit Online*, »Mehr als 60 Prozent bezweifeln Demokratie in Deutschland«, 23. Februar 2015, www.zeit.de/gesellschaft/zeitgeschehen/2015-02/studie-fu-berlin-linksextremismus-demokratie-skepsis

1 Eine einfache Frage

1 Markus Frühauf, »Steuerzahler haben 50 Milliarden Euro verloren«, *Frankfurter Allgemeine Zeitung*, 24. Dezember 2015, faz.net/aktuell/wirtschaft/wirtschaftspolitik/bankenrettungsbilanz-50-milliarden-euro-verlust-fuer-steuerzahler-13982985.html
2 Bundesministerium für Familie, Senioren, Frauen und Jugend, »Fünfter Bericht zur Evaluation des Kinderförderungsgesetzes« (KiföG-Bericht 2015), 4. März 2015, S. 2, www.bmfsfj.de/blaetterkatalog/214054/blaetterkatalog/index.html
3 Bundesgesetzblatt, Jahrgang 2008, Teil I, Nr. 46, 17. Oktober 2008, Finanzmarktstabilisierungsgesetz, Paragraf 10a, Absatz 3
4 Deutscher Bundestag, 182. Sitzung, Berlin, 15. Oktober 2008, Plenarprotokoll 16/182, dip21.bundestag.de/dip21/btp/16/16182.pdf
5 Harald Schumann, »Die Geretteten«, *Tagesspiegel*, 13. September 2009, www.tagesspiegel.de/wirtschaft/finanz/hypo-real-estate-die-geretteten/1598962.html
6 Hans-Jürgen Moritz et al., »Die Beamten-Flüsterer«, *Focus*, 17. August 2009, www.focus.de/politik/deutschland/bundesregierung-die-beamten-fluesterer_aid_426462.html
7 E-Mail an den Autor von Carsten Meyer, Mitarbeiter der Bundesanstalt für Finanzmarktstabilisierung, 9. Juni 2015
8 Bundesrepublik Deutschland Finanzagentur GmbH, Pressemitteilung Nr. 8/15, »Emissionsplanung des Bundes im Jahr 2016«, 16. Dezember 2015, www.deutsche-finanzagentur.de/fileadmin/user_upload/pressemeldungen/2015/pm_8_EK2016_161215_dt.pdf
9 Bundesrepublik Deutschland Finanzagentur GmbH, Pressemitteilung Nr. 35/01, »Bietergruppe Bundesemissionen«, 19. Dezember 2001, www.deutsche-finanzagentur.de/fileadmin/user_upload/pressemeldungen/2001/pm35.pdf

10 Bundesrepublik Deutschland Finanzagentur GmbH, Pressemitteilung Nr. 7/15,»Bietergruppe Bundesemissionen«, 10. Dezember 2015, www.deutsche-finanzagentur.de/fileadmin/user_upload/pressemeldungen/2015/pm_7_Bietergruppe_101215_dt.pdf

11 Bundesanstalt für Finanzmarktstabilisierung, »Stabilisierungsmaßnahmen des SoFFin«, 31. Mai 2015, www.fmsa.de/de/fmsa/soffin/Berichte/SoFFin-Massnahmen/SoFFin-Massnahmen.html

2 Das seltsame Wesen der Geldschöpfung

1 Laut Europäischer Zentralbank betrug der Bargeldanteil im Euroraum (Stand Juli 2015) 16 Prozent. 84 Prozent allen umlaufenden Geldes befand sich auf Girokonten. Quelle: EZB, Press Release »Monetary developments in the Euro area: July 2015«, 27. August 2015, www.ecb.europa.eu/press/pdf/md/md1507.pdf

2 Deutsche Bundesbank 2014, S. 76

3 Benedikt Fehr, »Der Weg in das Milliarden-Desaster«, *FAZ*, 31. Dezember 2008, www.faz.net/aktuell/wirtschaft/wirtschaftswissen/finanzkrise-der-weg-in-das-milliarden-desaster-1745087.html

4 Bank of England, Monetary Analysis Directorate, Michael McLeay, Amar Radia, Ryland Thomas, »Money creation in the modern economy«, *Quarterly Bulletin Q1*, 2014, www.bankofengland.co.uk/publications/Pages/quarterlybulletin/2014/qb14q1prereleasearticlemoney.aspx

5 Die moderne Fachliteratur, in der die hier beschriebene Geldschöpfung erklärt wird, ist mittlerweile vielfältig. Verwiesen sei beispielhaft auf Gocht (1975) – ein ehemaliges Vorstandsmitglied der Bundesbank – sowie auf Werner (2007), Huber (2011), Seiffert (2012) und Binswanger (2015). Ein detaillierter und praktischer Nachweis per Feldversuch findet sich bei Werner (2014a). Dort werden ergänzend in großem Umfang auch ältere wirtschaftswissenschaftliche Studien aus dem 19. und frühen 20. Jahrhundert zur Geldschöpfung vorgestellt, die zum gleichen Ergebnis kommen. Nähere Angaben zu den genannten Publikationen sind in der Literaturliste am Ende dieses Buches aufgeführt.

6 Binswanger 2015, S. 22

7 Paul Schreyer, »Geld aus dem Nichts«, Telepolis, 18. Dezember 2011, heise.de/tp/artikel/36/36097/1.html

8 Zitiert nach: Caspar Dohmen, »Vollgeld statt Buchgeld«, Deutschlandfunk, 5. Januar 2013, www.deutschlandfunk.de/vollgeld-statt-buchgeld.724.de.html?dram:article_id=233065

9 Verein Monetäre Modernisierung, »Studie bestätigt: Schweizer ahnungslos über Entstehung des Frankens«, 11. August 2015, www.newsletter-webversion.de/?c=0-879g-0-syr

10 »Parliamentary Perceptions of the Banking System«, Juli 2014, www.positivemoney.org/wp-content/uploads/2014/08/Positive-Money-Dods-Monitoring-Poll-of-MPs.pdf
11 Werner 2014b, S. 75; Zitat: »What makes banks unique and explains the combination of lending and deposit-taking under one roof is the more fundamental fact that they do not have to segregate client accounts, and thus are able to engage in an exercise of ›re-labelling‹ and mixing different liabilities, specifically by re-assigning their accounts payable liabilities incurred when entering into loan agreements, to another category of liability called ›customer deposits‹.«
12 Norbert Häring, »Stimmt es, dass Sparer Gläubiger der Banken sind?«, *Handelsblatt*, 25. März 2013, S. 7
13 Huber 2011, S. 133; Merijn Knibbe. »Private seigniorage, defined and estimated (includes a free Eurozone example!)«, World Economics Association Newsletter 5(4), August 2015, S. 8-10, www.worldeconomicsassociation.org/newsletterarticles/private-seigniorage/
14 Werner 2014b, S. 76; Werner 2015, Graeme Wearden / Jill Treanor, »Barclays turns to Middle East in £7bn fundraising«, *The Guardian*, 31. Oktober 2008, theguardian.com/business/2008/oct/31/barclay-banking1; Erica Jeffrey, »Barclays' Qatari capital-raising timeline«, *Euromoney*, 12. Mai 2014, www.euromoney.com/Article/3198818/Barclays-Qatari-capital-raising-timeline.html; Caroline Binham / Patrick Jenkins, »UK fraud office steps up probe into Barclays' dealings with Qatar«, *Financial Times*, 11. Mai 2014, www.ft.com/intl/cms/s/0/cda8004e-d7a1-11e3-80e0-00144feabdc0.html#axzz3sza26BUl
15 Norbert Häring, »Der Irrglaube an das Eigenkapital«, *Handelsblatt*, 24. November 2012, www.handelsblatt.com/politik/konjunktur/oekonomie/nachrichten/basel-iii-der-irrglaube-an-das-eigenkapital/7415826-all.html; Bernard Vallageas, »Basel III and the Strengthening of Capital Requirement: The obstinacy in mistake or why ›it‹ will happen again«, *World Economic Review* No 2, 2013, 7. Februar 2013, www.wer.worldeconomicsassociation.org/papers/basel-iii-and-the-strengthening-of-capital-requirement-the-obstinacy-in-mistake-or-why-it-will-happen-again/
16 Huber 2011, S. 53, Zitat: »Die Zentralbanken bedienen die Nachfrage der Banken nach zusätzlichen Reserven praktisch immer.«; Binswanger 2015, S. 52f., Zitat: »Einer der es wissen muss, nämlich der Manager des Federal Reserve System Open Market Account bei der FED, Alan Holmes schrieb bereits im Jahr 1969: ›(…) In der Realität vergeben Banken Kredite, wodurch Einlagen geschaffen werden, und kümmern sich dann später um die Reserven. Die Frage ist dann, wie die Zentralbank dieser Nachfrage nach Reserven entgegenkommt. In der kurzen Frist hat die Zentralbank wenig oder keine andere Wahl als die Nachfrage zu erfüllen.‹ (…) Zentralbanken werden diesen Bedarf routinemäßig und nach-

holend stets erfüllen, um Krisen im Finanzsystem zu vermeiden.« Zitat von Alan Holmes dort unter Verweis auf: Alan Holmes, »Operational Constraints on the Stabilization of Money Supply Growth«, in: »Controlling Monetary Aggregates«, Boston MA: Federal Reserve Bank of Boston, 1969, S. 73f.
17 Anja Ettel, Holger Zschäpitz, »Eliten wollen das Bargeld abschaffen«, Die Welt, 21. November 2014, www.welt.de/print/die_welt/finanzen/article134566502/Eliten-wollen-das-Bargeld-abschaffen.html
18 Danke an Norbert Häring für die Bereitstellung einer Vorabversion seines Buches.

3 Warum Banken (fast) alles umsonst bekommen

1 Christian Siedenbiedel, »Wie kommt Geld in die Welt?«, Frankfurter Allgemeine Zeitung, 5. Februar 2012, www.faz.net/aktuell/wirtschaft/wirtschaftswissen/geldschoepfung-wie-kommt-geld-in-die-welt-11637825.html; Michael Sauga, »Atomfrage der Ökonomie«, Der Spiegel, Nr. 42/2014, 13. Oktober 2014, S. 78
2 Häring 2010, Huber 2011, Felber 2014, Binswanger 2015
3 Seiffert 2014, Kapitel 2.5, »Entnahmen«, S. 43ff.
4 ebd., S. 80
5 ebd., Kapitel 2.2, »Kredittilgung«, S. 36ff.
6 Financial Stability Board, »2015 update of list of global systemically important banks (G-SIBs)«, 3. November 2015, www.fsb.org/wp-content/uploads/2015-update-of-list-of-global-systemically-important-banks-G-SIBs.pdf
7 Nachzulesen zum Beispiel in der »Gewinn- und Verlust-Rechnung« der Deutschen Bank, Geschäftsbericht 2014, S. 81
8 Seiffert 2014, Kapitel 2.4 »Täuschender Zinsgewinn«, S. 41ff.
9 Joanne M. Flood, »Wiley GAAP 2015: Interpretation and Application of Generally Accepted Accounting Principles«, Wiley 2015, Abschnitt ASC 305-10-20 (»Cash and Cash Equivalents, Definitions of Terms«), www.ifrs.wiley.com/chapters/w9781118945193c17, Übersetzung des Autors
10 Zum Beispiel in der Regel IAS 32 (International Accounting Standard 32), welche die Darstellung von Finanzinstrumenten in einer Bilanz vorschreibt und wo es unter anderem heißt: »A financial asset is any asset that is: (a) cash; (b) an equity instrument of another entity; (c) a contractual right: (i) to receive cash or another financial asset from another entity (…)«, www.ifrs.org/Documents/IAS32.pdf
11 IFRS – International Financial Reporting Standards, inklusive International Accounting Standards (IAS) und Interpretationen (IFRIC, SIC), Auflage 4.0, Stand: Februar 2014, S. 258, www.ifrs-portal.com/Publikationen/IFRS_Texte_4.0_2014_02.pdf

12 Stand 2014
13 Michael Hudson, Sasha Chavkin, Bart Mos, »Big 4 Audit Firms Play Big Role in Offshore Murk«, International Consortium of Investigative Journalists, 5. November 2014, www.icij.org/project/luxembourg-leaks/big-4-audit-firms-play-big-role-offshore-murk, Übersetzung des Autors
14 ebd.
15 Verordnung (EG) Nr. 1004/2008, Amtsblatt L275
16 Deutsche Bank, Jahresbericht 2014, S. 82, www.geschaeftsbericht.deutsche-bank.de/2014/gb/serviceseiten/downloads/files/dbfy2014_gesamt.pdf
17 Laut Darstellung auf der Webseite der IFRS Foundation und des IASB, abgerufen am 16. Oktober 2015, www.ifrs.org/About-us/IASB/Members/Pages/Martin-Edelmann.aspx
18 Hans Hoogervorst/IASB, Michel Prada/IFRS Foundation, »Working in the Public Interest: The IFRS Foundation and the IASB«, 14. September 2015, www.ifrs.org/About-us/Documents/Working-in-the-Public-Interest.pdf
19 ebd., Übersetzung des Autors
20 ebd., S. 10f.
21 ebd., S. 5
22 Matt Taibbi, »Why Isn't Wall Street in Jail?«, *Rolling Stone*, 16. Februar 2011, www.rollingstone.com/politics/news/why-isnt-wall-street-in-jail-20110216
23 ebd.
24 ebd., Übersetzung des Autors
25 Seiffert 2014, Kapitel 3.1, »Ertragsunabhängige Einkommenserzielung«, S. 51ff., sowie Kapitel 4.8, »Scheinbarer und realer Geschäftserfolg«, S. 125f.
26 Hans Hoogervorst/IASB, Michel Prada/IFRS Foundation, »Working in the Public Interest: The IFRS Foundation and the IASB«, 14. September 2015, www.ifrs.org/About-us/Documents/Working-in-the-Public-Interest.pdf, S. 5, 12
27 Seiffert 2014, S. 89ff
28 ebd., Kapitel 4.7, »Ausnutzung von Offshore-Finanzplätzen für zügellose Entnahmen«, S. 121ff.
29 Deutscher Bundestag, Drucksache 18/4913, 12. Mai 2015, www.dip21.bundestag.de/dip21/btd/18/049/1804913.pdf
30 Horst Seiffert, *Geldschöpfung. Die verborgene Macht der Banken*, 2014
31 Deutscher Bundestag, Drucksache 18/5081, 9. Juni 2015, www.dip21.bundestag.de/dip21/btd/18/050/1805081.pdf
32 ebd.
33 E-Mail an den Autor von Sahra Wagenknecht, 10. November 2015

4 Gold und der Wert des Geldes

1 Europäische Zentralbank, »Monetary developments in the Euro area: April 2015«, 29. Mai 2015, www.ecb.europa.eu/press/pdf/md/md1504.pdf
2 Europäische Zentralbank, «Monetary developments in the Euro area: April 2000", 29. Mai 2000, www.ecb.europa.eu/press/pdf/md/md0004.pdf
3 Zitiert nach: Benedikt Fehr, »Ackermanns Einsichten zur Geldschöpfung«, *Frankfurter Allgemeine Zeitung*, 2. Februar 2009, www.faz.net/aktuell/feuilleton/buecher/rezensionen/2.1716/ackermanns-einsichten-zur-geldschoepfung-1767509.html
4 Benedikt Fehr, Holger Steltzner, »Es fehlt das Geld. Nun gut, so schaff es denn!«, *Frankfurter Allgemeine Zeitung*, 30. Juni 2009, www.faz.net/themenarchiv/2.1157/josef-ackermann-und-hans-christoph-binswanger-es-fehlt-das-geld-nun-gut-so-schaff-es-denn-1811056.html
5 Gocht 1975, S. 13, 31
6 Rolf Gocht stieß schon damals auf erheblichen Widerstand, diese Dinge auch nur zu diskutieren. Trotz seines großen Renommees hatte er Schwierigkeiten, sein Buch mit dem Vorschlag einer Reform des Geldsystems in einem Verlag unterzubringen. (»Kritische Betrachtungen zur nationalen und internationalen Geldordnung«, Duncker & Humblot, 1975, S. 9)

5 Das Geschäft mit den Staatsschulden

1 Deutsche Bundesbank, »Zeitreihe BBK01.BU1131: Verschuldung des Bundes – Verschuldung insgesamt«, www.bundesbank.de/Navigation/DE/Statistiken/Zeitreihen_Datenbanken/Makrooekonomische_Zeitreihen/its_details_value_node.html?listId=www_v27_web004_01b&tsId=BBK01.BU1131
2 Interview mit Finanzminister Wolfgang Schäuble im *Focus* vom 28. Oktober 2013, www.wolfgang-schaeuble.de/taugt-amerika-noch-als-vorbild/
3 Meike Schreiber, »Arme Millionäre«, *Süddeutsche Zeitung*, 17. Juni 2015, www.sueddeutsche.de/geld/vermoegen-in-deutschland-arme-millionaere-1.2525370
4 Rügemer 2012, S. 10
5 E-Mail an den Autor von einem Sprecher der Commerzbank, 24. September 2015
6 E-Mail an den Autor von einem Sprecher der Deutschen Bank, 6. Oktober 2015
7 Telefonat mit einem Sprecher der Bundesbank, 21. Oktober 2015
8 Deutsche Bundesbank, Artikel »Haupttender«, www.bundesbank.de/Redaktion/DE/Standardartikel/Aufgaben/Geldpolitik/tender_haupt.html

9 Deutsche Bundesbank, »Liquiditätsbereitstellung über Offenmarktkredite«, Hauptrefinanzierungsoperation, Tender-ID: 20160001
10 Deutsche Finanzagentur, Pressemitteilung Nr. 8/15, »Emissionsplanung des Bundes im Jahr 2016«, 16. Dezember 2015, www.deutsche-finanzagentur.de/fileadmin/user_upload/pressemeldungen/2015/pm_8_EK2016_161215_dt.pdf
11 Albers 1980, Band 5, S. 476
12 E-Mail an den Autor von einer Sprecherin des Bundesfinanzministeriums, 16. Oktober 2015
13 Allianz-Webseite, »Investor Relations / Aktionärsstruktur«, abgerufen am 22. Oktober 2015, www.allianz.com/de/investor_relations/aktie/aktionaersstruktur.html/
14 Florian Hassel, »Diese Firmen bestimmen Schicksal der Weltwirtschaft«, *Welt Online*, 25. Oktober 2011, www.welt.de/wirtschaft/article 13680359/Diese-Firmen-bestimmen-Schicksal-der-Weltwirtschaft. html; Stefania Vitali, James B. Glattfelder, Stefano Battiston, »The Network of Global Corporate Control«, ETH Zürich, 26. Oktober 2011, journals.plos.org/plosone/article?id=10.1371/journal.pone.0025995, Auszug: »As a result, about 3/4 of the ownership of firms in the core remains in the hands of firms of the core itself. In other words, this is a tightly-knit group of corporations that cumulatively hold the majority share of each other.«
15 Website Bank of Canada, »Government Securities Auctions / Data / Bank of Canada Holdings«, »Government Securities Auctions / Data / Summary of Government of Canada Direct Securities and Loans«, abgerufen am 25. Oktober 2015, www.bankofcanada.ca/markets/government-securities-auctions/
16 Dohnanyi 1986
17 ebd., S. 113
18 Filc 1999
19 Vertrag über die Arbeitsweise der Europäischen Union (AEUV), Art. 123, Abs. 1, www.eur-lex.europa.eu/legal-content/de/TXT/?uri= CELEX:12012E/TXT, im Wortlaut: »Überziehungs- oder andere Kreditfazilitäten bei der Europäischen Zentralbank oder den Zentralbanken der Mitgliedstaaten (im Folgenden als ›nationale Zentralbanken‹ bezeichnet) für Organe, Einrichtungen oder sonstige Stellen der Union, Zentralregierungen, regionale oder lokale Gebietskörperschaften oder andere öffentlich-rechtliche Körperschaften, sonstige Einrichtungen des öffentlichen Rechts oder öffentliche Unternehmen der Mitgliedstaaten sind ebenso verboten wie der unmittelbare Erwerb von Schuldtiteln von diesen durch die Europäische Zentralbank oder die nationalen Zentralbanken.«
20 Katharina Slodczyk, »Zum Teufel mit alten Tabus«, *Handelsblatt*, 15. Fe-

bruar 2013, www.handelsblatt.com/politik/konjunktur/oekonomie/nachrichten/geldpolitik-zum-teufel-mit-alten-tabus/7764402.html

6 Die Sache mit den Verschwörungstheorien
1 Markus Feldenkirchen, »Vereinigte Oligarchen von Amerika«, *Der Spiegel*, Nr. 36/2015, 29. August 2015, S. 90f.; Martin Klingst, »Noch mehr Macht dem Geld«, *Zeit Online*, 3. April 2014, www.zeit.de/politik/ausland/2014-04/us-gericht-wahlkampfspenden; Sebastian Fischer, Marc Pitzke, »US-Kongresswahlen: Teuerstes Zwischenzeugnis der Geschichte«, *Spiegel Online*, 28. Oktober 2014, www.spiegel.de/politik/ausland/kongresswahlen-usa-2014-obama-muss-republikaner-mehrheit-fuerchten-a-999593.html; Astrid Dörner, »Der gekaufte Kongress«, *Handelsblatt*, 1. November 2010, www.handelsblatt.com/politik/international/us-wahlkampf-der-gekaufte-kongress/3579208.html
2 Krysmanski 2004, 2012
3 Horst Clages, »Kriminalistische Hypothesenbildung«, in: *Der Rote Faden: Grundsätze der Kriminalpraxis*, Heidelberg, 2004, S. 179ff.
4 Nils Markwardt, »Oh, wie bös ist das System«, *Zeit Online*, 14. Oktober 2014, http://www.zeit.de/kultur/2014-10/xavier-naidoo-systemkritik-reichsbuerger

7 Wie alles begann
1 Graeber 2012, S. 27ff.
2 ebd., S. 40
3 ebd., S. 35
4 ebd., S. 413, Fußnote 15
5 ebd., S. 45f.
6 Martin 2014, S. 60ff.
7 ebd., unter Verweis auf: Denise Schmandt-Besserat, *Before Writing*, Bd. 1, Austin, 1992
8 Schmandt-Besserat 1999
9 Das von den privaten Banken geschöpfte Giralgeld repräsentiert Schulden anderer, nicht aber das von der Zentralbank erzeugte Bargeld.

8 Könige, Banken und die Demokratie
1 Brandt 1988, S. 107, dx.doi.org/10.5169/seals-35143
2 Zarlenga 1999, S. 37ff., unter Verweis auf: Emilio Peruzzi, *Money in early Rome*, Accademia Toscana di Sciencze e Lettere, 1985
3 ebd., S. 41

4 ebd., S. 41f., unter Verweis auf: Alexander Del Mar, *History of Money in Ancient Countries*, Bell, 1885, S. 242
5 In Europa gab es allerdings im Mittelalter das interessante Modell der sogenannten »Brakteaten«. Siehe auch: Walker 1959, S, 36ff.
6 Zitiert nach: Werner 2007, S. 213, unter Verweis auf: Marco Polo, *The Travels of Marco Polo*, Penguin, 1987, S. 147ff.
7 Martin 2014, S. 141
8 Zarlenga 1999, S. 165f.
9 Binswanger (2015), S. 57ff., unter Verweis auf: S. Quinn, *Goldsmith-Banking: Mutual Acceptance and Interbanker Clearing in Restoration London*, Explorations in Economic History, Elsevier, vol. 34(4), S. 411-432, 1997; sowie: Nicholas Mayhew, *Sterling: The History of a Currency*, Wiley, 1999
10 Zarlenga 1999, S. 208
11 Martin 2014, S. 385, Fußnote 24
12 ebd., S. 159

9 Neuanfang in Amerika

1 Zarlenga 1999, S. 273, unter Verweis auf: Leslie V. Brock, *The Currency of the American Colonies 1700-1764*, Arno Press, 1975
2 ebd., S. 274, unter Verweis auf: Davis Rich Dewey, *Financial History of the U.S.*, Longman's Green & Co, 1903, S. 26f.
3 Grubb 2006; Zarlenga 1999, S. 275
4 Joseph Harris, *Essay upon Money and Coins*, 1757, S. 374, zitiert nach: Zarlenga 1999, S. 278
5 Alexander del Mar, *History of Money in America*, reprinted by Burt Franklin Press, 1968, S. 96, zitiert nach: Zarlenga 1999, S. 282
6 Frank Moore, *Diary of the American Revolution*, Charles Scribner, 1860, V. 1, S. 440, zitiert nach: Zarlenga 1999, S. 284
7 Zarlenga 1999, S. 284f.
8 Grubb 2006
9 Phillips 2003, S. 38ff.
10 Joseph Albert Ernst, Money and Politics in America 1755-1775, Institute of Early American History and Culture, University of North Carolina Press, 1973, S. 121f., zitiert nach: Zarlenga 1999, S. 280f.
11 Phillips 2003, S. 44
12 »Articles of Confederation: March 1, 1781«, Documents Illustrative of the Formation of the Union of the American States, Government Printing Office, 1927, House Document No. 398, www.avalon.law.yale.edu/18th_century/artconf.asp
13 Zarlenga 1999, S. 299
14 ebd.

15 Ron Chernow, *Alexander Hamilton*, Penguin Press, 2004, S. 347, zitiert nach: Federal Reserve Bank of Philadelphia 2009, S. 2
16 David Jack Cowen, *The Origins and Economic Impact of the First Bank of the United States, 1791-1797*, Garland Publishing, 2000, S. 59, zitiert nach: Federal Reserve Bank of Philadelphia 2009, S. 8
17 Hammond 1957, S. IX
18 Zarlenga 1999, S. 305f., unter Verweis auf: Thomas Jefferson, *Letters and Addresses*, edited by William Parker, NY, 1905
19 ebd.
20 Federal Reserve Bank of Philadelphia 2009, S. 10
21 Charles Arthur Conant, *A History of Modern Banks of Issue*, Putnam, 1909, S. 340f., zitiert nach: Zarlenga 1999, S. 306
22 Federal Reserve Bank of Philadelphia 2009, S. 10
23 Hammond 1957, S. 227
24 ebd.
25 ebd., S. 230f.
26 ebd., S. 231
27 Zarlenga 1999, S. 308
28 Hammond 1957, S. 381
29 Catterall 1902, S. 256; Zarlenga 1999, S. 311
30 Hammond 1957, S. 423
31 Zarlenga 1999, S. 311f.; Hammond 1957, S. 413f.
32 Federal Reserve Bank of Philadelphia 2010, S. 15
33 ebd.
34 Andrew Jackson, »Farewell Address«, 4. März 1837, www.presidency.ucsb.edu/ws/?pid=67087, Übersetzung des Autors

10 Greenbacks und der Kampf um staatliches Geld

1 Als Ideengeber des neuen staatlichen Geldes (»Greenback«) gilt der Politiker Edmund Dick Taylor, der im Januar 1862 gegenüber Präsident Lincoln mit folgenden Worten dafür geworben haben soll: »Bewegen Sie den Kongress, ein Gesetz zu verabschieden, das den Druck von Papiergeld als volles gesetzliches Zahlungsmittel erlaubt (…) und bezahlen Sie Ihre Soldaten damit und danach gewinnen Sie auch den Krieg.«
2 Spaulding 1869, S. 35ff.
3 Zarlenga 1999, S. 334
4 Hammond 1957, S. 718
5 Wright 2007, S. 23
6 Greg Jaffe, »Obama's new patriotism«, *Washington Post*, 3. Juni 2015, www.washingtonpost.com/sf/national/2015/06/03/obama-and-american-exceptionalism/
7 Zarlenga 1999, S. 345

8 ebd., S. 346
9 Dieses 1862 beschlossene Gesetz hieß »Legal Tender Act«.
10 David K. Thomson, »Why the Belmont Is Named for a Rothschild Banking Agent«, *Bloomberg View*, 7. Juni 2013, www.bloombergview.com/articles/2013-06-07/why-the-belmont-is-named-for-a-rothschild-banking-agent; *New York Times*, 25. November 1890, www.query.nytimes.com/mem/archive-free/pdf?res=9802EEDF1E3BE533A25756C2A9679D94619ED7CF; Zarlenga 1999, S. 360
11 Wilkins 1989, S. 474
12 Del Mar 1899, S. 64
13 ebd., S. 66
14 John A. Garraty / Mark C. Carnes, *American National Biography, Vol. II*, Oxford University Press, 1999, S. 534; Del Mar 1899, S. 60; »August Belmont (1816-1890)«, The Lehrman Institute, www.mrlincolnandnewyork.org/inside.asp?ID=70&subjectID=3
15 Del Mar 1899, S. 66-74
16 Dies war der sogenannte »Public Credit Act« von 1869. www.historycentral.com/documents/Publiccredit.html
17 Das war der »Specie Payment Resumption Act« von 1875, übersetzt etwa: »Münzzahlungs-Wiederaufnahme-Gesetz«.
18 Zakaria 1998, S. 46
19 Auszug aus der sogenannten »Cross of Gold«-Rede, Quelle: »Official Proceedings of the Democratic National Convention Held in Chicago, Illinois, July 7, 8, 9, 10, and 11, 1896«, Logansport, Indiana, 1896, S. 226-234, www.historymatters.gmu.edu/d/5354/
20 Phillips 2003, S. 78
21 Der Begriff »Goldstandard« ist im Laufe der Jahre zu einer positiv besetzten Redewendung geworden. Bis heute wird er insbesondere in der Medizin gebraucht, wenn es darum geht, ein erwiesenermaßen bestmögliches Heilverfahren zu beschreiben. Dass in Bezug auf das Geldsystem von einer solchen Definition keine Rede sein kann, der Begriff aber dennoch in dieser Bedeutung verwendet wird, ist bemerkenswert. Es zeigt, wie tief die Überzeugung vom »guten Gold« ins öffentliche Bewusstsein eingedrungen ist.
22 Das nach dem amerikanischen Bundesstaat Maine benannte Schlachtschiff explodierte am 15. Februar 1898 im Hafen von Havanna, wo es zu einem »Freundschaftsbesuch« vor Anker lag. In der US-Presse wurde danach unter dem Schlachtruf »Remember the Maine – to Hell with Spain« (»Gedenkt der Maine – Zur Hölle mit Spanien«) zum Krieg getrommelt.

11 Der deutsche Weg

1 »Edict und Reglement der Königlichen Giro- und Lehn-Banco zu Berlin«, Berlin, den 17. Juni 1765, Bayerische Staatsbibliothek, www.reader.digitale-sammlungen.de/resolve/display/bsb10214104.html
2 Deutsche Bundesbank 1963, S. 13
3 Bergius 1846, S. 41
4 *Allgemeine deutsche Real-Encyclopädie für die gebildeten Stände (Conversations-Lexicon) in zehn Bänden*, Brockhaus, 1819, Band 7, S. 229
5 Jens Weidmann, Begrüßungsrede anlässlich des 18. Kolloquiums des Instituts für bankhistorische Forschung (IBF) »Papiergeld – Staatsfinanzierung – Inflation. Traf Goethe ein Kernproblem der Geldpolitik?«, Frankfurt am Main, 18. September 2012, www.bundesbank.de/Redaktion/DE/Reden/2012/2012_09_18_weidmann_begruessungsrede.html
6 *Allgemeine deutsche Real-Encyclopädie für die gebildeten Stände (Conversations-Lexicon) in zehn Bänden*, Brockhaus, 1819, Band 7, S. 231
7 Zarlenga 1999, S. 285f., 316, 333; Lichter 1999, S. 26; Deutsche Bundesbank 1963, S. 12
8 Albers 1980, Band 5, S. 476
9 *Über die Reorganisation des Preußischen Staats, verfaßt auf höchsten Befehl Sr. Majestät des Königs*, Riga, 12. September 1807, Geheimes Staatsarchiv, Rep. 92 Hardenberg H 12/3 eigenhändige Niederschrift in Bleistift. Gedruckt nach: Georg Winter, *Reorganisation des Preussischen Staates unter Stein und Hardenberg. Erster Teil: Allgemeine Verwaltungs- und Behördenreform. Band 1: Vom Beginn des Kampfes gegen die Kabinettsregierung bis zum Wiedereintritt des Ministers vom Stein* (Publikationen aus den Preussischen Staatsarchiven, Band 93), Leipzig 1931, S. 302-363, www.staatskanzler-hardenberg.de/quellentexte_riga.html
10 Bis 1861 zahlte der Adel keine Grundsteuer. Schmoeckel 2008, S. 288
11 Büsch 1992, S. 137
12 ebd., S. 128
13 »Bundeshaushalt 2015«, Bundesministerium der Finanzen
14 Lichter 1999, S. 6f.
15 Christian Rother, *Denkschrift, die Verstärkung des Betriebsfonds der Königlichen Bank durch Ausgabe von Banknoten betreffend*, 14. November 1845, Geheimes Staatsarchiv Preußischer Kulturbesitz Berlin, I. HA, Rep. 95, Nr. 79, Pag. 2-38, zitiert nach: Lichter 1999, S. 72ff.
16 ebd., S. 37, zitiert nach Lichter 1999, S. 75
17 ebd., S. 49, zitiert nach Lichter 1999, S. 75
18 ebd., S. 46, zitiert nach Lichter 1999, S. 77
19 »Verhandlungen der Mitglieder des Königlichen Handelsrathes die Verstärkung des Betriebs-Fonds der Königlichen Bank durch Ausgabe von Banknoten betreffend«, 14., 16. und 19. Dezember 1845, Geheimes

Staatsarchiv Preußischer Kulturbesitz Berlin, I. HA, Rep. 89, Nr. 26886, S. 21, zitiert nach: Lichter 1999, S. 87
20 ebd., S. 14, zitiert nach: Lichter 1999, S. 86
21 beide Stellen zitiert nach: Lichter 1999, S. 90
22 ebd., S. 96; ein einfacher Arbeiter verdiente etwa 100 Taler im Jahr.
23 ebd., S. 97, unter Verweis auf: *Verwaltungs-Bericht der Preußischen Bank für das Jahr 1847*, Berlin 1848, S. 9
24 Phillips 2003, S. 374; Andrew Katz, »»Congress Is Now Mostly A Millionaires' Club«, *Time*, 9. Januar 2014, time.com/373/congress-is-now-mostly-a-millionaires-club/ – Auszug: »Here's the breakdown: the median net worth for all House members was $ 896,000 (…) and, for Senators, $ 2.5 million.«
25 Albers 1980, Band 5, S. 476
26 ebd., S. 476f.

12 Bismarck, Weltkrieg, Bankenmacht

1 Stern 1988
2 *Der Spiegel*, Nr. 35/1962, S. 44, www.magazin.spiegel.de/EpubDelivery/spiegel/pdf/45141360
3 Stern 1988, S. 44
4 ebd., S. 43
5 Historische Gesellschaft der Deutschen Bank, »Persönlichkeiten: Adolph von Hansemann«, bankgeschichte.de/de/content/857.html
6 Reitmayer 1999, S. 89
7 ebd., S. 345
8 Deutsche Bank, »140 Jahre Deutsche Bank«, 9. April 2010, www.db.com/de/content/company/nachrichten/2041.htm
9 ebd.
10 Gall 1995, S. 7
11 Stern 1988, S. 229, Deutsche Bundesbank 1998, S. 32
12 Gall 1995, S. 11
13 ebd., S. 7
14 ebd., S. 8
15 Reitmayer 1999, S. 38
16 Zu DDR-Zeiten entstand an dieser Stelle das Palasthotel, das »Westgästen« vorbehalten war und wo Außenhandelsstaatssekretär Alexander Schalck-Golodkowski internationale Kontakte knüpfte, um westliche Devisen für die DDR zu erwirtschaften. Auch dieses Gebäude existiert heute nicht mehr.
17 Reitmayer 1999, S. 49, unter Verweis auf: Hans Fürstenberg, *Carl Fürstenberg. Die Lebensgeschichte eines deutschen Bankiers*, Berlin, 1931, S. 312f.

18 Das war die sogenannte »Stempelvereinigung«. Siehe Reitmayer 1999, S. 39f.
19 Bundesverband deutscher Banken, »Historie«, www.bankenverband.de/ueber-uns/historie/
20 ebd.
21 Deutsche Bundesbank 1998, S. 32
22 ebd., unter Verweis auf: Boris Barth, »Die deutsche Hochfinanz und die Imperialismen. Banken und Außenpolitik vor 1914«, Stuttgart, 1995
23 ebd., S. 34f.
24 ebd., S. 35
25 ebd., S. 37, unter Verweis auf: Deutscher Reichstag, »Stenographische Berichte«, 1874/75, S. 1356
26 Owen 1919, S. 8f.
27 Deutsche Bundesbank 1998, S. 47
28 ebd., S. 48
29 ebd., S. 49
30 Wertz 2015, S. 79f., Auszug: »Plötzlich sahen die Alliierten die Möglichkeit, die kommunistische Herrschaft in Russland zu beseitigen, ehe sie sich festigen konnte. Im Juli 1918 landeten zwei japanische Divisionen (30 000 bis 40 000 Mann), 7 000 Amerikaner, zwei britische Bataillone, 3 000 Franzosen und Italiener in Wladiwostok (…). Zur selben Zeit bekämpften Polen, Litauen, Lettland und Estland die sowjetische Regierung an der westrussischen Front und drangen bis Kiew vor. Zugleich hatten sich in Murmansk und Archangelsk 12 000 Mann britischer, 6 000 verbündeter und 5 000 amerikanischer Truppen verschanzt. (…) Als die Niederlage der Alliierten und der weißrussischen Armee gegen Ende des Jahres 1919 nicht mehr aufzuhalten war, versetzte die *New York Times* ihre Leser in Angst und Schrecken mit Schlagzeilen wie ›Rote wollen Krieg mit Amerika‹ (…). Die USA erkannten die UdSSR erst 1933 diplomatisch an.«
31 Für den Mord verantwortlich machte man eine rechtsextremistische Vereinigung, die Rathenaus bereits früher erfolgte Einwilligung, Reparationen an die Alliierten zu zahlen, als Verrat ansah. Diese Einwilligung lag zum Zeitpunkt der Tat allerdings schon länger zurück. Vor Gericht konnte der Todesschütze nicht mehr erscheinen, da er bei seiner Festnahme seinerseits von einem Polizisten niedergeschossen worden war. Ein weiterer Mittäter erschoss sich angeblich bei der Verhaftung selbst. Der danach stattfindende Prozess konnte die Hintergründe des Attentats nicht völlig aufklären. Tatsächlich sind zwar keine konkreten Indizien für eine Verstrickung der Westmächte bekannt geworden, zumindest die Motivlage und die zeitliche Abfolge machen aber hellhörig, zumal bereits zuvor amerikanische und britische Ölkonzerne erbittert miteinander um den Zugriff auf die kaspischen Ölfelder gerungen hatten.

32 Deutsche Bundesbank 1998, S. 49
33 ebd., S. 52f.
34 Schacht 1966, S. 52f.
35 ebd., S. 18
36 Sutton 2008, S. 19
37 Deutsche Bundesbank 1998, S. 57
38 ebd.
39 Christoph Stein, »Die EZB – Eine Notenbank mit politischer Agenda«, Telepolis, 11. Juli 2015, www.heise.de/tp/artikel/45/45392/1.html
40 U.S. Department of State, Office of the Historian, »The Dawes Plan, the Young Plan, German Reparations, and Inter-allied War Debts«, www.history.state.gov/milestones/1921-1936/dawes
41 ebd.
42 Parker Gilbert wurde später Partner bei J. P. Morgan. Sein Sohn leitete in den 1980er Jahren die Wall-Street-Bank Morgan Stanley.
43 Sutton 2008, S. 30ff.
44 Ulrich Sander, »Das Spenden-Rendezvous«, Ossietzky, Ausgabe 9/2013, 20. April 2013, www.ossietzky.net/9-2013&textfile=2252
45 Eine gründliche Zusammenstellung zur Unterstützung durch Wall-Street-Banken findet sich zum Beispiel bei Sutton (2008).

13 Die informelle Regierung

1 Auf der Bilderberg-Konferenz des Jahres 2013 waren unter den deutschen Teilnehmern neben den Chefs von Siemens, Deutscher Bank, EADS und Bilfinger (Roland Koch) nur zwei deutsche Politiker: Kurt Lauk, Präsident des Wirtschaftsrates der CDU, und Christian Lindner, FDP. Quelle: offizielle Teilnehmerliste der Konferenz, bilderbergmeetings.org/participants2013.html
2 E-Mail an den Autor von Claus Kleber, 9. Juni 2015
3 Offizielle Webseite der »Bilderberg Meetings«, www.bilderbergmeetings.org/participants2015.html
4 David Böcking, »Geheimtreffen: Was an der Bilderberg-Konferenz wirklich bedenklich ist«, Spiegel Online, 10. Juni 2015, www.spiegel.de/wirtschaft/soziales/bilderberg-konferenz-fuehrt-zu-problematischen-begegnungen-a-1038167.html; Hans-Peter Siebenhaar, »Tief entspannt in Telfs«, Handelsblatt Online, 12. Juni 2015, www.handelsblatt.com/politik/international/bilderberg-konferenz-tief-entspannt-in-telfs/11908938.html
5 E-Mail an den Autor von ZEIT-Sprecherin Johanna Schacht vom 23. April 2014
6 Interview von Dirk Pohlmann mit Yanis Varoufakis für KenFM, veröf-

fentlicht am 3. November 2015, www.youtube.com/watch?v=7kLS06Q tWNE; die zitierte Passage ist ab Minute 42 zu hören.
7 ebd., ab Minute 16
8 Webseite des Rats der Europäischen Union, Unterpunkt: »Die Arbeit der Eurogruppe«, www.consilium.europa.eu/de/council-eu/eurogroup/how-the-eurogroup-works/
9 Rat der Europäischen Union, »Konsolidierte Fassungen des Vertrags über die Europäische Union und des Vertrags über die Arbeitsweise der Europäischen Union«, 30. April 2008, S. 365, www.europarl.europa.eu/brussels/website/media/Basis/Vertraege/Pdf/Vertrag_Lissabon08.pdf
10 Webseite des Rats der Europäischen Union, Unterpunkt: »Die Arbeit der Eurogruppe«, www.consilium.europa.eu/de/council-eu/eurogroup/how-the-eurogroup-works/
11 »Macht ohne Kontrolle – Die Troika«, Erstausstrahlung am 24. Februar 2015 auf ARTE; www.arte.tv/guide/de/051622-000/macht-ohne-kontrolle-die-troika
12 Interview von Marcus Klöckner mit Harald Schumann, »Wenn man den Mächtigen nach dem Maul schreibt, bekommt man die besseren Honorare«, Telepolis, 20. Mai 2015, www.heise.de/tp/artikel/44/44936/1.html
13 Europäische Kommission, »Kommission ergreift konkrete Maßnahmen zur Stärkung der Wirtschafts- und Währungsunion«, 21. Oktober 2015, www.ec.europa.eu/deutschland/press/pr_releases/13703_de.htm
14 Norbert Häring, »Die EU-Kommission geht an die Arbeit: Bis 2025 soll die Demokratie abgeschafft sein«, 22. Oktober 2015, www.norberthaering.de/de/27-german/news/482-kommission
15 Federal Reserve System 2005, S. 3; www.federalreserve.gov/faqs/about_14986.htm
16 Webseite der Federal Reserve, »Current FAQs – Informing the public about the Federal Reserve – Why is it important to separate Federal Reserve monetary policy decisions from political influence?«, www.federalreserve.gov/faqs/why-is-it-important-to-separate-federal-reserve-monetary-policy-decisions-from-political-influence.htm, abgerufen am 3. September 2015
17 ebd.
18 Friedrich-Wilhelm Dörge, »Die Bundesbank – eine Nebenregierung«, *Die Zeit*, Ausgabe, 44/1969, 31. Oktober 1969, www.zeit.de/1969/44/die-bundesbank-eine-nebenregierung/komplettansicht
19 Rubin 2007, S. 247
20 Reich 1999
21 ebd., S. 96ff.
22 ebd., S. 99
23 Gellman 2008, S. 70, Zitat: »Cheney was far too sophisticated to lobby the Fed chairman on interest rates or money supply, the central bank's

exclusive bailiwicks. The vice president listened more than he talked, according to accounts Greenspan gave privately afterward. But there was something Cheney wanted. Close votes loomed in Congress on Bush's ten-year, $ 1.6 trillion tax cut. Greenspan had spoken out against a tax cut less than half that size toward the end of the Clinton administration. Cheney did not need an endorsement, aides said, but it was vital to keep Greenspan from lining up squarely against the White House.«

24 Greider 1987
25 Häring 2010, S. 59f.
26 »Vollgeld-Initianten deponieren Unterschriften«, *Handelszeitung*, 1. Dezember 2015, www.handelszeitung.ch/politik/vollgeld-initianten-deponieren-unterschriften-930612; Verein Monetäre Modernisierung, Pressemitteilung »Vollgeld-Initiative kommt zur Abstimmung«, 31. Oktober 2015, www.newsletter-webversion.de/?c=0-a9rl-0-3ey
27 monetative.de
28 positivemoney.org
29 monetary.org
30 Silke Bigalke, Charlotte Theile, »Die Geld-Revolution«, *Süddeutsche Zeitung*, 3. Mai 2015, www.sueddeutsche.de/wirtschaft/finanzwelt-die-geld-revolution-1.2462210
31 »Monetary Reform. A better monetary system for Iceland – A Report by Frosti Sigurjonsson, commissioned by the Prime Minister of Iceland«, März 2015, www.forsaetisraduneyti.is/media/Skyrslur/monetary-reform.pdf

Literatur

Albers, Willi, *Handwörterbuch der Wirtschaftswissenschaft*, Gustav Fischer 1980
Bergius, Carl Julius, *Das Geld- und Bankwesen in Preußen*, 1846, Reprint: Salzwasser Verlag 2011
Binswanger, Mathias, *Geld aus dem Nichts. Wie Banken Wachstum ermöglichen und Krisen verursachen*, Wiley 2015
Brandt, Hartwin, »König Numa in der Spätantike: zur Bedeutung eines frührömischen exemplum in der spätrömischen Literatur«, Museum Helveticum: *Schweizerische Zeitschrift für klassische Altertumswissenschaft*, Nr. 45/1988
Büsch, Otto, *Handbuch der preußischen Geschichte*, Band 2, de Gruyter 1992
Catterall, Ralph, *The Second Bank of the United States*, University of Chicago Press 1902
Del Mar, Alexander, *A History of Monetary Crimes*, 1899, Reprint: Omni Publications 1983
Deutsche Bundesbank, »Deutsches Papiergeld 1772-1870«, 1963
– *Fünfzig Jahre Deutsche Mark. Notenbank und Währung in Deutschland seit 1948*, C.H. Beck 1998
– »Die Deutsche Bundesbank. Aufgabenfelder, Rechtlicher Rahmen, Geschichte«, 2006
– *Geld und Geldpolitik – Schülerbuch für die Sekundarstufe II*, 2014
Deutsche Reichsbank, »Von der Königlichen Bank zur Deutschen Reichsbank. 175 Jahre deutscher Notenbankgeschichte«, 1940
Dohnanyi, Klaus von, *Notenbankkredit an den Staat? Beiträge und Stellungnahmen zu dem Vorschlag, öffentliche Investitionen mit zins- und tilgungsfreien Notenbankkrediten zu finanzieren*, Nomos 1986
Federal Reserve System, »The Federal Reserve System – Purposes and Functions«, Ninth Edition, June 2005
Federal Reserve Bank of Philadelphia, »The First Bank of the United States: A Chapter in the History of Central Banking«, 2009
– »The Second Bank of the United States: A Chapter in the History of Central Banking«, 2010

– »The State and National Banking Eras: A Chapter in the History of Central Banking«, 2011
Felber, Christian, *Geld – Die neuen Spielregeln*, Deuticke 2014
Filc, Wolfgang, *Mitgegangen, mitgehangen. Mit Lafontaine im Finanzministerium*, Eichborn 1999
Fisher, Irving, *100%-Money*, 1935, Reprint: Gauke 2007
Galbraith, John Kenneth, *Die Ökonomie des unschuldigen Betrugs*, Siedler 2005
Gall, Lothar, *Die Deutsche Bank 1870-1995*, C.H. Beck 1995
Gellman, Barton, *Angler – The Cheney Vice Presidency*, Penguin Books 2008
Gocht, Rolf, *Kritische Betrachtungen zur nationalen und internationalen Geldordnung*, Duncker & Humblot 1975
Graeber, David, *Schulden. Die ersten 5000 Jahre*, Klett-Cotta 2012
Greider, William, *Secrets of the Temple. How the Federal Reserve Runs the Country*, Simon & Schuster 1987
Grubb, Farley, »Benjamin Franklin and the Birth of a Paper Money Economy«, Federal Reserve Bank of Philadelphia / The Library Company of Philadelphia, 2006
Gudehus, Timm, »Geldordnung, Geldschöpfung und Staatsfinanzierung«, *Zeitschrift für Wirtschaftspolitik*, Heft 62/2, 2013
Häring, Norbert, *Markt und Macht*, Schäffer-Poeschel 2010
– »The veil of deception over money«, *Real-world Economics Review*, Nr. 63, 2013
– *Die Abschaffung des Bargelds und die Folgen: Der Weg in die totale Kontrolle*, Quadriga 2016
Hammond, Bray, *Banks and Politics in America from the Revolution to the Civil War*, Princeton University Press 1957
Hauck, Michael, *Albert Hahn – Ein verstoßener Sohn Frankfurts, Bankier und Wissenschaftler. Eine Dokumentation*, Societäts-Verlag 2009
Henwood, Doug, *Wall Street. How It Works and for Whom*, Verso 1997
Hoffmann, Martin, *Zur Frage der Unabhängigkeit der Reichsbank von 1930 bis 1937*, Grin Verlag 2007
Huber, Joseph, *Monetäre Modernisierung*, Metropolis 2011
– »Modern Money Theory and New Currency Theory«, *Real-world Economics Review*, Nr. 66, 2014
Keen, Steve, *Debunking Economics*, Palgrave Macmillan 2011
Knapp, Georg Friedrich, *Staatliche Theorie des Geldes*, Duncker & Humblot 1905
Krysmanski, Hans Jürgen, *Hirten & Wölfe. Wie Geld- und Machteliten sich die Welt aneignen oder: Einladung zum Power Structure Research*, Westfälisches Dampfboot 2004
– *0,1 %: Das Imperium der Milliardäre*, Westend 2012
Le Goff, Jacques, *Geld im Mittelalter*, Klett-Cotta 2011

Lichter, Jörg, *Preußische Notenbankpolitik in der Formationsphase des Zentralbanksystems 1844 bis 1857*, Duncker & Humblot 1999

Litaer, Bernard, *Das Geld der Zukunft*, Riemann 1999

Lundberg, Ferdinand, *Die Reichen und die Superreichen*, Hoffmann und Campe 1969

Martin, Felix, *Geld, die wahre Geschichte. Über den blinden Fleck des Kapitalismus*, DVA 2014

Mayer, Thomas, *Die neue Ordnung des Geldes*, FBV 2015

Mensching, Christopher, »Das Verbot der monetären Haushaltsfinanzierung in Art. 123 Abs. 1 AEUV – eine kritische Bestandsaufnahme«, *Europarecht*, Heft 3/2014

Owen, Robert, *The Federal Reserve Act*, The Century Co. 1919

Phillips, Kevin, *Die amerikanische Geldaristokratie. Eine politische Geschichte des Reichtums in den USA*, Campus 2003

Reich, Robert, *Goodbye, Mr. President – Aus dem Tagebuch eines Clinton-Ministers*, Econ & List 1999

Reitmayer, Morten, *Bankiers im Kaiserreich: Sozialprofil und Habitus der deutschen Hochfinanz*, Vandenhoeck & Ruprecht 1999

Rubin, Robert, *In einer unsicheren Welt. Überleben an der Wall Street und in Washington – Erinnerungen eines US-Finanzministers*, Finanzbuch Verlag 2007

Rügemer, Werner, *Rating-Agenturen: Einblicke in die Kapitalmacht der Gegenwart*, Transcript 2012

Schacht, Hjalmar, *Magie des Geldes. Schwund oder Bestand der Mark*, Econ 1966

Schmandt-Besserat, Denise, *Accounting with Tokens in the Ancient Near East*, University of Texas 1999

Schmoeckel, Mathias, *Rechtsgeschichte der Wirtschaft*, Mohr Siebeck 2008

Seiffert, Horst, *Geldschöpfung. Die verborgene Macht der Banken*, H. Seiffert 2014

Senf, Bernd, *Die blinden Flecken der Ökonomie*, Gauke 2007

– *Der Nebel um das Geld*, Gauke 2009

– *Der Tanz um den Gewinn*, Gauke 2009

Solte, Dirk, *Weltfinanzsystem am Limit. Einblicke in den ›Heiligen Gral‹ der Globalisierung*, Terra Media 2007

Spaulding, Elbridge G., *A resource of war – The credit of the government made immediately available: history of the legal tender paper money issued during the Great Rebellion, being a loan without interest and a national currency*, Buffalo Express Printing Company 1869

Stern, Fritz, *Gold und Eisen. Bismarck und sein Bankier Bleichröder*, Rowohlt, 1988

Sutton, Antony, *Wall Street und der Aufstieg Hitlers*, Perseus 2008

Varoufakis, Yanis, *Der globale Minotaurus: Amerika und die Zukunft der Weltwirtschaft*, Kunstmann 2012

Vogl, Joseph, *Der Souveränitätseffekt*, Diaphanes 2015
Voorhis, Jerry, *Out of Debt, Out of Danger*, 1943, Reprint: PAC 1991
Walker, Karl, *Geld in der Geschichte*, 1959, Reprint: Nikol Verlag 2009
Werner, Richard A., *Princes of the Yen: Japan's Central Bankers and the Transformation of the Economy*, Routledge 2003
– *Neue Wirtschaftspolitik*, Vahlen 2007
– »Can banks individually create money out of nothing? The theories and the empirical evidence«, International Review of Financial Analysis 36, 2014 (a)
– »How do banks create money, and why can other firms not do the same? An explanation for the coexistence of lending and deposit-taking«, International Review of Financial Analysis 36, 2014 (b)
– »A lost century in economics: Three theories of banking and the conclusive evidence«, International Review of Financial Analysis, 2015
Wertz, Armin, *Die Weltbeherrscher. Militärische und geheimdienstliche Operationen der USA*, Westend 2015
Wilkins, Mira, *The History of Foreign Investment in the United States to 1914*, Harvard University Press 1989
Wray, L. Randall, *Modern Money Theory*, Palgrave Macmillan 2012
Wright, John D., *The Timeline of the Civil War*, Thunder Bay Press 2007
Zakaria, Fareed, *From Wealth to Power: The Unusual Origins of America's World Role*, Princeton University Press 1998
Zarlenga, Stephen, *Der Mythos vom Geld – die Geschichte der Macht*, Conzett 1999

Personenregister

Ackermann, Josef 66f., 166, 201
Arnim, Harry von 162
Astor, Johann Jakob 123

Bamberger, Anna, und Ludwig 168
Barroso, José Manuel 178
Belmont, August 136ff., 140, 162, 168
Bentsen, Lloyd 189
Biddle, Nicholas 125f.
Binswanger, Hans Christoph 67
Binswanger, Mathias 30, 67
Bismarck, Otto von 161–165, 168
Bleichröder, Gerson 161ff.
Bodelschwingh, Ernst von 157
Brandt, Werner 55
Brecht, Bertolt 42
Breschnew, Leonid 181
Bryan, William Jennings 140f.

Carnegie, Andrew 139
Carter, Jimmy 190
Cäsar, Julius 98
Chase, Salmon P. 138
Cheney, Dick 190, 211f.
Chernow, Ronald „Ron" 119
Cicero, Marcus Tullius 96
Clinton, Bill 189f., 212
Cœuré, Benoît 179, 181
Cooke, Jay 139
Copperfield, David (D. Kotkin) 15
Crouch, Colin 191

Cryan, John 166

da Gama, Vasco 101
Dallas, Alexander J. 124
Darwin, Charles 91
Dawes, Charles Gates 173
del Mar, Alexander 112, 137
di Lorenzo, Giovanni 179
Dijsselbloem, Jeroen 180, 184
Dohnanyi, Klaus von 77f.
Dörge, Friedrich-Wilhelm 188
Draghi, Mario 178, 181, 188

Edelmann, Martin 55
Engels, Friedrich 92
Erhard, Ludwig 68

Fehr, Benedikt 28, 197
Filc, Wolfgang 77f.
Flassbeck, Heiner 78
Flottwell, Eduard von 156
Ford, Henry 11, 195
Francine McKenna 53
Franklin, Benjamin 114
Friedrich II. von Preußen 143f.
Friedrich Wilhelm III. von Preußen 150
Frühauf, Markus 196
Fugger (Familie) 101
Fukuyama, Francis 196
Fürstenberg, Carl 167

Gauck, Joachim 11, 195
Gilbert, Parker 173, 210
Girard, Stephen 123
Gocht, Rolf 67 f., 201
Goethe, Johann Wolfgang 67
Gordon, Patrick 111
Graeber, David 89, 91
Grant, Ulysses S. 138 f.
Greenspan, Alan 189 f., 211 f.
Gutowski, Armin 77

Hamilton, Alexander 118 f., 132
Hammond, Bray 124
Hansemann, Adolph 163, 166
Hardenberg, Karl August Freiherr von 150
Häring, Norbert 39, 185, 195, 199
Hitler, Adolf 174 f.
Holmes, Alan 198 f.

Jackson, Andrew 124 ff., 141
Jain, Anshuman „Anshu" 166
Jefferson, Thomas 120 f., 140
Juncker, Jean-Claude 178, 184 f.

Khuzami, Robert 58
Kleber, Claus 178
Klöckner, Marcus 211
Koch, Roland 210
Köhler, Horst 19
Kollmorgen, Raj 13
Kolumbus, Christoph 101
Krupp von Bohlen und Halbach, Gustav 174 f.
Kublai Khan 99, 131

Lafontaine, Oskar 78
Lagarde, Christine 178, 180
Lauk, Kurt 210
Lincoln, Abraham 129, 132, 205
Lindner, Christian 178, 210
Livius, Titus 96

Madison, James 122
Maischberger, Sandra 84
Martin, Felix 100
Marx, Karl 92
McCulloch, Hugh 139
McKinley, William 141
Medici (Familie) 101
Merkel, Angela 12, 195
Meyer, Carsten 196
Möller, Kornelia 21
Morgan, J. P. (John Pierpont) 139, 172
Morgan, Lewis Henry 91 f.
Morris, Robert 115 ff.
Moscovici, Pierre 181

Napoleon I. 150 f.
Naß, Matthias 179
North, Frederick 107
Numa Pompilius 96, 99

Obama, Barack 134
Oppenheim (Familie) 166

Parish, David 123
Passos Coelho, Pedro 195
Petraeus, David 179
Phillips, Kevin 114
Plasberg, Frank 84
Pohlmann, Dirk 210
Polo, Marco 99
Putin, Vladimir 13

Randow, Gero von 196
Rathenau, Walther 171, 209
Reich, Robert B. 189 f.
Reinhardt, Dirk 195
Rembrandt 102
Rockefeller, John D. 139
Romulus 96
Rother, Christian 154–157
Rothschild, James 162
Rothschild, Mayer Amschel 162

Rothschild, Nathan 73, 149
Rothschild-Dynastie 136, 138, 161 f., 166
Rubin, Robert E. 188 f.

Schacht, Hjalmar 172, 174
Schalck-Golodkowski, Alexander 208
Schäuble, Wolfgang 11, 70, 178, 201
Schmandt-Besserat, Denise 92 f.
Schröder, Gerhard 23
Schumann, Harald 21, 184, 196, 211
Seiffert, Horst 46, 60
Seligman, Joseph 139
Seymour, Horatio 137 f.
Sherman, John 138
Smith, Adam 88
Snowden, Edward 85
Spaulding, Elbridge G. 129 f., 132
Steinbrück, Peer 178
Stern, Fritz 161

Taibbi, Matt 58
Taylor, Edmund Dick 205

Thile, Ludwig Gustav von 156
Thompson, John 139
Thomsen, Poul Mathias 180 f.
Troost, Axel 60
Turner, Adair 79
Turner, Lynn 58

Vallageas, Bernard 39
Vanderbilt, Cornelius 139
Varoufakis, Yanis 180, 182 ff., 210
Vermeer, Jan 102
Volcker, Paul A. 190
von der Heydt, August 159
von der Leyen, Ursula 179

Wagenknecht, Sahra 60 f., 200
Washington, George 120
Weidmann, Jens 146 ff., 207
Werner, Richard A. 31, 197
White, Mary Jo 57 f.
Wieser, Thomas 180
Wilkins, Mira 136
Will, Anne 84
Wright, John D. 133

Zarlenga, Stephen 97, 119, 135